行微凝翠

—— 翠微小学基于项目学习的实践

许培军◎主编

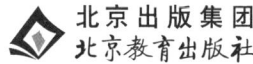

图书在版编目（CIP）数据

行微凝翠：翠微小学基于项目学习的实践 ／ 许培军主编． -- 北京：北京教育出版社，2021.9
（新时代教育丛书．名校系列）
ISBN 978-7-5704-3745-0

Ⅰ．①行⋯ Ⅱ．①许⋯ Ⅲ．①活动课程—教学研究—小学 Ⅳ．①G622.3

中国版本图书馆CIP数据核字（2021）第172203号

新时代教育丛书　名校系列
行微凝翠——翠微小学基于项目学习的实践
许培军　主编

*

北京出版集团
北京教育出版社　出版

（北京北三环中路6号）
邮政编码：100120
网址：www.bph.com.cn
京版北教文化传媒股份有限公司总发行
全国各地书店经销
河北宝昌佳彩印刷有限公司印刷

*

787 mm×1 092 mm　16 开本　20.5 印张　275 千字
2021 年 9 月第 1 版　2021 年 9 月第 1 次印刷
ISBN 978-7-5704-3745-0
定价：68.00 元
版权所有　翻印必究
质量监督电话：(010)58572498　58572393
购书电话：13381217910　(010)58572911
北京教育出版社天猫旗舰店：https://bjjycbs.tmall.com

编委会

主　编：许培军
副主编：闫玉玲
编　委：孟桂民　彭绍航　杜　宇　胡明菊
　　　　王雪霏　刘　晶　李　越

总 序

办好新时代教育

随着社会现代发展进程的推进，尤其是改革开放以来，中国教育事业加速发展，中国已建成世界最大规模的教育体系，教育总体发展水平进入世界中上行列，中国教育发展进入新时代，中国基础教育改革进入实质性的根本转型时期，处在一个走自主创新道路的关键转折点。

新时代呼唤新的教育。习近平总书记在全国教育大会上强调："立足基本国情，遵循教育规律，坚持改革创新。"面向未来的教育才有未来，新时代的教育，重在破解传统、旧有范式。基于此，面对新时代教育，与教育工作相关的所有主体都需要从思想和行动上做出努力和改变，并围绕主体价值、文化情境、智慧情怀、系统生态等关键词全面开展教育活动。

首先，新时代教育强调主体价值。

"教育同国家命运紧密相连"，点明了教育在国家建设和民族复兴中的地位和作用，强调了教育改革发展的价值取向，为我们今天准确把握办学的总体方向和人才培养的根本目标提供了思想遵循。

教育现代化的终极价值判断标准是人的发展，是人的解放和主体性的跃升。自古以来，中国的教育传统既强调教育的人文性，也强调教育的社会性，相应地，在人才培养目标上既强调完善自我，也强调服务社会和国家，更强调在服务社会和国家中达到自我的充分实现。新时代更要坚守教育本质，重视教育的价值观建设，坚持以社会主义核心价值观为引领，回答好"培养什么人、怎样培养人、为谁培养人"这些根本问题，从而培养有历史责任感、志存高远的时代新人。

其次，新时代教育强调文化情境。

学校不仅是传播知识、文化、智慧的地方，更是生产知识、文化、智慧的场所。学校无文化，则办学无活力。学校是文化传承的主阵地，学生文化、教师文化、课程文化、网络文化和制度文化等现代学校文化建设，引领了学校的发展，呈现了学校办学气质。

更重要的是，文化创设情境。"为学生一生发展奠基"，统整科学与人文，优化学生生存环境，借由"境中思""境中做""境中学"，实现学生主动学习与发展、个性化成长及德育渗透。

增进文化认同，是学校管理者的重要使命。政策制定者、执行者和教育管理者，一定要从为国家和民族培养优秀人才的角度关爱引导师生，让每位教育工作者深刻认识到"教育"二字蕴含的国家使命，真正将为国家和民族培养人才、培养爱国奉献的人才这一价值追求切实贯穿于办学育人全过程，一代一代坚持下去。

再次，新时代教育强调智慧情怀。

国之兴衰，系于教育。教育兴衰，系于教师。教育同国家的前途命运紧密相连。这当中，智慧型教师和教育家尤其为新时代教育所期待。他们目光远，不局限于学校和学生眼前的发展，而是着眼于未来；他们站位高，回归教育的本体，努力把握并尊重敬畏教育的共识、规律；他们姿态低，默默耕耘，淡泊明志，宁静致远；他们步伐实，总能紧紧围绕学生、教学、课程、教师发展等思考自己的职责和使命。

总而言之，教育家顺应时代潮流，立足现实，展望未来。在把握办学方向、把握时代脉搏的基础上，他们勇立潮头，担当时代先锋，他们对历史和未来负责，超越现实、超越时空、超越功利，用教育的力量塑造未来，解放学生的个性、想象力和创造力，共同推动和引领中国基础教育改革和创新，愿意为共同探索中国未来教育之道而做出巨大的努力。

最后，新时代教育强调系统生态。

观古今，知兴替，明得失。关于未来的认识是选择性的，未来"未"来，新时代的教育人需要根据某种线索去把握超出现在的想象并做出价值选择。这种价值选择的关键还在于，教育人真切明晰，未来学校是面向未来的学校，是为未来做准备的。教育中的新与旧、过去与未来，不是对立的，而是连续的，从而能够让教育者基于教育的本质和规律守正创新，坚守立德树人的初心。

各级各类学校之间是相互依赖的，单一的学校不能构建成一个完整教育系统，唯有每个学校都致力于体现自身的教育特性，努力实现自己所承担的教育任务，发挥出自己的教育作用，才能共同构成一个完整的教育系统。加强基础教育改革设计的整体性、系统性和长期性，把"办好每一所学校"作为基础教育改革发展的主要目标，是共同构建良性的教育生态，发挥整个教育系统功能的最优选择。

在这种情境下，"新时代教育丛书"的策划出版具备极强的现实意义。丛书通过考察和认识各地名校教育实践，寻找新时代教育的实践样本，清晰梳理了新时代教育中名校、名校长、名师、名班主任等的发展脉络，记录了新时代教育正在逐渐从被动依附性转向自主引导性，并在与现代技术的融合中彰显出其对于经济和社会生活的主导价值。

丛书提供了不同类型、不同地区的中小学名校、名校长及名师、名班主任在探索、构建新时代教育过程中鲜活的实践案例及创新理念。从中，可以看到有深厚历史积淀的传统名校，也可看到新时代教育发展浪潮中的新兴学校，其中有对外开放探索中国本土化教育的小学，也有站在教育改革潮头的中学；还可以看到开拓创新引领时代风气之先的名校校长、专注各自领域的优秀教师，以及新时代教育变革下的全国各地不同的班主任的德育之思。

更难能可贵的是，丛书不仅包括一般情境下的"案例"，也包括了特殊情境下的思考，不同系列注重了从"现象"到"本质"的过程，进而升华到方法论。丛书的每一本著作既是独立完整、自成体系的，也是相互呼应的，剖析问题深入透彻，对策和建议切实可行，弥补了教育理论和学校实践之间的差距，搭起了一座供全国教育研究者、学校管理者了解新时代教育及未来学校落地实践的桥梁。

未来学校不是对今天学校的推倒重来，而是对今天学校的逐步变革。这不仅仅是对学生提出的挑战，更是对学校发展建设提出的挑战。我们始终强调，理论不能彼此代替、相互移植，中国基础教育的改革与发展，必须靠中国的教育学家和广大教育工作者来研究和解释，从而构建立于世界之林的新时代中国基础教育的改革和发展的当代形态，实现理论创新和方法创新。

期待丛书能给更多的中小学校以启发，给教育工作者以有益的思考，供他们参考借鉴，帮助他们寻找到新时代教育的钥匙，进而在新时代教育的理论指导和教育改革实践带动下，因地制宜、因校制宜地落实到新时代教育工作中，引领学校新样态发展，助力更多学校在新时代背景、新教育形势下落地生花，实现特色、优质与转型发展，快速提升基础教育水平，推动教育改革发展，实现立德树人的根本任务，办好人民满意的教育。

新时代教育丛书编委会

2021年1月

前　言

一同成长

　　翠微小学1956年建校，在8任校长的带领下，经历了规模办学、文化建设，现在已经形成了一校多址的集团化办学模式。从2012年至今，我们一直在思考，课程建设如何引领学校发展成为翠微品质卓越、底蕴深厚的有力抓手？课程建设如何促进学生实际获得，使学校成为他们多元成长、个性飞扬的梦想舞台？课程建设如何提升教师职业幸福感，成为他们突破瓶颈、不断超越的有效路径？

　　在北京市课程中心和海淀区教委的指导、帮助下，我们经历了学习—实践—反思—再实践的过程，"翠·微课程"依托海淀区自主排课实验和北京市"遨游计划"项目平台，让课程研究不断深入推进，取得了丰硕成果。

　　2013年6月，作为全国小学课改联盟第一届国际会议的东道主，翠微小学与美国India Hook小学联手呈现了3个原汁原味的美国课堂，也首次引进了一种全新的学习与教学模式——基于项目的学习（PBL）。

　　2013年12月，翠微小学发起并承办了全国小学课改联盟第二届国际会议，开展以"桥"为载体的"全球教育共同体"的项目学习，即围绕复杂的、来自真实情境的主题，在精心设计任务、活动的基础之上，进行较长时期的开放性探究,最终建构起知识的意义和提高自身能力的一种教学模式(Markham et al,2003)。

2014年1月,翠微小学建立了以"师生—家长—社会关联方"为主体的学习共同体,以"人人都是建桥人"为活动主题,拉开了基于项目学习的序幕。"桥"项目的实施从4个层面进行,即发现桥、拥有桥、完善桥、创建桥。在实施中以年级为单位,按照儿童认识事物的客观规律,采取"循序渐进螺旋上升,侧重不同兼顾包含"的思路,对不同能力层级学生的项目实施框架进行了构建。

基于项目学习的探索与实践,这一综合性实践活动课程的开设,让翠微小学的课程研究步入新的征程。从单学科课程到跨学科课程,从一个年级到不同学段,从个体学习到共同体创建,从班级展示到校区展演,基于项目学习的设计与实施,打破了时空界限,穿越了学科壁垒,成为最受学生、教师、家长喜爱的课程。

弹指一挥间,基于项目学习的课程研究现在已经初具规模、小有成就。我们已经从最初"桥"项目的崭露头角,发展到研发出寒假"文化传承之旅"和暑假"科学实践之旅"两条主线的11个主题;从最初设计稚嫩的"规划书",到开发出新颖规范的,如同地图索引一般的"任务书";从最初生疏摸索实施途径、制定评价细则,发展到课程实施、成果展示、多维评价,建立了结构化、系统化的操作体系和运行机制。

我们总是想:世界那么大,应该让孩子去看看;世界那么大,应该让孩子带着问题去研究;世界那么大,应该在孩子研究的过程中留下点儿什么。基于这样的教育思考,我们出发了……

冬夏之旅这两条主线,秉承着培育学生核心素养的宗旨,让我们在传统文化与科技文明中穿梭,在传承与创新中更迭。我们想让孩子们在饺子、灯谜、对联、吉祥话、团圆中去追寻华夏之根、民族之魂;我们想让孩子们在家、纸、地铁、主讲人、行动者中去发现科学之美、智能之谜。

经过8年的实践探索，我们真正实现了多学科学习的深度融合，我们欣喜地看到师生行为的巨大改变，我们清醒地认识到课程育人的价值所在。

基于项目的学习，让学生学习方式发生根本改变。学生们主体意识的改变，让他们成为不断创造的学习个体。基于项目的学习的根本目的是培养学生的综合实践能力、探究与创新精神以及关心人类生存和发展的意识，培养学生积极进取的社会责任感；基于项目的学习真正体现了学生是教育和发展的主体，最大限度地调动了学生的创造性和主动性，增强了学生的合作交流、团队协作能力。

基于项目的学习，让教师教学方式发生了根本改变。项目研究学习打破了以往的教学模式，需要教师用另外一种视角去看它——要给学生更大的空间，放手，让学生去自主学习！教师突破了学科界限，主动学习、锐意探索。很多教师在项目学习中脱颖而出：仅2016年，我校先后有40余位教师承担了市级实践课程的研究课和研究讲座任务，受到市区领导和兄弟校的高度评价。这些教师将成为推动翠微小学课程进一步发展的生力军。

基于项目的学习，使学校积累了较为丰富的原创课程资源。为了汇聚学生的研究成果，翠微小学建立了"项目学习展览馆"，成为学校一抹亮丽的风景。这里汇聚了近千件"桥""飞行物""春节的民俗"等研究成果，向各界展示学习共同体中具有代表意义的一部分有形作品。与此同时，基于项目的学习还形成和储备了很多无形资源，为学校可持续发展奠定了厚实的基础。

《中国教育现代化2035》提出了推进教育现代化的八大基本理念：更加注重以德为先，更加注重全面发展，更加注重面向人人，更加注重终身学习，更加注重因材施教，更加注重知行合一，更加注重融合发展，更加注重共建共享。如何贯彻这8个"更加注重"？我们想：无非是构建良好的教育生态，实现立德树人的根本任务。基于项目的学习最为核心的价值追求是"真实的情境""真实的学习"，这也是新课程改革的要求。这样一种课程内容架构方式，一种教学组织形式，也许正是理念中所倡导的。

《道德经》有云："千里之行，始于足下。"翠微小学基于项目的学习已经迈出了坚实的一步。项目学习在实施的过程中，得到了工程师、民俗专家、职业军工人员和茶文化专家等专业化家长群体的帮助。当然，这一步里也饱含着众多关心学校发展的领导、专家的心血，谨借本书一并致谢！

这本专著，与其说是一篇篇实践文集，不如说是一个个鲜活案例，里面有人、有景、有情、有声、有色、有味。在项目学习的路上，我们走过、触过、丈量过，有唇齿相依的印记。

本书是集体智慧的结晶，是翠微小学全体师生、家长主动参与和共同创造的成果。内容因为鲜活而真实，因为真实而动人。尽管我们几经考证，可难免有挂一漏万之处，敬请各位专家、同人批评指正。

目录 / CONTENTS

第一章　项目学习的前期策划
一、项目学习的背景分析　　　　　　　　　　　　　　　／ 002
二、项目学习的概述　　　　　　　　　　　　　　　　　／ 013
三、我校的项目学习　　　　　　　　　　　　　　　　　／ 024

第二章　项目学习的研究历程
一、初识：学习与尝试（"桥"项目的研究）　　　　　　　／ 030
二、亲近：研发与实践（飞行物和自然主题）　　　　　　／ 055
三、融入：固化与创新（文化与实践主线的形成）　　　　／ 074

第三章　项目学习的主题设计
一、主题设计的整体思路　　　　　　　　　　　　　　　／ 080
二、主题设计的流程意图　　　　　　　　　　　　　　　／ 096
三、主题设计的年段特点　　　　　　　　　　　　　　　／ 110

第四章　项目学习的实施策略
一、项目学习的实施原则　　　　　　　　　　　　　　　／ 120
二、项目学习的实施策略　　　　　　　　　　　　　　　／ 130

第五章　项目学习的评价方式
一、依据什么设计项目学习评价　　　　　　　　　　　　／ 156
二、如何设计项目学习评价体系　　　　　　　　　　　　／ 161
三、如何实施项目学习评价　　　　　　　　　　　　　　／ 176

四、为什么重视项目学习评价　　　／182

第六章　项目学习的丰硕成果

一、项目学习不断发酵　　　／188

二、项目学习留在心中　　　／215

第七章　项目学习的意义影响

一、学生成长风采各异　　　／250

二、教师发展彰显特色　　　／276

三、学校品牌逐步凸显　　　／296

四、展望未来触发思考　　　／310

后　记　再续前缘

第一章

项目学习的
前期策划

一、项目学习的背景分析

(一) 国际形势

1. 全球化和信息化时代的推进

2015年8月4日,英国广播公司(BBC)二台晚间播出了一部纪录片——《我们的孩子足够坚强吗?》,英国汉普郡一所中学邀请了5名中国教师到校,对该校50名14~15岁的孩子进行为期4周的"中国式教学"。4周后,接受中式教育的学生将和接受英式教育的学生一起进行测试,看"中式教学"和"英式教学"谁更胜一筹。进行这个实验的原因是:英国学生在全球竞争中渐渐处于落后态势,在各种国际测试中都落后于中国,尤其在数学国际竞赛中。因此英国教育界希望能向中国"取经"。

但在实验的过程中,两种不同教育文化引发了大冲突,两国教育体制的碰撞,擦出了十分不一样的火花。"中国班"的同学,50人十分整齐和规范地坐在教室里,一边摘抄笔记一边听老师讲课,整个课堂更加强调纪律性;而"英国班"的老师则是用实验,或是更生动的方式去讲解,课程也显得更加张扬个性、轻松、随意而散漫。"中国班"的老师是课堂上最具权威的人,学生一般都是选择顺从。而"英国班"的老师和孩子没有等级上的制约,人人平等,更注重鼓励孩子自我学习,自我发展。

一晃一个月过去了,在最后的测试中,"中国班"的孩子各科成绩均高于"英国班"。这部纪录片一经播出,引起了社会各界的热议。仅用分数就可以证明"中式教育"略胜一筹,"英式教育"无可取之处吗?这两种不同的教育模式给学生带来的分别是什么呢?未来的世界又需要怎样的人才呢?这些都值得我们深思和探究。

随着全球化、信息化对越来越多的国家、人类活动的各种领域产生冲击式和渗透式的影响,教育领域也在发生着巨大的变革。首先,在教育理念上,全球化的背景将要求各国培养具有国际素质的世界性公民,帮助学生发展全球化背景下所需要的全球素质,要求学生具备全球化的世界观、价值观、人生观。其次，全球化对教育目标也产生了深刻的影响：基于创新的全球经济将要求各国确立以创新为本质特征的教育观念，侧重对创新性教育人才的培养。另外，在课程设置和教学内容上，全球经济则要求突出国际交往课程和德育的地位。信息化带来了丰富多样的教学手段，改变了传统的"一张嘴、一支粉笔、一块黑板"的单一模式教学，学生的学习内容、学习途径也发生了前所未有的变化。互联网的出现给教育带来了三大挑战：第一个挑战是知识爆炸，知识量越来越大，知识变得学不完；第二个挑战就是知识迭代速度非常快，知识还没有学完，就已经过时了，尤其是按照课程和教材的编制方式编制教材的时候，可能有一些新的知识已经诞生了，来不及编进去；第三个挑战是人工智能的出现。这种背景下知识变得永远都教不完，未来我们到底应该怎么去教学生，教给学生什么东西呢？

2. 核心素养的提出

21世纪初，经济合作与发展组织（OECD）率先提出了"核心素养"的概念，引导学生从学习知识转变为掌握相关素养。"核心素养"旨在引导学生学习21世纪学生应该掌握的最核心的知识、能力和情感态度，让他们知道怎样才能成功地融入未来社会，才能在满足个人自我实现需要的同时推动社会发展。"核心素养"需要构建一个分别涉及"人与工具""人与自己"和"人与社会"等3个方面的核心素养框架，具体包括"使用工具互动""在异质群体中工作"和"自主行动"3类共9种核心素养指标条目。慢慢地，"核心素养"逐渐被世界各国认可，很多国家相继提出了本国的"核心素养"。

2002年美国发布了"21世纪素养"框架，2007年发布了该框架的更新版本。该框架以核心学科为载体，确立了3项技能领域，每项技能领域包含若干素养要求，包括学习与创新技能，信息、媒体与技术技能，生活与职业技能。

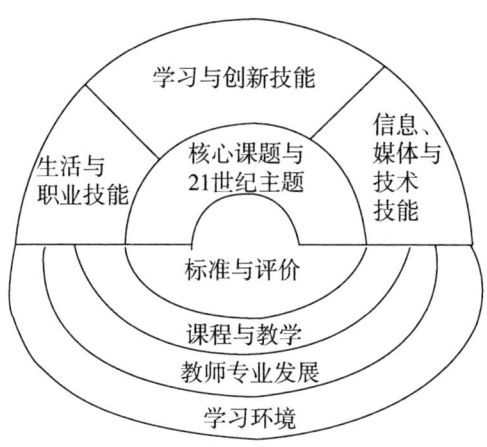

图1-1 美国"21世纪素养"框架图

澳大利亚2008年发布的《墨尔本宣言》(Melbourne Declaration on Educational Goals for Young Australians)概括出了公民所必须具有的包括跨文化读写、计算、信息和通用技术、批判性和创造性思维、道德行为、个人和社会能力及理解在内的7项通用能力和三大跨学科主题(土著居民和托雷斯海峡岛民的历史和文化、亚洲文化及澳大利亚与亚洲的啮合和可持续发展)。以下是澳大利亚墨尔本大学2009年发布的4类10项技能。

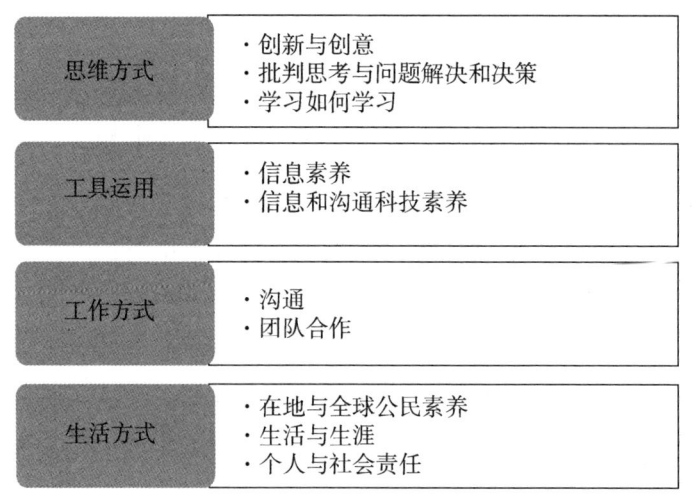

图1-2 澳大利亚墨尔本大学(2009)4类10项技能

2010年3月,新加坡教育部发布了新加坡学生的"21世纪素养框架"。其中,核心价值观包括尊重、负责、正直、关爱、坚毅不屈、和谐。社交与情绪管理技能包括自我意识、自我管理、社会意识、人际关系管理、负责任的决策。公民素养、全球意识和跨文化交流技能,包括活跃的社区生活、国家与文化认同、全球意识、跨文化的敏感性和意识。批判性、创新性思维,包括合理的推理与决策、反思性思维、好奇心与创造力、处理复杂性和模糊性。交流、合作和信息技能,包括开放、信息管理、负责任地使用信息、有效地交流。

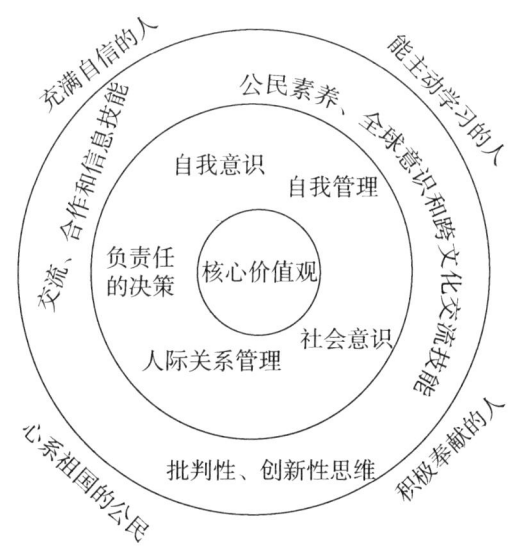

图1-3 新加坡学生的"21世纪素养框架"

1988年,英国《教育改革法案》正式颁布,该法案要求设立国家统一的课程,设立统一的目标和教学大纲,在学生7、11、14、16岁4个关键阶段末进行评估。基于前期有关学生核心素养的多年研究,英国在《国家课程》总目标中,明确了学生的核心素养——既包括跨领域的涉及学生精神、道德、社会性和文化等方面的发展和这些方面发展所需要的核心能力,也包括与学科领域紧密结合的关键能力。2007年修订的《国家课程》对核心素养有了更为清晰和全面的表述,分别从课程目标、学科重要性、关键概念、关键过程和内容范围几个方面,对跨领域和学科特异性的学生发展所需具备的素养和能力进行了系统而完整的阐述。

(二) 课改沿革

在国际大背景下,我国也非常重视核心素养在学校中的落实,从1949年国家开始推行课程改革,根本任务就是使新一代的国民具有适应21世纪社会、科技、经济发展所必备的素质。1999年我国开始进行第8次课改,近年出台了一系列政策继续推进课改的落实。

1. 课程改革的进一步推进

(1) 更加注重综合实践

早在20世纪末,我国就提出全面开展素质教育的教育理念。同时,联合国教科文组织在面向21世纪国际教育委员会的报告中提出了未来教育的四大支柱,即"学会认知、学会做事、学会共处和学会生存"。我国《国家中长期教育改革和发展规划纲要(2010—2020年)》中再次强调"坚持以人为本、全面实施素质教育是教育改革发展的战略主题,是贯彻党的教育方针的时代要求",指出要"优化知识结构,丰富社会实践,强化能力培养。着力提高学生的学习能力、实践能力、创新能力"。

近年来,北京市教育课程改革与实践不断呼吁要开发综合实践活动课程。比如,《北京市教育委员会关于做好2014—2015学年度基础教育课程教材改革实验工作的意见》(京教基二〔2014〕23号)就明确提出,各学科平均应有不低于10%的课时用于开展校内外综合实践活动课程。时隔一年,《北京市教育委员会关于做好2015—2016学年度基础教育课程教材改革实验工作的意见》(京教基二〔2015〕17号)再次倡导各区县、学校要统筹安排学科实践活动、信息技术、劳技、研究性学习、社区服务和社会实践等内容,构建完善的综合实践课程体系。

(2) 更加注重课堂变革

课堂是培育学生的主阵地。深化课程改革必须在课堂教学的主阵地上打好攻坚战,形成突破性成果,这样才能确保课程改革取得实效。中共中央、国务院印发《关于深化教育教学改革全面提高义务教育质量的意见》,

国务院办公厅印发《关于新时代推进普通高中育人方式改革的指导意见》，引导全国各地和中小学校把改革重心进一步下沉至教学领域，引导广大教师在教学改革中大胆探索，积极开展启发式、互动式、探究式教学，倡导情境教学和基于学科的综合化教学，鼓励学生开展研究性、项目化、合作式学习。

强化评价导向。评价是"指挥棒"，是"牛鼻子"。提高教育质量，推进素质教育一定要把"指挥棒"挥好，把"牛鼻子"牵住。因此，要建立发展以素质教育为导向的科学评价体系，制定义务教育评价标准体系。通俗来讲就是要明确什么才是好的教育，一定要克服"唯分数、唯升学"的功利化的倾向，为学生想得长远一点儿。

2. 提出立德树人，注重五育并举的目标

（1）提出落实"核心素养"

2010年7月教育部颁布的《国家中长期教育改革和发展规划纲要（2010—2020年）》中明确提出了要更新人才培养观念，提出了"树立多样化人才观念，尊重个人选择，鼓励个性发展，不拘一格培养人才"的要求。同时，指出了创新人才培养模式的重要方法，即"注重学思结合。倡导启发式、探究式、讨论式、参与式教学，帮助学生学会学习……注重知行统一。坚持教育教学与生产劳动、社会实践相结合……注重因材施教。关注学生不同特点和个性差异，发展每一个学生的优势潜能"。由此可以看出，在时代的大背景下，国家对新时代人才的培养高度重视，国家培养人才的观念发生了转变。

2014年3月，《关于全面深化课程改革落实立德树人根本任务的意见》（教基二〔2014〕4号）第一次明确提出"核心素养"这一概念（见图1-4），并提出要"研究制订学生发展核心素养体系和学业质量标准"。此概念一经提出就得到了教育工作者的广泛关注，他们认为"核心素养"是"个人终身发展、融入主流社会和充分就业所必需的素养的集合"，"这些素养是在现代民主社会中为儿童和成人过上有责任感和成功的生活所需要,也为社会应对当前和未来技术变革和全球化挑战所需要"。其次,在大量参考借鉴国外核心素养实践的基础上,建构属于我们国家的学生发展核心素养模型成为必需。文件在要求培养学生高尚的道德情操、扎实的科学文化素质、健康的身心、良好的审美情趣的同时,突出强调要使学生具有中华文化底蕴、中国特色社会主义共同理想和国际视野,力求使立德树人的方向性、民族性和时代性更加鲜明。

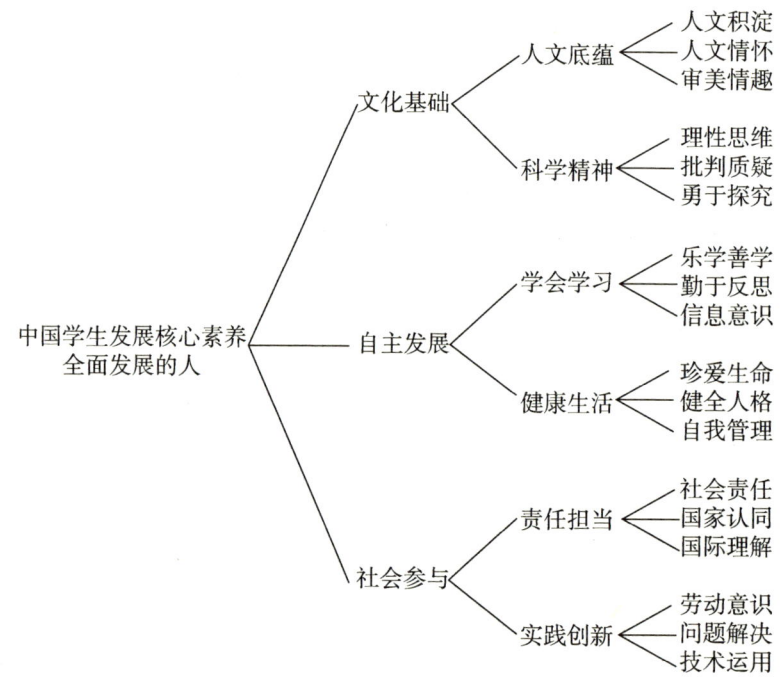

图1-4 中国核心素养结构图

(2)坚持立德树人,落实五育并举

2014年3月,《关于全面深化课程改革落实立德树人根本任务的意见》(教基二〔2014〕4号)中指出:深化课程改革、落实立德树人根本任务具有重大意义。立德树人是发展中国特色社会主义教育事业的核心所在,是培养德智体美全面发展的社会主义建设者和接班人的本质要求。全面深化课程改革,整体构建符合教育规律、体现时代特征、具有中国特色的人才培养体系,建立健全综合协调、充满活力的育人体制机制,落实立德树人根本任务，是贯彻党的十八大和十八届三中全会精神的重大举措，是提高国民素质、建设人力资源强国的战略行动，是适应教育内涵发展、基本实现教育现代化的必然要求，对于全面提高育人水平，让每个学生都能成为有用之才具有重要意义。

党的十九大报告中指出：要全面贯彻党的教育方针，落实立德树人根本任务，发展素质教育，推进教育公平，培养德智体美全面发展的社会主义建设者和接班人。

习近平总书记在学校思想政治理论课教师座谈会上的讲话中提到：新时代贯彻党的教育方针，要坚持马克思主义指导地位，贯彻新时代中国特色社会主义思想，坚持社会主义办学方向，落实立德树人的根本任务，坚持教育为人民服务、为中国共产党治国理政服务、为巩固和发展中国特色社会主义制度服务、为改革开放和社会主义现代化建设服务，扎根中国大地办教育，同生产劳动和社会实践相结合，加快推进教育现代化、建设教育强国、办好人民满意的教育，努力培养担当民族复兴大任的时代新人，培养德智体美劳全面发展的社会主义建设者和接班人。

（三）我校校情

1. 我校的基本情况

翠微小学坐落于北京市海淀区，一校六址，总占地面积75 000多平方米，在校学生近6 000人，在校教职员工400余人。从1956年建校至今，翠微小学已经悄然走过半个多世纪的历程，曾获得"北京市基础教育课程教材改革试验项目学校""北京市中小学艺术教育特色学校""北京市中小学教育科研先进学校"等诸多荣誉称号，成为一所受社会广泛认可的名校。我校一直高度落实国家的教育方针和政策，是海淀区教育的典范学校。教育是海淀的"金名片"，新时代，海淀教育从规模发展进入质量全面提升的新阶段，我校也一直在不断地探索和践行着。长期以来，学校重视在德、智、体、美、劳等方面让学生全面发展，教学质量一直位居海淀区的前列，学生艺术、体育特长凸显，连续10年在北京市艺术比赛中获得一等奖，篮球、乒乓球、田径等体育活动开展丰富。

（1）学校的办学定位

翠·微教育是以"翠"的人本与"微"的精细为核心价值追求的教育，"明德至翠，笃行于微"高度凝练了这一核心价值理念。"翠"彰显的价值追求为"绿的生态""玉的品质"。它呈现的是绿色生态中，每个人彰显自我的价值，自由、奔放，和谐共生，充满生机和活力，达到境界和品位上的"玉的品质"。"微"彰显的价值追求为"微的细腻""润的内涵"，它呈现的是在点滴之中透射精致、深刻与周到，在细微中蕴藏关爱，在温和中蕴藏力量，在润泽中透露生长和希望。

（2）学校的办学理念

学校的办学理念：明德至翠，笃行于微。学校的办学理念强调以人为本，德行统一，品质精细，也直指"全人教育"，既关注学生学科核心素养的培养，也关注学生良好品行的培养。"明德"是翠微小学立校之基和育人之本；"笃行"是翠微小学一贯坚持的实践精神；"翠""微"是翠微小学"人本""精细"的教育境界追求与教育行为标准。

"明德至翠"就是要弘扬光明正大的品德，使人弃弊图新，获得人格提升，具有纯净的心灵、高尚的德行。对学生来说，就是要追求真知，敢于实践，有勇于探索的科学精神；就是要富有理想，放眼长远，创造独特价值，服务文明社会。对教育者而言，就是要心怀"爱与责任"，真诚地爱学生，智慧地爱学生，追求专业化发展，高效履行职责，恪尽职守，践行高尚的教育德行。

"笃行于微"就是关注基础和细节，践行所学，勇于实践和探究，注重体验，勤于动手，长于创造，知行合一。对学生而言，就是切实履行，专心实行，力行其事；对教育者而言，就是要从细微处入手，从习惯入手，从基础抓起，导之以行。

（3）学校的育人目标

学校的育人目标：培养明德笃行的阳光少年。学校的育人目标关注了学生核心素养的培养，包括德行、智力、情感的培养，立足学生的个性发展，使其焕发生命的精彩。明德：关注价值认同与价值判断。具备"爱心、责任、尊重、诚信、勤奋、勇气"的基本道德品质，初步形成道德判断能力。笃行：指基本的学行态度与能力。在小学阶段学校更关注的是学生基本习惯与基本技能的形成与获得。在学习交往方面养成4种习惯——敢于表达、善于思考、巧于操作、乐于合作；在领域涉猎方面形成4项技能——一笔工整书写、一项体育技能、一个艺术爱好、一种生活本领。

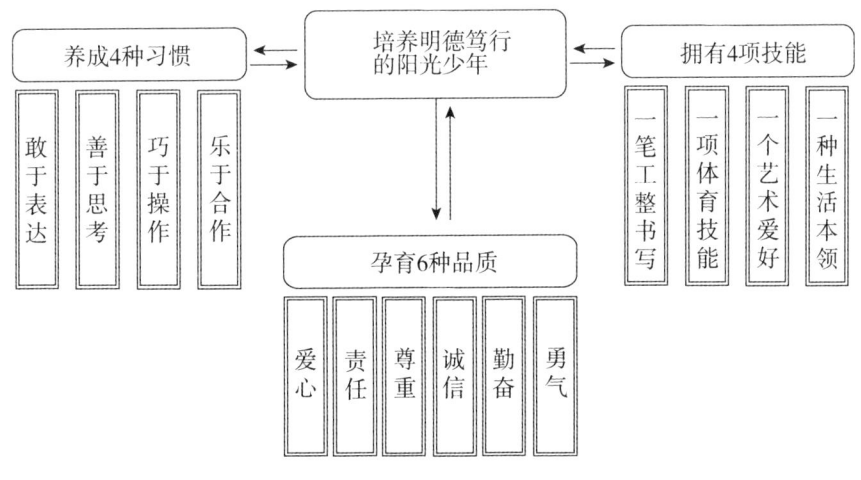

图1-5 我校育人目标结构图

2. 我校的学情和师情

（1）学生情况

翠微小学一校六址、城乡一体、南北相连，学生来自不同区域，经了解发现，大部分同学在校内外有过项目学习、实践学习等经验。大部分家长对学生的学习、成长非常支持。

通过大量访谈和研究，我们发现翠微小学部分学生有情绪焦虑，这种焦虑来自家长和学生自身的高要求。有些学生疲于应付学校之外的各种兴趣班、特长班。通过讨论，我们认识到在关注学生智力培养的同时，不仅要重视激发学生的学习兴趣、培养学生能力、引导学生高效学习，还要在教育教学活动中关注学生身心健康发展，同时在课程设置上要关注学生的心理需求，开展丰富有益的课程，让学生在校的 6 年时间不仅学有所得，更学有所乐。

（2）教师情况

半个多世纪以来，翠微小学不仅培养了一批批的优秀学生，而且为上级单位及其他学校输送了许多优秀的教职员工，这里也是培养良师的沃土。学校现有一线教师 306 人，获得学区级以上骨干称号的教师有 116 人，约占一线教师的 40%。整体看，翠微小学教师年龄分布均衡，有优秀的教师队伍，新手型教师、经验型教师和专家型教师分布也较均匀。教师既充满活力，教育理念先进，改革意识突出，发展潜力大，又有丰富的教育实践经验，为"翠·微课程"的建设提供了人力资源保障。很多教师有综合实践、科学、数游等教学经验。

3. 我校的课程体系

近年来，课程改革一直是翠微小学健康可持续发展的重要推动力。从 2008 年开始，学校在保证国家三级课程有效开展的基础上，打破常规的学科课程的课时组合，专门开辟了每周一个下午的学时供学生学习不同门类、不同学科领域的兴趣课程。2012 年 1 月，海淀区教委部署开展"课程整合与自主排课"实验。作为 14 个实验校之一，翠微小学积极参与实验研究，以东校区一个分校建制开展课程实验。两年中，翠微小学在开展课程实验的同时积极建构学校整体课程体系，采用领域课程思维，在原先规模化办学的基础上，在"明德至翠，笃行于微"的办学理念指导下，以"培养明德笃行的阳光少年"为育人目标，建构了"四领域—三层级"的"翠·微课程"体系，并于 2014 年 9 月在全校正式实施。

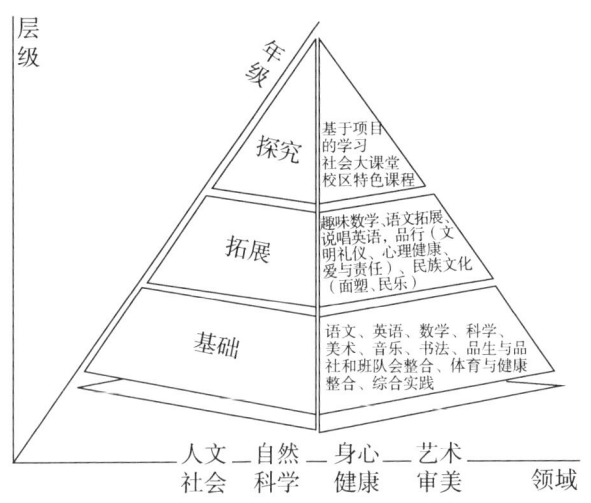

图1-6 我校课程体系结构图

综上所述,如此的国际、国内背景以及校情,对当前的教与学提出了严峻的考验,传统的教学方式亟待变革。如何迎接时代大趋势,结合校情,通过恰当的方式培养学生的核心素养呢?项目学习逐渐走入了我们的视野。

二、项目学习的概述

(一) 项目学习的发展历程

1. 课程的生发

项目教学起源于16世纪后期开始的欧洲建筑与工程教育运动。16世纪,意大利的建筑师们认为,作为施工人员和石匠,他们所接受的职业培训不足以满足艺术和科学的需要,导致他们无法设计出真正美观、实用的建筑物。当时,从事相关作业的画家和雕塑家也有着同样的愿望和需求,因此,1577年在罗马教皇格列高利十三世的支持下,建筑师、画家和雕塑家联合起来在罗马成立了圣卢卡艺术学院。

18世纪末,项目教学已经不是建筑学的专利,受第一次工业革命浪潮的影响,很多国家纷纷建立起了与建筑学密切相关的工程专业并将其设置在新的技术学院和工业大学中。1876 年美国麻省理工学院的院长 John D. Runkle 和华盛顿大学 O'Fallon 理工学院的院长 Calvin M. Woodward 根据俄罗斯教学体制，建议将手工训练由大学下移至中学。1879 年 6 月，Woodward 在圣路易斯建立了第一个手工训练学校，其学校章程规定："每名学生必须完成一个项目，并得到技术学校教师的认可，才能获得毕业证书；项目包括实际完成一台机器的装配，完成的机器要附上机器的施工图纸和机器铸造模具，图纸和模具必须由学生自己完成；所有项目的产权归学校所有。"Woodward 认为项目是一种"综合练习"，将原来单独学到的知识和技术，综合运用到一个整体的环境中，从而完成由基本原理的"教学"到项目"施工"的转化。Woodward 的手工教学法在美国逐渐盛行并获得广泛的支持，在手工训练学校成立之后的十余年中，美国成千上万的学生在中学的时候参加了木工、烹饪、缝纫等各种不同的教学培训。

为了使项目教学得到更广泛的应用，1918 年，克伯屈对"项目教学法"进行了重新界定。基于杜威的经验理论和桑代克的学习心理学，克伯屈将项目定义为"在社会环境中发自内心地进行有目的的活动或活动单元"。克伯屈认为，项目教学就是实现儿童自主学习的教学活动，内在学习动机是项目教学法的重要特点，其主要内容包括以下几个方面："必须是一个有待解决的实际问题；必须是有目的、有意义的单元活动；必须由学生负责计划和实行；包括一种有始有终、可以增长经验的活动，使学生可以通过项目获得主要的发展和良好的成长。"克伯屈主张"废止分科的教材"，而以具体的"目的性活动"作为整合组织各科教材的单元，并据此把学校课程分为 4 种类型的活动项目：第一类是生产者的项目或建造性的项目；第二类是消费者的项目或欣赏性的项目；第三类是基于问题的项目；第四类是练习项目或具体的学习项目。克伯屈把项目（设计）教学分为 4 个阶段：决定目的、拟订计划、实施计划、评定结果。

随着 20 世纪 50 年代进步主义教育运动的失败，项目教学逐渐沉寂。直至 20 世纪 60 年代后期，过度压抑、控制的教育体制遭到学生们的激烈反抗。在学生们看来，充满严格"清规戒律"、循规蹈矩的大学就像一座毫无生机的巨大的知识工厂，过分重视理论而忽视实际应用。在这种情况下，项目教学作为一种探究式的学习模式，由于其实用价值、跨学科性质和社会取向，而成为传统教学的替代形式被广泛推广，从而在北欧和中欧历经了大的复兴，许多教育改革运动——综合学校运动、社区教育运动、开放课程等，都以"项目教学"的理念为参照点。20世纪70年代以来，项目教学是国际职业教育课程改革的主要趋势，MES（Modules of Employable Skill）中的学习单元、CBE（Competency-Based Education）中的学习包、德国的行动导向职业教育课程，其实都可以看作项目教学。[①]

2. 在我国的发展

项目学习于20世纪90年代末被引入我国。从搜集的论文看，1995年《科学课》杂志先后刊登了德国安内莉泽·波拉克女士在中德自然常识研讨会上所介绍的"德国家乡常识课项目设计教学实例"的两篇翻译稿，介绍了项目教学法的价值及其在德国基础教育教学中的应用。1998年，《福建行政学院福建经济管理干部学院学报》刊登了一篇名为"项目教学法的培训效果初探"的论文，介绍了工商管理干部培训中应用项目教学法的收获，成为第一篇描述项目学习在成人教育中的应用的论文；1999年第12期《中国培训》以"'项目教学法'——一种有益的尝试"为题撰文350字，介绍了项目教学法在企业培训中的效果。2000年，《职教论坛》以《国外职教的教学方法》一文将项目学习介绍到我国职业教育领域；与此同时，张彦通的《英国高等教育"能力教育宣言"与"基于行动的学习"模式》一文介绍了英国莱斯特大学的项目教学模式，认为"项目教学作为英国高等院校人才培养模式之一，对我国的教育教学改革具有积极的借鉴意义"。至此，有关项目学习的研究，逐渐渗透到我国基础教育、职业或成人教育，以及高等教育等各教育领域中。

---

① 代薇. 试析项目教学的历史与发展[J]. 南昌教育学院学报，2011（5）：137, 139.

随着研究的深入,项目学习从研究国外项目学习的内涵、意义及其理论基础介绍,发展到课堂实践与应用,不仅研究领域和研究内容有所拓宽,而且论文撰写的数目也大幅度攀升,仅2020年就发布了1 800余篇。项目学习已经越来越多地被一线教师关注并应用于教学实践中。但从整体看,我国关于项目学习的研究还没有引起学术界足够的重视,以项目学习为主题的学术会议不多,高水平的研究也很少。按"高等教育""职业/成人教育""基础教育"与"其他"分类,我国关于项目学习的论文无论在研究对象还是研究内容方面都呈现严重的分布不均。从研究对象上看,研究大都集中于职业教育或成人教育领域,社科类较多,理、工、计算机等类相对较少;在基础教育领域较为薄弱。另外,重复性研究过多。由于研究者大多为一线教师,大多是向别人介绍自己在特定的课程中是如何成功实施项目学习的,因而,绝大部分研究属于有效性研究,占论文总数的88.3%。许多研究者人云亦云,对项目学习的本质分析不够,缺少针对研究内容的独特理解。研究深度不够,缺少对问题的合理解释或切实可行的解决方案;有价值、有借鉴意义的研究不多。以有效性研究为例,相当比例的论文是研究者本人叙述项目学习在特定课程中实施的过程,并主观推断项目学习的有效性[①]。

由此可见,随着时间的推移,项目学习会逐渐被重视起来,会被社会慢慢地熟知和接受,越来越多的学校将会运用项目学习展开教学活动。

(二) 项目学习的定义

项目学习的全称为基于项目的学习(Project-Based Learning,简称为PBL),也有人称之为项目化学习。对于项目学习的内涵,很多专家、学者在其学术著作中都给出了自己的定义,巴克教育研究所这样阐释项目学习:项目学习是学生通过完成与真实生活密切相关的项目进行学习,是一

---

① 刘育东. 我国项目学习研究:问题与趋势 [J]. 苏州大学学报(哲学社会科学版),2010,31 (4):182 – 187.

种充分选择和利用最优化的学习资源，在实践体验、内化吸收、探索创新中获得较为完整而具体的知识，形成专门的技能并获得发展的实践活动。

汤姆·马卡姆则在他的《PBL项目学习：项目设计及辅导指南》一书中提出：PBL可定义成一个使用各类探究性和挑战性问题来刺激学生掌握和改善各类技能的扩展学习过程。

斯坦福大学的研究团队认为：顾名思义，项目学习是一种通过项目、任务或课题来帮助学习者学习的方式。这些项目是包含着富有挑战性的问题或议题的任务，需要学习者进行设计、问题解决、决策或参与探究活动；教师给予学习者较长时间的自主学习机会；最终学习者将创作出实际成果或进行报告展示。

百度百科给出的阐释相对更为详尽：项目学习就是一个特殊的、将被完成的有限任务，它是在一定时间内，对满足一系列特定目标的多项相关工作的学习掌握。项目学习，对学生来说是参与了一个长期的学习任务，他们扮演现实世界中的角色，通过工作来研究问题、得出结论，就像成人工作一样。他们常会遇到社区或真实世界中的问题，使用科技手段研究、分析、协作和通信。他们会在社区与专家或社区成员一起工作。学生接触各个学科领域，会更容易理解概念，明白不同学科是如何相互联系和相互支持的。

上述定义虽长短不一，表述方式不同，但是所表达的含义基本一致，大致包括几个内容：项目（问题）导入，淡化学科壁垒，充分利用资源，拉长学习周期，自主学习。毫无疑问，上述四种定义都是将项目学习视为一种新型教学方式，作为对传统教学方式的革新。[①]

我们认为，项目学习既是课程形态又是教学策略。项目学习进入中国的时候，首先呈现出来的应该是一种崭新的教学方式，它打破了长久以来班级授课制下的课堂教学模式，目标变了，时间变了，空间变了，学习方

---

① 周振宇. 项目学习：内涵、特征与意义［J］. 江苏教育研究，2019，406（10）：42－47.

式变了，教学内容的组织形式也变了，一切都变了。与新的学习方式相伴相生的，必然是全新的课程形态。原有的分科课程资源及其体系根本无法适应全新的项目学习的需求，必须重新开发和构建项目学习课程。在课程开发与构建的过程中需要努力尝试与国家课程标准对接，确保完成课程标准规定的、应该完成的教育教学目标，并以此作为新课程目标的底线。我校非常认可刘景福的定义：基于项目的学习是当前美国中小学开展研究性学习的主要学习模式之一，它以学习项目（Project）为主导来实施教学，"关注学科的核心概念和原理，它要求学生从事的是问题解决、基于现实世界的探究活动以及其他的一些有意义的工作。它要求学生主动学习并通过制作最终作品的形式来自主地完成知识意义的构建"①。

(三) 项目学习的理论基础

项目学习并不是凭空创造出来的，背后有一些成熟的理论基础作为支撑，主要包括：

1. 建构主义学习理论

建构主义学习理论是认知心理学派的一个分支，主要代表人物有皮亚杰、维果斯基。建构主义学习理论认为知识是学习者在一定的情境即社会文化背景下，借助他人（教师和学习伙伴等）的帮助，利用必要的学习资源，通过意义建构获得，而不是通过教师单向的灌输获得，即学习是主动的而不是被动的。学习者通过已经掌握的知识和经验与现有的知识和经验间反复的、双向的相互作用来建构自己对新知识和经验的理解，同时对原有的知识和经验进行调整和改变，从而"生长"出自己的新的知识和经验。这一过程不仅是对新知识的深层次理解，也是对新知识的分析、检验与批判。

2. 杜威的实用主义教育理论

杜威的实用主义是对传统的"以课堂为中心、以教师为中心、以教科

---

① 刘景福. 基于项目的学习模式（PBL）研究［D］. 南昌：江西师范大学，2002.

书为中心"的理论的批判。其教育理论强调：以经验为中心。杜威认为，"知识不是由读书或人解疑而得来的结论""一切知识来自经验"；以儿童为中心，杜威反对传统教育忽视儿童的兴趣、需要的做法，主张教育应该以儿童为起点，以儿童的实际情况和切实需求为依据；以活动为中心。杜威认为："学校主要是一种社会组织。教育既然是一种社会过程，学校便是社会生活的一种形式。"让学生从实践活动中求学问，即"做中学"，反映了杜威重视从实践中培养学生的能力。

3. 布鲁纳的发现学习理论

针对传统教学中存在的被动消极现象，教育家布鲁纳提出了发现学习理论。他认为，学生的认识过程与人类的认识过程有共同之处，教学过程应该是教师引导学生发现的过程，"学习就是依靠发现"。基于项目的学习亦是一种发现式的学习。学习以问题开始，学生就问题解决形成原始假设，或者提出解决该问题的初始方案，然后在各种探究活动以及资料收集、分析过程中对所提出的假设进行验证，最后形成自己解决问题的结论，继而完成知识的建构和掌握。

4. 多元智能理论

加德纳的多元智能理论强调学生的个体差异性，并推崇发挥学生突出的智能。在项目学习中，学生有空间发挥自己的专长，通过利用自己的优势来完成各自承担的任务，因此个性得到极大发展。多元智能理论主要包括以下几大方面：语言智能、数理逻辑智能、音乐智能、空间智能、身体运动智能、人际交往智能、自我认识智能和认识自然的智能。逻辑数学、语文、空间视觉、人际、自省等项目学习帮助学生发展多元智力，评价标准也呈现多元化，这建立在多元智力理论的基础上[①]。

---

① 夏惠贤. 多元智力理论与项目学习 [J]. 全球教育展望, 2002, 31 (9): 20 - 26.

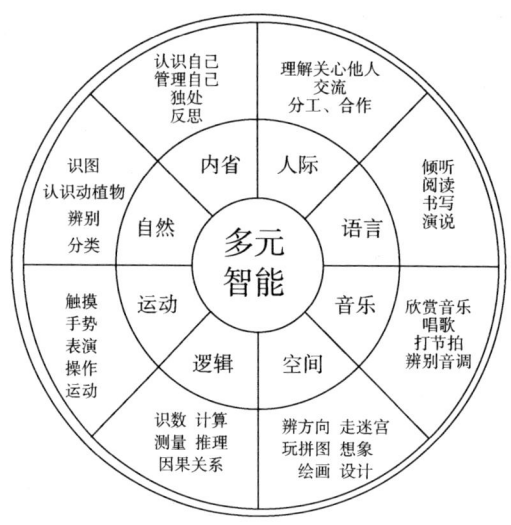

图1-7 多元智能理论结构图

这些理论在项目学习中均得到体现。

(四) 项目学习的四要素

基于项目的学习主要由内容、活动、情境和结果四大要素构成。

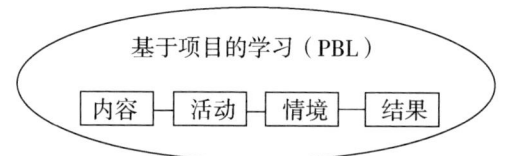

图1-8 基于项目的学习(PBL)的构成

1. 内容

基于项目的学习的主要内容是现实生活和真实情境中表现出来的各种复杂的、非预测性的、多学科知识交叉的问题。内容有如下特点:

①内容应该是现实生活中的问题,是完整的而非支离破碎的知识片段,即强调知识的完整性和系统性;是值得学生进行深度探究、学生有能力进行探究的知识。

②内容应该与个人的兴趣一致。

2. 活动

基于项目的学习活动主要是指学生采用一定的技术工具(如计算机)

和研究方法（如调查研究）解决所面临的问题时所采取的探究行动。活动具有如下特点：

(1) 活动具有一定的挑战性

在基于项目的学习中，学生们会遇到一些具有一定困难的问题。同时探究活动也促使学生掌握现实生活中复杂的概念和技能，在不同情境中运用这些技能，完成类似"行家"般的任务，履行专业职责，形成一定的工作业绩，通过这样的一系列活动提高自身的技能水平。

(2) 活动具有建构性

由于基于项目的学习允许学生建构并生成自己的知识，所以他们很容易对知识进行记忆和迁移。在基于项目的学习中，活动给学生提供一种学习的经历，学生能够建构自身的知识。这种知识的建构是通过以下程序来实现的：学生确定问题，寻求解决问题的办法，对问题进行研究，选择信息，分析信息，合成信息，并将新获得的信息与以前所学的知识联系起来。

(3) 活动应该与学生的个性一致

基于项目的学习适应于用不同的方法学习，能给学生提供多种方式参与和验证他们的知识学习，适合各种各样的智力技能（如肌体运动技能、图像技能）的学习，也能适应不同的学习风格，如个别化学习或者小组合作学习，还能给家长提供其子女各种业绩的信息。

3. 情境

情境是指支持学生进行探究学习的环境，这种情境既可以是物质实体的学习环境，也可以是借助信息技术条件所形成的虚拟环境。情境有如下特点：

(1) 情境促进学生之间以及学生和社会团体之间的合作

基于项目的学习和其他学习模式相比，能给学生提供更丰富的、更具真实性的学习经历。因为它是在社区环境中进行的。在这种情境中，学习和工作需要相互依赖和合作。这种环境也能防止人际冲突，并且帮助学生解决人际冲突。在没有压力、精诚合作的环境中，学生们对发展他们的能力充满了自信。

（2）情境利于学生使用并掌握技术工具

情境为学生学会使用各种技术（如计算机技术和摄影技术）提供了一种理想的环境，能拓展学生的能力并为他们走向社会做准备。

4. 结果

结果是指在学习过程中或学习结束时，学生通过探究活动所学会的知识或技能，如小组合作学习技能、生活技能、自我管理技能等。基于项目的学习模式同时能促进学生的高级认知技能和问题解决策略的形成，为培养专业技能和训练专业研究策略（如历史研究、人类学、文艺评论等）提供服务，促使学生"学会学习"[①]。

（五）项目学习的特征

项目学习区别于传统的学习方法，具有其独特的特征：

1. 综合性

项目学习以项目为起点，而这个起点往往是宏大的，也是综合化的，常常会涉及多个学科，即使在一个学科内部，也会涉及学科内部的多个领域，这就需要在学习过程中淡化甚至抛弃学科思维，转而从问题解决的角度来考虑。因此，项目学习不再进行人为、强制的切块划分，相反，它更强调个体把自己认知基础中的一个个散点化、碎片化的知识联系起来、连接起来以解决实际问题，在解决问题的实际情境中获得并生长、建构知识。

项目学习是引导学生展开综合理解的学习，是促进学生达成整体建构的学习。项目化学习指向的目标是综合统整的，在探究问题完成项目的过程中，学生调用所有的心理资源，达成深度理解知识、发展能力、培育态度和价值观的素养目标。

2. 真实性

项目学习具有真实性的特点，尤其是它对真实场景、真实生活、真实意义的强调，更容易让孩子们认可学习过程的重要性和趣味性，从而使学

---

① 刘景福. 基于项目的学习模式（PBL）研究 [D]. 南昌：江西师范大学，2002.

生更加投入、更具自我驱动力。项目学习的真实并不等于一定是现实发生的，在努力构建真实情境的基础上，并不要求学生学习活动中的每个要素都必须是真实的，而是要让学生看到知识和世界的某种联系，更多的是指学生解决这个问题的思路在现实生活中是可以迁移的。

3. 问题性

项目学习的历程是持续探究解决驱动性问题的历程，探究包含调查、知识建构和问题解决，可以是设计、决策、发现问题、解决问题、建立模型等。探究意味着大量学生的自主选择、非监控的工作时间、责任。最重要的是，这些探究的过程不是孤立的，而是围绕驱动性问题逐步深入的。

4. 实践性

项目学习引导学生在实践中理解、探究问题，是促进学生实践参与的学习，是引导学生解决问题的学习。项目学习要锻炼和培养的是学生在复杂情境中的灵活的心智转换，是一种包含知识、行动和态度的"学习实践"。"实践"强调的是"做"和"学"的不可分割，这意味着项目学习不仅仅是技能的收获，还包含着对知识的深度理解。"实践"意味着学生要像一个真正的科学家、工程师、作家、数学家、新闻工作者那样，遇到真实的问题并在多种问题情境中经历持续的实践。

5. 纵深性

项目学习是促进学生切身体验与形成高阶思维的学习，是促成学生深度理解的学习。项目化学习，在一开始就用有挑战性的问题，创造高阶思维的情境，激发学生学习的内驱力，明确对学生提出带有问题解决、创造、系统推理分析等高阶认知策略的项目任务，让学生在强大的驱动性问题所产生的内驱力中创造一个真实的作品。

6. 创生性

项目学习区别于传统的考试——传统考试用分数来检验阶段成果。学生开展项目学习的最后阶段，会形成具体作品，包括报告、方案、模型、图样、产品等，形式多样，真实个性，是属于学生独一无二的作品。

综上所述，项目学习既强调本学科知识的学习，又能促进跨学科知识的学习；既注重基础知识与基本技能的学习，又注重学生实践能力和创新能力的培养；既能满足个性化教学要求，又能培养学生合作意识与适应能力；既能促进学生高级认知能力的发展，又有助于学生健康情感的培养。这与当下环境、我校的育人目标高度吻合，所以，我校将项目学习引入，致力于培养学生的综合能力和探究意识。

三、我校的项目学习

（一）我校项目学习的定位

1. 总体目标

我校项目学习的总体目标是构建系统化实践活动，提升学生综合素养。

2. 具体目标

我校项目学习的具体目标：融合多维目标，进行综合实践，注重经历体验，建立学校、家庭、社会三位一体的教育模式。在实践过程中，我校注重让学生自己去探索，去实践，去总结，去反思，引导学生从小"读万卷书，行万里路，历万端事"，锻炼学生的自制能力、策划能力、思考能力、交流能力、社交能力、研究能力、自我管理能力，让学生获得最真实的成长——重实践、长才干、促创新。

随后，我校确定了全校项目学习课程的整体实施运行机制，见下图。

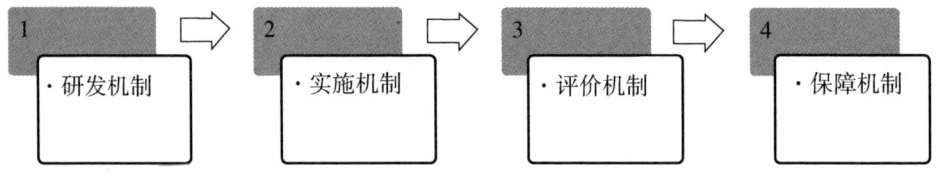

图 1-9　我校项目学习课程的整体实施运行机制

（二）项目学习的行动框架

1. 完善课程体系

（1）纳入"探究类"课程

我校将项目学习加入到了学校第三层级的"探究"课程中去，丰富了我校的立体课程。我校决定在日常课堂和寒暑假中开展项目学习，以寒暑假为主,六个年级设置不同梯度的任务,以组建学习小组的形式展开学习,在班级、年级、学校搭建平台鼓励学生积极分享自己的项目学习成果。在实践过程中,我校注重让学生自己去探索,去实践,去总结,去反思。

(2)组建研发团队

• 组建课程部

为了更好地在我校落实项目学习,我校特意组建了课程部,对项目学习的设计、实施、监管进行系统的把握。

• 成立课程核心组

由许培军校长担任组长,教学指导中心孟桂民校长担任副组长,课程部闫玉玲主任为执行组长,以及各年级组长、教研组长及各学科骨干教师,共同组成课程核心组,主要职能是对学校的课程建设进行调研、研发和管理。具体结构及主要职责如图所示:

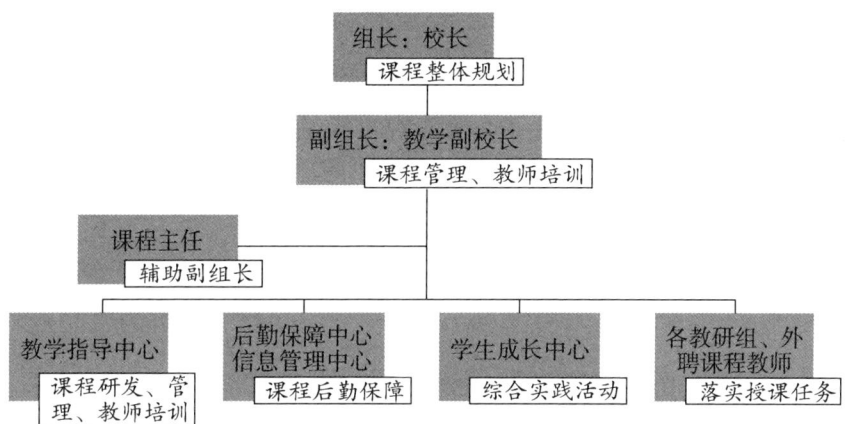

图1-10 课程核心组结构图

2. 对全员展开培训

(1)对全体教师展开培训

• 召开项目课程培训会

为了使项目学习在我校很好地落地,我校特意召集全体教师参与项目课程培训会,邀请课程部老师引导老师们了解项目学习,让他们认识到项目学习的重要性,知道如何引导学生开展项目学习,并结合大量的实例进行详细讲解。

- 在实践过程中总结经验

在项目学习实施的过程中，做到"且行且思"，在研究中不断发现问题、解决问题，并逐步将课程实施、管理和评价过程中的一些经验进行总结梳理。

（2）对全体学生进行培训

- 对项目学习任务书进行解读

每个学期学校都会通过广播、视频等方式，针对项目学习书为全体学生进行详细解读，班主任在班级中针对疑难问题再进行有针对性的指导。

- 对一年级学生进行重点解读

对于第一次接触项目学习的一年级学生来说，这种学习方式非常活泼、新颖。但是由于学生年级低、认知有限，对于他们来说这种学习方式还是具有一定难度的。所以学校针对一年级学生召开了专门的解读会议，帮助他们了解项目学习，让他们会开展项目学习，并对项目学习产生兴趣。

3. 课程的开发

（1）主题的设置

学校以有趣生动、紧贴学生实际、有现实价值为宗旨，根据学生年龄、当下时事、学生兴趣以及学校学科特点等进行主题的设置，打破了学科的界限。在此基础上，学校根据学生年级的高低，进行分层任务设计，保证人人可参与，人人乐于参与。

（2）时机的呈现

- 形式新颖，促进亲子关系

经过前期的调研，发现学生对传统的寒暑假作业呼声不高。常规的语、数、英等习题式作业让学生感觉枯燥无趣。往往一个假期，他们拖到最后几天猛补，开学上交应付差事。同时，孩子一个人默默做着作业，家长只能在旁督促。家长在帮助孩子解题的过程往往表现出一种居高临下的态度，容易给孩子带来压力，造成家校矛盾。但是在项目学习中，学生可以和好朋友、家长组成学习小组，一起通过画画、制作PPT、做手工、亲身去博物馆体验等丰富的形式完成项目学习。项目学习让假期作业变得立体又生动，学生在游戏中不知不觉地完成了学习，收获了知识和体验；家长也成为项目学习组员之一，促进了家校的和谐关系。

• 时间充裕，资料丰富

项目学习之所以多在假期进行，是因为在假期中学生和家长时间相对自由，他们可以通过上网、实地考察、相互合作等方式，迅速地获得开放的研究资源。学生在假期中便于展开项目学习的研究。同时在假期中学生还可以有充足的时间和小组成员商讨合作事宜。

（3）确定任务书结构安排

经过课程部成员的讨论，项目学习内容通过任务书下发到学生的手中，结构主要包括：

图1-11 项目学习任务书流程图

4. 实施与评价

（1）实施流程

经过课程部成员的周密讨论，项目学习的实施流程主要包括以下三步（如图1-12）：

图1-12 项目学习实施流程图

在实施的过程中，课程部、校区、年级组长、班主任、学生、家长、学科教师也有具体的实施任务。

（2）把控监管

在很好地设想之后，最重要的就是落地实施。在项目学习实施的过程中，各部门各司其职：课程部及时收集学生、家长、社区等多方意见，便于及时研究、调整之后的项目学习书以及思想观念；提倡学生在完成之后多留心观察其他同学的成果，发现不一样的地方，建议学生多质疑、修正项目学习；老师在学生展示的过程中及时发现学生存在的问题，给予适当的指导，并拍照、录像，留下学生的精彩瞬间；调动家长假期参与的热情，让家长也爱上项目学习，让社区和社会支持项目学习的开展。

（3）多元性评价

- 评价主体多元化

项目学习的评价主体是多元化的，包括学生、教师、家长、学校和社区。多主体的评价区别于单一教师一人评价的方式，它将学习的主动权分给了学生，使学生在项目学习中的付出更被认可，对学生有着促进作用。

- 评价内容多维化

区别于传统的分数评价体系，项目学习采用多维度评价的方法，注重过程性评价与结果性评价并行，甚至更加注重过程性评价，从外在表现与内在思考两个维度展开——包括语言表达能力、亲历实践能力、个性演绎能力、信息整理能力、融合创新能力、质疑自省能力等，通过多角度评价帮助学生提升自信。

- 评价方法多样化

依据评价主体不同，评价可采用自我评价和他人评价。自我评价是学习者按照一定的评价目的与标准，对自身的工作、学习、品德等方面的表现进行价值判断；他人评价是指学习者以外的人所进行的评价。自我评价能充分调动学生学习的积极性，而他人评价可信度较高，具有一定权威性。在项目学习中学生可以采用多种方法展开评价。同时，学校鼓励有创意的、有思考的创造性成果，这更能帮助学生发展高阶思维。

第二章

项目学习的研究历程

一、初识：学习与尝试（"桥"项目的研究）

2013年6月14日—16日，由中国基础教育质量评价与提升协同创新中心、北京师范大学教育学部、教育部小学校长培训中心、全国小学课程改革联盟主办，斯坦福大学评价学习与公平中心、国际教育荣誉协会、教育部基础教育课程教材发展中心联合支持的"首届小学教育国际会议"在中国北京拉开帷幕。

本次会议旨在在教育全球化的大背景下搭建一个专业的国际交流平台，以一线学校为研讨主体，审视当今的小学教育实践，探讨共同面对的问题和挑战，探索学校未来的发展和改革。

图2-1 会议图片

在北京师范大学教育学部的直接领导和支持下，以及在国内多所师范大学和教育学院的学者的积极参与下，会议采用"基于项目的学习"的方式，由美国的4所典型优质学校与中国27所学校（23所内地小学课改联盟学校+4所香港知名小学）构成四个群组展开为期五个月的合作研究，对学校的课程、教与学、教师发展及评价、学生发展及评价、学校领导力、学校建筑设计等进行剖析研讨。

（一）依托"桥"与项目结缘

1. 原汁原味的课堂引发课堂教学的思考

《旧唐书·魏征传》："（太宗）尝临朝谓侍臣曰：'夫以铜为镜，可以正衣冠；以古为镜，可以知兴替；以人为镜，可以明得失'"。其中，"以古为镜,可以知兴替"大概意思是以历史为镜子,可以知道朝代兴衰,我想正是这样的一种思考问题的角度帮助唐太宗开创了贞观之治的局面,为开元盛世奠定了基础。

回头借鉴历史,我们就容易把握事物发展规律,能够透过现象接近事物本质,也有助我们总结过往的经验教训。所以我们抱着一种学习的态度,通过各种方式汲取国际先进教育经验,其目的在于实现中国的教育理想。

(1)回眸4节真实的课堂

此次国际会议为我们再现了4节真实的美国课堂。翠微小学按照美国教室的一些特点改造了一间中国教室,从美国空运过来的教具、教辅材料、装饰品尽可能地帮助我们还原了真实的美国教室。从美国来的Nick老师提前给要上课的两个年级共40名学生进行了几次补习,帮助学生们了解美国老师的一些习惯和做法,也尽可能帮助学生突破语言障碍。

2013年6月14日、6月15日,在翠微小学,美国India Hook小学的教师Stacy(左一)和Heather(右一)执教了这4节课。

图2-2 美国教师执教课堂

Stacy老师执教了二年级科学课Color Climbers(颜色登山者)。这节课进行的实验是在一张咖啡滤纸条上,用记号笔点一个圆点,将纸条一端浸入水中,观察这个圆点的变化。

教案当中罗列的Central Idea和Guided Question(核心思想和指导问题)是:科学研究的过程是什么样的?一个简单的科学探究是如何实施

的？按照中国式的思维，这节课的重点应该在水的毛细现象、扩散现象等，但整节课都没有讲到这个知识点，我们惊讶地发现这节课甚至没有科学概念。

讲解科学探究过程 ⇨ 教师详细描述科学情境 ⇨ 学生提出问题、预测 ⇨ 学生小组实验 ⇨ 独立记录 ⇨ 交流汇报 ⇨ 制作“颜色迸发”艺术品；用不同颜色实验；在不同水温下实验

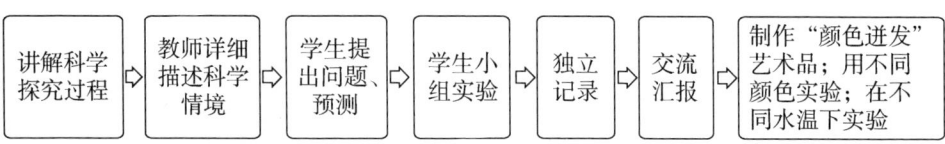

图 2－3　教学流程示意图

Stacy 老师还执教了二年级数学课 The Napping House（瞌睡屋）。这节课是让学生学习个位数的连加，但与中国此类课程有很大不同，Stacy 老师更加注重解决问题的过程。

教案当中罗列的 Central Idea 和 Guided Question（核心思想和指导问题）是：解决问题的方法是什么？床上有几只脚？教师把解决问题的方法作为本节课的核心思想，这体现了美国课堂关注学生能力培养的特点。

讲解解决问题的一般过程 ⇨ 阅读故事提出问题 ⇨ 不预测，利用工具箱解决问题 ⇨ 记录解决问题的过程 ⇨ 演示、交流解决问题的过程 ⇨ 制作瞌睡屋、计算

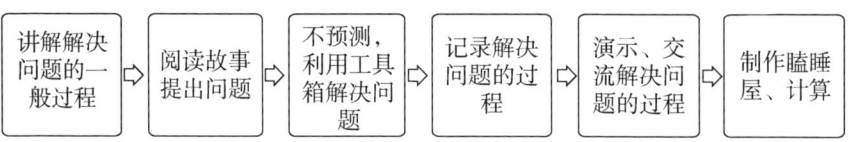

图 2－4　教学流程示意图

在实际课堂中，Stacy 老师最后一个拓展的环节没有完成，但从整节课的效果看，孩子们全神贯注地随着老师的指导解决这个数学问题（尽管当老师提出这个数学问题时，有些孩子已经口算出结果了）。一些听课的中国教师产生了一些疑惑，美国老师的做法是不是把简单问题搞得太复杂了？当我们静下心来看这节课的教案时，似乎能够理解这节课背后所体现的一些教学思想。

整节课孩子们选择丰富工具中的某一种，移动它们，替代数，计算出结果，这个过程示意如下：

丰富的材料 ⟶ 替代数，可移动 ⟶ 建立数的概念

图 2－5　过程示意图

学生所使用的工具在后续的数学学习中也会用到，这节课让学生从多角度进行思考，培养了学生解决问题的能力，帮助学生通过丰富的工具建立数的模型。这种建模的思想在很多领域都很重要，当研究者面临的问题过于庞大（宇宙）、过于微小（原子），或是很抽象等时，他们都需要建立模型去进行研究。这种解决问题的方法为学生今后的学习奠定了基础。最重要的是学生对这样解决数学问题的方法兴趣浓厚，兴趣往往是最好的老师。Stacy 老师尝试结合手工制作、绘画等方式帮助学生完成拓展。这节课回到了学生兴趣的原点，回到了学生认识事物规律的原点。

Heather 老师执教了五年级科学课 Creating a Smart Energy Plan（开发节能产品）。教案呈现的是一节类似产品发布会的课，学生们要了解本学校的能源使用情况、设计节能产品，然后进行汇报。但 Heather 老师并没有实施本教案，而是上了一节关于北京空气污染的课。会后我们了解到，Heather 老师抵达北京酒店后，看到了 China Daily（《中国日报》）上的一则有关北京空气污染的新闻，很有感触，并且认为这与教学内容关系紧密，所以临时修改了教学内容。

主要教学流程如下：

- 呈现 China Daily 中关于北京空气污染的新闻
- 提出问题：空气污染有没有危害？污染是如何形成的？
- 讲解大气层及大气污染相关知识
- 出示照片讨论污染对动物的影响
- 阅读文章《给地球母亲的一封信》

我们看到的是美国老师主动筛选教学内容的做法，而这样的教学内容也最终指向科学—技术—社会的联系。这也再一次体现了美国的能力教育体系，这些课堂中令我们印象深刻的是，在大部分情况下知识只是能力培养的载体。

第二课主要教学流程如下：

- 讨论：什么是能量？我们怎么获得能量？能量是如何转化的？

- 提出问题：为什么北京空气污染严重？
- 师生讨论解决办法
- 学生自主选择研究对象：太阳能和风能
- 小组使用教师提供的材料进行探究活动并用平板电脑记录
- 学生分享

  这节课中的一个亮点就是学生的学具，由美国一家教辅材料公司赞助全部的教学设备、教学材料，课堂上师生所使用的教具都是由这家公司无偿提供的。这家公司针对小学科学课堂的教学内容，融合现代尖端科学技术设计并制作了这些教辅材料。这家公司仅仅是这个行业的一个代表，这种完备、成熟的教育链令很多中国的一线教师羡慕不已。当我们还在为教具的开发制作苦恼的时候，美国老师可以把更多的精力放到课堂中来，他们可以更专注地钻研教学、关注学生。

  这节课的另一个亮点就是平板电脑的应用。其实在中国，一些发达城市的学校也将平板电脑引入课堂，但这个技术在课堂环节中的应用却产生了一些问题，甚至一些课堂中平板电脑似乎只是个噱头。

  Heather 老师是 India Hook 小学里将平板电脑引入课堂，且应用得非常好的一名优秀教师。她认为平板电脑是为学生学习服务的，从功能上来讲，它与一支笔、一张纸没有太大区别，但它又有自己的特点，更动态、更综合、更丰富。

  当学生们进行小组探究时，平板电脑作为记录工具，学生边演示边解说、影像声音都存下来，教师提前在平板电脑上下载了一个小软件，用孩子们的话就是"这个软件让我们可以直接在画面上圈重点，加文字等等，特别好玩儿。"

  再回到上一课时的教案，学生用平板电脑完成产品发布，在汇报的过程中也有众多演说软件，学生根据需要进行选择。

  除此之外，Heather 老师还认为平板电脑是一个丰富的资源库。但上课前她要就学生所需要的资源进行筛选，这个工作量也是很大的。

不难看出，将这种技术引入课堂的核心在于千千万万 App 程序及资源站点，而这些科技是为学生学习服务的。

(2) 4 节美国课堂的个性与共性

4 节课各具特色，又有相同点，值得我们借鉴学习。

• 依据课标结合时事确定教学内容，由 Central Idea（核心思想）统摄

美国教师站在更高的哲学层面去看待自己的课堂，解读他们的教学策略就不难发现，他们渗透给学生的是一种思考的方法、研究的方法，这对于学生在未来建构自己的知识体系及价值观来说是非常有益的。

• 重视对前概念的探查，强调 Connection（迁移）

两名美国教师经常会追问学生：How do you know that?（你是怎么知道的?）学生们会回答：我翻书看到的；我在生活中见过；等等。之后教师会表扬学生们获得这一想法的途径。从教学上看，这是在引导孩子做有效迁移；从学生角度来看，这是一种非常有效的评价，在教师的肯定下，学生们会继续在生活中去关注知识的获得。

• 合作学习与独立思考

尽管学生在活动时多以小组进行，但是在记录、反思、汇报的环节，两名老师都选择让学生独立完成，这背后体现了教师对学生独立思考能力的培养。当今中国课堂也在提倡合作学习，但有些老师对合作学习的理解是有误区的，也有部分人将合作学习等同于小组合作。合作学习注重的是在交流过程中学习者思维的变化。所以师生对话、生生对话、小组活动等都是在进行合作学习。然而仅仅合作学习是不够的，对于每一名学习者来讲，合作学习是一种学习方式，最终建构知识、能力等还需要学习者自己去内化，所以独立思考也是课堂教学非常重要的一部分。

• 海报式板书

海报式板书与传统板书相比更容易保存，也能更好地记录学生的学习过程。一些美国老师还经常将课堂上生成的板书张贴在教室里，保存一段时间，这个小策略能够帮助学生进行回顾与反思，也能加速学生的元

认知。

- 开放性记录（创新思维空间）

二年级、五年级的记录工具没有什么太大区别，都是不同颜色的笔和一个练习本，记录本上没有提示，教师会进行规则性指导，比如从哪儿开始写、记录些什么，在这些细节的提示之后教师就没有指导了，学生们或用图画或用文字完成自己的特色记录。

- 丰富材料支撑（现代技术）

丰富、先进的教辅材料、现代科学技术等都引入了美国课堂。

- 注重语言表达

语言表达的过程是无数个储存在头脑中的信息片断综合成一个观点或概念，接着这个概念要经过语言中心，被重新组合为单词，然后按顺序输出，将信息传递出来。这是一个十分惊人的认知过程。美国教师非常注重学生的表达，同一个问题可能我们问两三名学生就会停止，但是美国老师会不断地询问不同的学生，让每名学生都有锻炼自己的语言表达能力的机会。

- 平等的师生关系

平等背后体现的是尊重，4节课中我们看到的多是基于规则的平等师生关系。

- 趣味性
- 最终指向学科—技术—社会之间的联系

（3）中美比较带来的几点思考

中美比较后，几个疑问不断闪现：

- 美国的科学课堂主张学习的主题少而精，这要比多而泛的效果好：以知识学习为手段，侧重于培养可以普遍迁移的能力。我国小学阶段的授课内容是真的难，还是仅仅是知识容量多？我们是要把学生培养成"移动存储器"，还是培养成具有基本知识、技能的学习探索者？第二个问题听起来有些刻薄，但是我国基础教育中的"存储器式"培养模式是真实存在的。

- 知识多少才够用？

有这样一个历史趣闻：16 世纪末，德意志国王鲁道夫二世专门准备了一幢房子，认为可以将人类已掌握的知识全部放进房子里：岩石标本、动物标本、书籍、植物、水晶等等。

在知识爆炸的今天，各个领域知识呈几何倍数增长。在互联网盛行的今天，全球一起共享网上庞大的信息资源，一个人到底学多少知识才够用？我们要培养的是"移动的百科全书"吗？很显然，答案是否定的。我们的教育目的不是培养"百科全书"，再发达的教育体系也培养不出"百科全书"。

- 课改的思考

教育不能急功近利，课程改革亦如此。要静下心来分析解构即将进入课堂的知识体系，重组建构新的知识体系；在满足社会需求、个体需求及个体现实水平的基础上，让每名学生有所发展，真正实现教育民主；在标准化教育向个性化教育过渡阶段，我们必然会遇到各种问题，今天我们学习各国的先进教育经验，决不能断章取义，要静下心来，把握这些先进教育经验的本质，去解决教育问题，实现教育理想。

作为课程管理及实施者，我们这些一线教师是推动课程改革的中流砥柱。各种问题都是标尺，映照出当今课程现状的种种缺陷，测量出还有多远的路要走。

我们每名教育工作者都走在课改的路上，要善于利用存在的各种教育问题，要善于把握先进教育理念的本质，从每一节课的实施开始做起，我们每一个人的这一点点力量，汇聚在一起就是一股很大的力量，一股在未来可以解决这些问题的力量。

2. 深入品味中感受项目学习的力量

常言道"兵马未到，粮草先行"。教师作为学习活动的开发者、创造者和实施主体，对项目学习的认识会直接影响学生参与项目学习的热情和研究成效。

2014年1月14日,翠微小学全体教师汇聚金帆音乐厅,进行了"基于项目学习"的全员通识培训。其目的是通过全员培训,了解基于项目的学习、教育共同体;了解基于"桥"的项目;调动全员讨论议题,头脑风暴,拓宽研究思路。

北师大校长培训中心陈锁明院长以"走进项目学习"为主题,从认识项目学习、进行项目研究两个方面对全体教师进行了培训。通过陈院长的讲座我们更清楚了什么是基于项目的学习。基于项目的学习是一种以学生为中心的教学模式。这种模式通过能推动"学生探究"的拓展任务和"真实评估"的学习产品及表现来开发认知领域的知识和技能。通过对主题的研究,引导教育共同体一起探索、创造、传播和分享知识,加深人与自然、人与人之间的对话。

在培训中陈院长让教师观看了美国学生进行"桥"项目研究的视频。通过观看视频,我们再次感受到了项目学习的实质。项目学习离不开对知识观的探讨,它是系统的学习设计,是学科核心知识,在情境中的建构与创造跨学科项目学习。项目学习不是学科的拼盘,而是运用多学科的知识来解决问题,实现学习者心智转换,创造出新的成果。同时,项目学习又是多学科和超越学科的内容。在我国现实背景下,项目学习以一个学科为主要载体,聚焦学科关键概念和能力进行学科与学科、学科与生活、学科与人际关系的拓展研究,并且用项目的形式呈现出来,它是中国课程改革的可行道路之一,也是国家课程校本化实施的可行道路之一。

培训会上翠微小学高佳颖老师以"我们都是建桥人"为主题,向老师们介绍了翠微小学"桥"项目实施方案,让老师们了解学校将开展的基于"桥"项目研究的意义与内涵,帮助我们理解"桥",构想创建"桥"的蓝图。

之后老师们开启了一场头脑风暴,针对"列举此项目学习的重要意义,需要与全体教师分享其中三个。""在这个过程中有哪些事情需要做？列举与图示呈现皆可。""作为教师您如何指导学生和家长积极参与此项学习？开学后，对学生寒假的学习成果您打算如何指导分享、展示与交流？下学期指导学生深入进行项目研究，您打算做些什么？"进行了充分讨论。

半天的学习—思考—展示，老师们首次经历了"走进桥、发现桥、拥有桥"的新的学习方式，老师们在亲近项目的过程中体会到：项目学习的开展不仅意味着一种新的学习形式的诞生，更是一种体现时代精神的新的课程理念的生长。它促使学生在解决问题的过程中学习，从中获取知识，培养能力，陶冶情操，从而适应未来社会的需求。

图 2-6　培训图片

3. "桥"项目学习的定位逐渐清晰明朗

各种培训，让"基于项目的学习"逐步走进教师和学生的心中，开展以"桥·教育共同体"为主题的基于项目的学习已经成为了全体的共识。通过对主题"桥"的研究，引导教育共同体一起探索、创造、传播和分享知识，加深人与自然、人与人之间的对话，实现教育者追求世界和平发展和共赢的愿望。

（1）研究的使命

和平 Peace、合作 Collaboration、探索 Explore、成长 Growth、发展 Development

（2）研究的目标

• 全球教育共同体，鼓励并指导孩子们在一起学习，一起成长，共同成为在世界任何地方都受欢迎的、有能力的、负责任的人；

• 为中国教师提供世界水平的培训、学习和发展的机会和平台，以及与世界教育发达国家教师共同成长和发展的可能；

• 为世界各地的教师，包括教育发达国家的教师，提供全球教育需求下的国际培训、学习和发展的机会和平台。

我们认为，教育不仅仅是教师与孩子之间的事情。教、学习、教育的发生，不是仅仅单向地由教师指向学生、由上一代指向下一代，也不仅是教师与学生之间的互动、两代人之间的互动。教育共同体中的每一位成员，都有可能和机会成为知识/技能/品质的原点和终点，即发现/起始者、实现者、传播/分享者以及接受者。

我们认为，学习不应是被动接受的过程，而应是主动建构自己的过程。教/学习/教育的发生地点，不应仅仅存在于教室或学校中，而应是学生足迹所致。学习应是为了教育共同体中每一个成员的过去、现在和未来，其中的每一位都是重要的，成员间需要学习互相尊重、帮助、支持、合作。只有秉持这样的理念，我们才能够真正办好教育。

教育共同体的存在意义和作用，是为这一过程提供相应的必要平台。教师的关键作用表现在为这一过程中学生与家庭的学习活动设计并搭建好"脚手架"，并协同全球教育共同体的其他成员做好自省、评价及改进。

（二）依托"桥"开展项目研究

2013年12月，翠微小学发起并承办了第二届小学课改联盟国际会议，开展以"桥"为载体的"全球教育共同体"的项目学习，即围绕复杂的、来自真实情境的主题，在精心设计任务、活动的基础之上，进行较长时期的开放性探究，探索基于项目的学习方式，建构知识意义和提高自身能力的教学模式。

2014年1月，翠微小学建立了以"师生—家长—社会关联方"为主体的"学习共同体",以"人人都是建桥人"为活动主题,拉开了基于项目学习的序幕。本项目中的"桥",泛指现存的、物理的、架空的所有人造通道,包括过街天桥、立交桥、水域上的桥、公园里的小桥;确定桥梁的基本桥型,包括:梁桥、浮桥、索桥、拱桥等;探究桥的制造年代、材质、施工方、施工设计等。

在项目实施思考上,我们从对狭义的桥的理解认识开始,通过这个项目对人类获取知识的途径提供一种新的视角,在基于项目的研究中感受人与自然、人与社会的和谐。

1. 设计"桥"项目驱动任务

(1) 项目定位

什么是桥?桥的功能是什么?相关文献对桥做出如下定义:桥是一种用来跨越障碍的大型构造物,其功能即跨越障碍物。桥可以是显性的与隐性的,可以是直接的与间接的,可以是单向的、双向的或者多向的,可以是自然的也可以是社会的。

在项目中,我们对桥的理解分为两个层次,即狭义的桥与广义的桥。在项目实施思考上,我们从对狭义的桥的理解认识开始,最终落实到对广义的桥的引申和创建上。

(2) 项目框架

对"桥"项目的实施,我们将从四个层面进行,即:发现桥,拥有桥,完善桥,创建桥。在实施中我们将以年级为单位,按照认识事物的规律,采取"循序渐进螺旋上升,侧重不同兼顾包含"的思路,对不同能力层级学生的项目实施框架进行构建。

项目的主题:人人都是建桥人。

以学生的能力层级为指标,各层级侧重不同,低层级是高层级的基础。

表 2-1 翠微小学"桥"项目任务表

层级	主要任务	次要任务	呈现方式
第一层级 发现"桥"	每人都要走近一座桥，用自己的方式定位这座桥，并且上传地理位置及相关资料至交流平台。（发现桥的方法如下）有效地址（国家、省份、城市或乡村、街道/道路/公园）+一句描述位置的简洁语句。系统定位：通过移动终端定位桥。原点定位：此方法又叫坐标原点或零公里标识，标出方位。	用自己的方式描述这座桥。说出、写出桥的名字；描述这座桥的造型、桥的作用；对桥进行简单的测量；能建立一种学生与家长的沟通之桥。（可以融合学生的语文、数学、科学、美术等多学科知识）	1. 用文字、截图、坐标等方式呈现桥的地理位置。 2. 学生练习书写桥名（中英文）。 3. 从不同角度拍摄的桥的照片。 4. 学生表现桥的图画。 5. 记录活动进行过程的照片、录音、视频等。 6. 写出本次活动的收获（文章配图片）。
第二层级 拥有"桥"	每人都要走近一座桥，能够从多角度"感受"桥（听、说、读、写、看、做）。把自己的所看、所做、所想上传到交流平台。	了解桥的规划、设计、施工、维护、寿命等相关专业知识；查找相关文献，探索桥的历史和文化蕴意；听桥的自然声音（如桥下水流声音等）、功能声音（车流、人流的声音等）、特殊时间的声音（节日等）、其他声音（叫卖声、晨练声等）；能够讲述桥的故事；深入细致描述桥的造型与功能；用生活中的材料制作相似桥；能建立生生之间、师生之间的桥。	1. 展示桥的小档案（名字、建造年代、种类、功能、文化等）。 2. 开一个小主题班会，实现多学科融合。

续表

层级	主要任务	次要任务	呈现方式
第三层级 完善"桥"	发现一座桥,了解桥,分析桥,完善桥,提出改进思路。	完成调查报告,多角度调查这座桥(通行量、承重等),与学习共同体进行分享;根据调查情况,发现这座桥的"不合理"之处,并阐述改进意见,使之更加完善;在活动中感受人与社会之间的和谐。	1. 统计记录单。 2. 调查报告。 3. 建议信。
第四层级 创建"桥"	以某一座桥为原型,设计并制作一座桥(桥的结构不限,原材料限重0.5 kg,跨度40 cm)。	在学习共同体中讨论和辩论,完善自己的桥,并能进行展示和阐释,提交作品,参加桥梁承重竞赛。	1. 桥的制作过程与承重实验的视频录像和作品。 2. 根据自制桥做产品发布。 3. 联合其他共同体,创编并表演有关桥的短剧。

(3)预期目标

• 在发现桥、拥有桥、完善桥、创建桥的过程中,促进多学科融合,培养学生综合素养。

• 以"桥"为桥,借助项目,构建翠微小学学习共同体。

(4)实施进程

此类活动是我校第一次实施,现阶段教师、学生、家长等教育共同体中各个成员均未经历和体验过体系化项目研究过程,此项目既是教育共同体实施研究的过程,也是教育共同体自我学习的过程。因此,学校在具体的设计和实施过程中,需要细化实施步骤,以完成从"拉手"到"放手"的过渡。

• 建立学习共同体,通过讨论了解任务。

• 根据任务制订研究方案草案。

• 组织各共同体交流和讨论,确定方案。

• 具体开展项目研究的过程。

- 实施项目进程的监控和指导。
- 建立交流机制，开发交流平台，定期对项目实施的进程进行交流。
- 项目成果展示。

2. 构建"桥"项目的学科网

为了使"桥"项目能够更好地结合课程，我们从各年级下学期教材中节选了如下知识点，并且对应每个知识点简要举例说明了该知识点如何与本次"桥"项目相结合，以及采用何种形式，用什么样的方式展示成果。下文所列，只是举例说明，仅供大家借鉴和思考。我们力求通过这些例子抛砖引玉，鼓励各校发散思维，根据自身的实际情况，结合教学要求发现符合自身实际的课程知识点来与本次项目结合。教学中鼓励跨学科的整合和教育共同体的共同交流和成长，以便在此过程中培养学生多方面的能力，发挥学生多元智能的优势，让他们在成长与发展的同时，使得原本分离的共同体融为一体。

任务分解以能力层级为单位，按照项目框架要求，结合当前年级学科知识和能力培养要点，整合相邻知识体系，初步确定以下具体实施方案。

[第一层级] 项目要求：发现桥

学科链接：

语文：学生通过参观各种桥，认识桥的名称，养成在生活中识字的意识和习惯，增加识字量。

数学：通过从不同角度观察桥，体会从不同方向观察同一个物体的形状可能是不同的；并且在实际操作活动中认识长方形、正方形、三角形、平行四边形和圆形；体会面在体上。

科学：通过实验理解，拱形的桥面能承受更大的压力。

英语：利用学习的颜色、长短等知识描述桥。

美术：利用线条和基本形状表现桥的造型特征。

社会：通过活动知道桥的作用，搭建一座与家长"沟通的桥"。

活动任务：

- 请家长陪同孩子参观一座桥，收集关于桥的图片、视频、绘画作品（选其一），并记录参观了哪些桥，抄写桥的中英文名称。
- 选出一座喜欢的桥，拍摄不同角度下的桥。记录从不同方向观察"桥"所看到的形状。用喜欢的方式再现桥。
- 准备半个鸡蛋壳、铅笔、若干粗气管（长短相同）、一次性杯子一个、针筒一个（注满有颜色的水）、小量杯（蛋壳）、长条卡纸、小积木若干、记录表。将铅笔分别戳在半个鸡蛋壳的凹面和凸面上，感受相同的力分别作用于凹、凸面时出现的不同现象。再用积木搭建一座拱形桥。通过实验了解拱形的桥面能承受更大的压力。
- 几个家庭自由组合，伴随着《伦敦桥》的音乐，家长扮演桥洞，和孩子一起边唱边玩钻桥洞的游戏。
- 说一说家长在活动过程中对你的帮助和你的收获。

[第二层级] 项目要求：拥有桥

学科链接：

语文：结合一座桥，了解桥的历史与文化，会讲桥的故事，能用一段话描述这座桥。

数学：选择任意一座桥（可与描写的桥相同），使用适宜的测量工具测量桥的长度、宽度。

科学：认识拱形。

薄壳原理在我们生活中的应用是很广泛的，如安全帽、拱桥、拱形屋顶等，孩子用常见的鸡蛋壳、铅笔、纸、积木等，自己动手做实验，探索感知力作用于凹面、凸面、平面时出现的不同现象。初步理解拱形面能承受较大力的原理，并了解其在生活中的应用。

美术：感受一天中色彩的变化，能用不同的色彩表现这样的变化，画出《我手中的桥》。

活动任务：

• 走近一座桥，收集关于它的照片、图片及说明文字，整理有关这座桥的对联、谜语、谚语、成语、桥的传说和故事及绘画作品等，形成一个关于这座桥的小档案。

• 搭建一座结构相似的桥，给桥起个名字，展示桥的特点。

• 建一座"友谊的桥"。在活动中感受信任、支持、合作，说说在活动中建立起来的友谊。

[第三层级] 项目要求：完善桥

学科链接：

语文：三年级下册写作方面有总分段落的训练，可以借用这种说明文的写作方法来进行对一座桥的描写；结合第十一单元"书信"主题，可以使用书信应用文来描述"桥"。

数学：认识面积和面积单位，会计算长方形和正方形的面积。能对一座桥的桥面进行测算；初步掌握统计方法，学生可以运用统计的方法，对桥上车流、人流的通过量进行统计，提出合理化建议。

综合实践：架纸桥。运用报纸特点，以小组为单位架起一座报纸桥，利用最短的时间将乒乓球运送到目的地。可以设计游戏方式，锻炼学生的动手能力，让学生体验合作的重要性，促进团队的形成。

信息技术：本册图书的知识点全部围绕画图软件进行，学生能够在独立的情况下使用画图软件进行绘画；学生可以使用搜索引擎，对关于桥的资料进行检索。

活动任务：

• 收集一座桥的资料，定期进行观测，了解该桥的行人通过量和汽车通过量，然后进行分析，形成一个小观察报告，向相关部门写一封建议信。

• 用计算机的画图软件进行辅助设计，然后尝试用相同数量材料制作一座纸桥，并不断完善桥的结构，提高桥的承重受压能力，做好过程记录。

●了解学校对四川周家坪小学援助活动的实施过程,提出改进思路,完善爱心之桥。

[第四层级] 项目要求:创建桥

学科链接:

语文:学生学习了调查报告的写法,围绕主题单元"桥",能够撰写调查报告。了解北京的桥的历史,选择一座自己喜欢的桥,深入调查,查找资料,收集数据,撰写调查报告。

数学:学习了三角形、平行四边形的特性,认识了梯形,利用几何图形的特性学生可以尝试制作桥。

英语:Unit 11 People and Countries(人民与国家)学习了如下几个国家:the United States(美国),France(法国),Australia(澳大利亚),Japan(日本),Canada(加拿大),the United Kingdom(英国)。知道这些国家的著名城市:Tokyo(东京),Los Angeles(洛杉矶),Paris(巴黎)等等。可以让学生找一找这些城市中的桥,然后在小报中贴一贴、画一画,用中文和英文简单写一写。

科学:关于桥承重的研究。制作各种材料的"桥",试验其承重性。

综合实践:小导游"桥之旅"。选择导游这一主题,让学生寻找更多世界名桥,了解更多名桥的历史,开一个小型发布会。

信息技术:本册图书的知识点全部围绕幻灯片这一软件进行,学生能够在独立的情况下使用幻灯片软件进行桥相关内容的展示。

活动任务:

●在语文课"桥"单元学习的基础上,进一步拓展对桥的认识,搜索关于世界名桥的资料,写一首诗、歌、童谣等来赞美桥,将你的创作以及收集的资料用幻灯片进行展示。按照英语课本中"人民与国家"单元所列,制作一期关于这些国家中的桥的英文小报。

●以发现的某一座桥为原型,用适合的材料造一座桥,以说明文的方式,阐述这座桥的结构、功能等,并在班级中进行汇报。

- 开展一项社会活动，建设一座"无形的桥"。

3. 经历"桥"项目学习实践

2013年的冬天，我们想造一座这样的桥，一座能够成为连接中国教育和国际教育的通道的桥。"全国小学课改联盟"恰时走进翠微小学，它成为构想与实现的催化剂。"桥·全球教育共同体"项目是由全国小学课改联盟发起，全国四十余所学校和美国等国家三十余所学校参加的，旨在推进全国小学教育课程的研究项目。

2014年1月，翠微小学建立了以"师生—家长—社会关联方"为主体的"学习共同体"，以"人人都是建桥人"为活动主题，通过发现桥、拥有桥、完善桥和创建桥四个阶段，指导学生参与社会实践，将理论知识和实际问题紧密结合，展开学习。

在这次"桥"的研究活动中，"桥"作为生活中的一个实体目标，成为学生一个崭新的学习内容。学生以全方位、立体、交叉而且自主的学习方式代替了以往分学科学习的模式。学生用画笔绘画桥，用相机拍摄桥，用文字记录桥，用诗句赞美桥，用数据计算桥梁的承重，用不同材料制作能承重的桥，以及用录制视频、编写歌曲等方式表现多姿多彩的桥……那一幅幅充满奇思妙想的画作，一张张取景巧妙的照片，一段段平凡而独特的视频和一场场声情并茂的演讲——学生们以独特的视角和感悟展示着他们对"桥"的不同理解。那看似普通的一张照片、一幅画都蕴含着学生辛勤的付出；一座座形态各异的实体桥、平面桥以及文字桥，早已不只是一个空间存在的物体，它已经成为学生心中的那座"康桥"，学生在自己的"康桥"中发现着、思考着、探索着、感悟着。

从寒假开始，翠微小学开展了基于项目的学习。在本次"基于项目的学习"活动中，"桥"是活动载体，通过教育共同体中人与人协同对物理和地理上的桥的研究，来实现对人与人之间（家庭的、师生的、社区的）桥梁的建设与呵护。桥项目的实施，从四个层面进行，即：发现桥、拥有桥、完善桥、创建桥。

在假期中学生们按照学校的倡议，他们或与家庭成员，或与同学组成教育共同体，走向社会参加社会实践，许多同学用自己的方式表现了发现桥、拥有桥的过程。学生的完成情况见下表：

表2-2 学生完成情况表

年级	一年级	二年级	三年级	四年级	五年级	六年级
模型	30	124	57	83	65	99
绘画	135	173	153	70	76	29
照片	286	300	206	213	170	331
音频文件	8	31	10	10	8	14
视频文件	45	39	33	29	45	28
资料档案	248	310	444	359	270	408
文章（小报）	112	134	115	73	47	61
调查研究报告	7	28	85	72	75	22
创编歌曲	0	0	1	3	1	2
创编剧目	0	1	0	0	0	0
PPT	10	103	1	14	0	0
小报	0	32	0	4	8	0
建议信			1		35	
诗歌			5		1	
结构图			1			

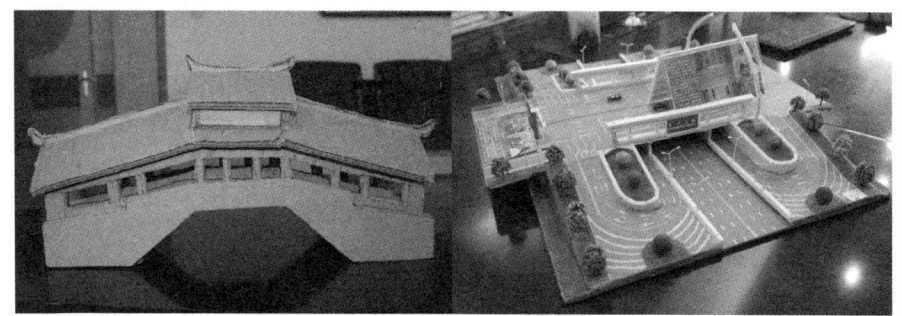

图2-7 学生参加社会实践图

三月份学校组织了各年级的展示,让学生们能够把自己的研究成果和制作的桥的模型,在学校、年级、班级进行分享。活动给老师带来惊喜,他们看到了学生的无限创造力;活动给学生带来了智慧,他们在活动中展开想象,用自己喜欢的方式来表现"桥"。

四月份各学科借助"桥"项目的平台,结合学科内容和对学科教学的理解与认识,把"桥"的研究与学科教学融合。

五月份学生们参与了学校组织的各项"桥"的活动,包括:我与桥的故事演讲比赛、"桥文化"知识竞赛、"桥"的承重比赛、"桥的文艺展演"。

六一儿童节学生们与教育共同体中的家长、同伴结伴而行,开展了"聆听'桥'世界日"活动。他们绿色出行,在倾听的过程中,和"桥"结下了不解之缘,有的同学来到家附近的"普惠桥",有的同学来到了"卢沟桥",有的同学来到了颐和园的"十七孔桥"。在桥上他们静心聆听,充分发挥想象力、细心观察生活和感悟声音。我们鼓励他们倾听他人、聆听内心,发现更多有代表性、有特点的桥的声音。他们倾听到桥的流水声,倾听到人们的欢笑声,倾听到老人们锻炼身体的拍打声。在倾听中他们感受到生活的美好与快乐。一天中学生完成录音作品1 263件,制作微电影347件,活动录像163件,拍下照片144张,完成视频70件,其他表现方式作品233件。

正所谓"桥通小市家林近,山带平湖野寺连"。"桥"不仅是一种用来跨越障碍的大型构造物,更是沟通人与人、人与自然、人与生活的有效途径。每位学生都对"桥"有了不同的认识。全体师生共同研究学习,用独特的眼光去欣赏"桥",欣赏生活,这使他们不仅增长了知识、增加了兴趣,更增进了感情。

4. 展示"桥"项目学习成果

为了把学习共同体这些火热的研究和丰硕的成果充分展示出来,翠微小学在北校区建立了"桥"博物馆。

"桥"博物馆分成两部分:楼道展示厅和室内展示厅。楼道展示厅记录了学生的研究历程,汇集了学生参与的各项活动,留下了学生研究的印记。它包括"架飞桥——于全球文化交融;品名桥——于深厚文化内涵;搭学科——于多元知识整合;聚成果——于拓新开阔视野;齐相聚——于重庆交流共进"五个版块。

"架飞桥——于全球文化交融"版块记录了国际课改联盟校汇聚一起从认识项目到研究项目的思考与行动,记录了老师们参与项目学习的热情和老师们自创"桥"的激情。

"品名桥——于深厚文化内涵"版块是学生寒假学习的缩影,他们用画笔画"桥",用相机拍摄"桥",用文字记录"桥",用诗句赞美"桥",用各种材料创作"桥"。那一幅幅充满奇思妙想的画作,一张张取景巧妙的照片,一段段平凡而独特的视频——学生们以独特的视角和感悟展示着他们对"桥"的不同理解。

"搭学科——于多元知识整合"版块涵盖了在"桥"项目学习中,各学科根据学科的特点和学习内容把"桥"的研究纳入到学科教学之中。学生用诗歌、作文来表达"我"与"桥"的故事;学生用所学知识测量"桥",感受"桥",了解"桥"的构造,利用科学课和综合课制作"桥";学生在美术课上画"桥"、捏"桥"、剪"桥"、照"桥";学生在音乐课上唱"桥",在体育课上走"桥"、做"桥"的游戏,感受人与人合作沟通之"桥"。

"聚成果——于拓新开阔视野"版块记录了在探索、发现、研究"桥"的过程中,和"桥"发生的许多有趣的故事以及在过程中丰富多彩的学生活动——"我"与"桥"的故事演讲比赛、"桥文化"知识竞赛、"桥"的承重比赛、"桥"的文艺展演。

室内展示厅共分为10个展厅,包括书画厅、视频厅、实物展示厅等,共展示了学生书画作品400多件,学生的面塑、陶艺、篆刻作品200多件,学生自做"桥"的模型200多件。这里的每一件作品都是学生们精心创作的成果,都是学生创造力和审美能力的展现。

书画厅包含7个展室:第1~3展室是儿童画展,学生们的奇思妙想,都倾注在那一幅幅作品中,其中第三展室还包含了学生用面塑制作的"桥",每一件作品都出自学生灵巧的手。第四展室是纸艺和剪纸作品展示,特别引人注意的是那些用废料创造出来的"桥",让我们感叹于学生们的无穷创造力。第五展室是学生的国画作品。第六展室是学生的书法作品。第七展室是学生们的篆刻作品,这些民族的传统文化,在学生们的手中得以传承。

博物馆中的3个实物展厅，汇聚了学生们的"桥"的作品，或拱桥、或梁桥、或悬桥，虽然结构不同，材料不同，但这一件件稚嫩的作品展示了学生的无限创造力和想象力。在这许多作品中，学校教师和部分学生一起制作的一座大桥，更是吸引了所有参观者的注意，它用了几千张报纸，长、宽、高分别为3.2 m、0.54 m、0.63 m，均是由报纸搓成纸棍，依据结构设计一根根粘黏而成。

翠微小学"桥"博物馆，汇聚了学生的研究成果，再现了学生的研究经历，带给了学生美好的回忆。

图2-8　学校教师和部分学生一起制作的一座大桥

（三）依托"桥"引发后续思考

1. 研究历程的回顾

半年多的国际教育"桥"项目跨学科综合性学习活动让孩子们走近了"桥"，感受到了"桥"之便、"桥"之坚、"桥"之美、"桥"之韵，深入领悟了"桥"的文化。

学生探究构型之美，解析建造之精；汇集点点精华，来一场知识竞赛，从中更加了解古今中外各类"桥"和建"桥"人的智慧。

学生制作一座"桥"，享受一次过程，得到一份收获，获得一种能力。

成长本是实践的过程，在实践中得到综合发展，在实践中提升认知，在实践中享受生活。

学生诵"桥"，叹"桥"，将"我与桥的故事"编纂成文、汇集成歌，带来的是别致与高雅的乐趣，感受到的是芬芳与飘逸的魅力，收获的是神韵与灵性的感悟。

学生唱"桥"，演"桥"，专场表演活动更是展现了孩子们关于"桥"的艺术创造力。跨学科的学习使得每一个孩子以不同的路径开阔了视野，以不同的方式经受了历练，使他们得到了"桥"文化熏陶，获得了探究性思维的提升。

国际教育"桥"项目的跨学科综合性学习活动开启了学生的心智，家庭和学校联手，教师和专家联手使他们能够更好地将学习和生活融为一体。探访桥、制作桥、吟诵桥、讲述桥、表演桥，"桥"项目的学习帮助孩子们逐步形成了善于发现问题和解决问题的能力，激发了他们的实践和创新意识，促进了知情意行协同发展。

2. 实践过程的触动

"人人都是建桥人"的活动是"基于项目学习"的开篇，在这之中学生收获颇丰，在这之中我们也在思考。

（1）厘清项目式学习与学科综合实践活动的边界

在实践中，我们发现，项目学习虽然有很多优势，但也不能完全代替学科综合实践活动课程所有的活动方式。项目学习更加关注的是问题、情境、探究、成果，学科综合实践活动除了关注成果，还特别强调让学生参与活动过程，积累丰富的直接经验，形成深刻的体验。两者既有紧密的联系，也有显著的区别。所以说，两者有交叉，但不能完全相互替代。

（2）项目化学习要自觉与学科教学对接

项目化学习是一种学习活动，但是，如果实施者仅看到活动，看不到"知识"的参与，极有可能造成活动的平庸化。当然，目前由于对项目化学习认识不全面，学科知识、学科思维在项目化学习中被忽视，项目化习难以达到"实现个体和社会价值的整合、核心知识的深化和思维迁移"的目的，依旧不能解决分科与整合、知识与能力的矛盾。

（3）提高项目主题的设计能力

项目主题设计的流程虽然易于掌握，但是教师想要成为高超的项目设计师，却不是一件容易的事情。它要求教师要有知识的穿透力。好的项目学习一定是对知识的深度融合与实践应用，它首先需要教师在知识的掌握上达到通透的层次，没有对知识的深层次把握，教师不可能设计出高质量的项目学习主题。第二，教师必须具有非凡的生活洞察力。好的项目学习主题一定来源于生活，与学生生活息息相关，这就要求教师本身对生活具有深刻的洞察力。教师要善于发现、选择生活化、有趣的、真实的情境，使之转化成学生的项目研究，这样才能充分显示教师的生活智慧。

二、亲近：研发与实践（飞行物和自然主题）

"桥·全球教育共同体"暨第二届小学教育国际会议以促进世界各地学校、学生、家长、教师、社会人士等不同角色之间的交流与学习，实现"全球教育共同体"的建构与发展为宗旨，它把以学校教育和家庭教育为核心的教育共同体作为研讨单位，协同全世界优秀并且有意愿的城市、乡村、民族小学，通过对主题"桥"的基于项目的学习和表现性评价研究（物理的"桥"，心之"桥"），来引导教育共同体一起探索、创造、传播和分享知识，加深人与自然、人与人之间的对话，实现教育者追求世界和平发展和共赢的愿望。

我们要让项目学习这一新的学习方式走进学生心中，成为学生探索世界、感受生活的自觉行为；让教、学、教育的发生地点和时间，不仅仅存在于教室或学校中，而是学生足迹所至；让教、学、教育的发生对象，不单单是一个学科的老师，而是多个学科教学的融合。在广阔的学习空间，绽放翠微学子的飞翔梦。我们要促进他们知情意行协同发展，让他们成为思维开阔，全方位的立体人才。

(一) 一起飞翔——再续前缘

1. 项目学习意义的再思考

2014—2015学年的"桥·一同飞翔"全球教育共同体暨第三届小学教育国际会议，继续秉承我们的使命、目标和哲学，结合中国及其他国家的教育现状，根据第二届"桥"的项目学习情况，特别提出以"真实的学习"为核心价值追求，继续以把学校教育和家庭教育作为核心的教育共同体为研讨单位，协同全世界优秀并且有共同意愿的城市、乡村、民族小学，通过继续建构全球教育共同体开展"飞行物"的基于项目的学习和表现性评价的教育实践，引导教育共同体的所有成员，一起探索、创造、传播和分享知识，加深人与自然、人与人之间的对话，实现教育者追求世界和平发展和共赢的愿望。这一届活动，为期一年，未来将有更多国家的教师、学生和家长参与其中，活动的专业性、科学性、趣味性、广泛性也将得到极大的增强。

2. 项目学习的目的再认识

从初识项目学习到逐步走进项目学习，我们对基于项目的学习的认识逐步清晰。首先，项目学习是一种"教"和"学"的模式，是师生互动的结果；其次，项目学习中关注的是现实世界中需要实践参与才能解决的问题；最后，项目学习需要通过完成作品的方式来实现知识的建构，产品的样态是多样的。

基于此，项目学习首先应强调个性化的学习，要充分考虑学生的兴趣，只有当学习的话题、内容与学生的实际生活和兴趣点相契合，学习才能最大限度地发挥其价值。因此，项目主题的确定应从与实际生活相关联的问题开始，让学生自主选择自己感兴趣的问题。

其次，项目学习是培养终身学习能力的学习。在项目学习中，学生不再是直接学习知识，而是学习如何去学习，让学生能够有能力在学习中自主构建自己的知识网络，知道如何拓展自己的能力。

最后，项目学习强调学生是学习的主角和决策者。在项目学习中，教师不再是课堂中最主要的"专家",而是学生学习过程中的"向导"。项目学习是培养学生综合解决问题能力的学习方式,是培养适应未来社会人才的有效手段。

正如北京市教科院朱传世老师所说:"主题课程是课程走向综合的必然产物,它的全面铺开必将打破以往以班级为圆心,以学校为半径的学习圈和生活圈,构建起没有圆心和半径的学习圈和生活圈,从而丰富学生的生活内容,改变学生的生活面貌。它的全面铺开,也必将提升学生的学术品质和自我觉知感,引发教师关注自身的专业自主权和专业发展权,提升教师的专业存在感。"

3. 项目学习的要求更明确

基于"飞行物"项目学习,在"桥"项目学习的基础上,我们对项目学习的要求更加明确:

①通过对"飞行物"的项目学习,在真实的学习环境中,让学习与社会发展需求相一致,在真实的学习中着重于发展学生必要的能力:批评性思维、创造力、解决问题的能力、有效的交流沟通能力、合作精神与技能、全球感知力、元认知能力、自省能力等。

②教师通过运用基于项目的学习(PBL)、表现评价(PA),引导学生进行真实的学习,以提高自身的教育专业性。

③在研究中将知识的学习从课堂扩展到课外,改变传统的学习方式,调动学生的研究热情;基于项目的学习过程中,通过研究性学习,培养学生从多角度、多层次、多渠道开展社会调研与研究的能力;培养学生的创新能力和问题解决能力。

在这个过程中,通过真实的学习,学生获得真实的知识、技能和品质。在进行项目学习的过程中,学生可以从下面几个维度进行研究与学习:

a. 听:录制一段声音,并提交音频文件。充分发挥想象力、细心观察生活、感悟声音、鼓励倾听他人、聆听内心,发现更多有代表性、有特点的飞行物的声音,用更新颖独特的形式表现,如飞行物的自然声音(如昆虫、鸟类的鸣叫声）、孩子对飞行物的口述表达、唱歌（如飞行物的歌曲）。

b. 说：以口语表达的形式（如讲故事、说快板、讲相声、背诵诗歌、做演讲、做讲解员），录制过程并提交录音文件。用口语的方式锻炼孩子的思维能力、语言表达能力、逻辑能力。

c. 读：读与飞行物相关的说明性文件（如飞行物的简介，以飞行物为主题的小说、故事、散文、诗歌、历史传记，飞行物的设计图等），可将朗读内容录制成音频，亦可撰写读后感、读书笔记等并将其提交至会议平台或网站。

d. 看：观察飞行物，可通过摄影、创作美术作品（如写生）、看电影并发表观后感、欣赏他人美术作品并给予评价等形式将其展现出来。

e. 写：可撰写说明文、记叙文、诗歌、散文、剧本、议论文、读后感、读书笔记等来记录与飞行物的故事。

f. 做：唱歌、跳舞、表演戏剧、制作模型、制作展板、摄像、制作微电影、锻炼身体、郊游、环保公益活动。

g. 理：发表、整理基于真实学习的世界各地多种多样飞行物的词条。

通过这样明确的要求引领学生参与到项目学习的过程中，发展学生的多元智能，提升学生综合运用知识解决问题的能力。

④项目的具体实施方式：

对"飞行物"项目的实施，我们将从三个层面进行，即：发现，拥有，创建。在实施中我们将以年级为单位，按照认识事物的规律，采取"循序渐进螺旋上升，侧重不同兼顾包含"的思路，对不同能力层级学生的项目实施框架进行构建。

⑤本次基于项目学习的总体思路：

a. 寒假前做好学生动员，下发家长信，建立学习共同体。

b. 寒假中学生进行社会实践，去发现，去拥有，去创建。

c. 3月份进行各校区展示。

d. 4~5月份与学科教学融合，实现跨学科学习。

e. 各校区结合学生年龄特点，开展一项研究。

4. 实施方式的再尝试

在研究的基础上，为了让项目学习更加符合学生的年龄特点和知识水平，在"飞行物"项目研究中，学校采取一校自定主题的模式。

表2-3 西校区：一同飞翔——会飞的昆虫与飞禽的研究

层级	主要任务	次要任务	呈现方式
第一层级 发现	每个人都要走近会飞的小动物，用自己的方式（走进大自然、走进博物馆、走进书籍等）认识了解会飞的小动物，并把相关资料传至交流平台。(学生层面要给平台地址和上传方式)	发现会飞的小动物，用自己的方式描述会飞的小动物。说出、写出小动物的名字；了解发现会飞小动物的种类；发现更多有代表性、有特点的会飞小动物的声音（如昆虫、鸟类的鸣叫声；会飞小动物的歌曲等）。（语文、数学、科学、美术等）	1. 学生练习书写会飞的小动物的名字（中英文）。 2. 从不同角度拍摄会飞小动物的照片。 3. 绘制会飞小动物的图画。 4. 录制有关会飞小动物的声音（如昆虫、鸟类的鸣叫声；会飞小动物的歌曲等），提交音频文件。 5. 记录活动进行过程的照片、录音、视频等。 6. 完成一份本次活动的收获（文章配图片）。
第二层级 拥有	每个人都要走近会飞的小动物，能够从多角度"感受"它（听、说、读、写、看、做）。把自己的所看、所做、所想上传到交流平台。	深入了解会飞的小动物的种类；查找相关文献，探索了解会飞的小动物的生活习性、飞行特点、发育与繁殖；听会飞小动物的声音；讲述会飞小动物的故事；试养一种会飞的小动物；体会会飞的小动物与自然、人类的相处之道。	1. 展示会飞小动物的档案（名字、种类、生活习性、飞行特点）等，形式不限。 2. 开一个小主题班会，实现多学科融合。

续表

层级	主要任务	次要任务	呈现方式
第三层级创建	整理完善资料，交流分享，形成研究成果并上传至交流平台。	在学习共同体中讨论和交流；用自己喜欢的方式进行展示和介绍；提交作品。	1. 标本的收集和展示。 2. 利用手影展示或黏土、橡皮泥等材料制作成会飞的小动物。 3. 整理、发表世界各地会飞的小动物的词条。 4. 完成研究报告。 5. 做小讲解员，把自己的研究成果与其他研究共同体的成员分享交流。

表2-4 本校区：一同飞翔——动力飞行物的研究
（如飞机、飞船、火箭、飞行器）

层级	主要任务	次要任务	呈现方式
第一层级发现飞行物	每人要确定一种自己感兴趣的飞行物，用自己的方式描绘出飞行物的基本形状。	用自己的方式描述这种飞行物。说出、写出飞行物的名字；描述它的作用；建立一种学生与家长的沟通之桥。（语文、数学、科学、美术等）	用文字、截图或画图等方式呈现飞行物的基本形状。
第二层级拥有飞行物	每人都要走近一种飞行物，能够从多角度"感受"飞行物（听、说、读、写、看、做）。把自己的所看、所做、所想上传到交流平台。	探索一种飞行物的发展历史；了解这种飞行物研制的历史背景、意义以及规划、设计、施工、维护等相关专业知识；查找相关文献，能够讲述飞行物的相关故事。	1. 展示飞行物的小档案（名字、建造年代、种类、功能、历史背景、历史意义等）。 2. 结合"通过飞行物理解社会主义核心价值观的一个词"开一个小主题班会，实现多学科融合。

续表

层级	主要任务	次要任务	呈现方式
第三层级 完善飞行物	在了解、分析理解一种飞行物的基础上，针对原有飞行物提出改进思路，大胆设计属于自己的飞行物。	在发现、走近的基础上，发现此种飞行物的"不合理"之处，并阐述改进意见使之更加完善；在活动中感受人与社会之间的和谐。	写一封建议信或画一幅科幻画。
第四层级 创建飞行物	以某种飞行物为原型，设计并制作一个飞行物（材料、大小、功能不限）。	用生活中的材料制作相似的飞行物，并重点研究纸飞机的制作技巧，参加校区内纸飞机科技竞赛。	1. 飞行物制作过程视频录像和作品。 2. 参加校区内纸飞机竞赛。

表 2-5 北校区：一同飞翔——传统民族文化——风筝的研究

任务说明	呈现方式
同学们可以通过以下方式，针对自己对风筝感兴趣的几方面内容进行研究性学习，全面、深入地了解风筝： 第一层级：发现风筝 　查找风筝的起源，风筝的种类、特点等资料。 　拍摄、收集不同种类风筝的照片。 　收集、整理有关风筝的诗歌、散文、古诗文等文字资料。 　探访有制作风筝技能的民间艺人。 第二层级：拥有风筝 　画一幅与风筝有关的美术作品。 　学写一副与风筝有关的诗文的书法作品。 　听一听关于风筝的歌曲、歌谣。 第三层级：创建风筝 　轧制一架自己喜欢的风筝。 　能用多种形式记录自己的研究过程。 　…… 第四层级：放飞风筝	制作一份研究性学习报告展示自己的学习过程和成果。题目自定，A4 纸呈现，至少 3～6 页，一方面内容一页，一页 A4 纸上不要涉及不同方面的内容。（例如：风筝起源那页纸上不要出现有关风筝诗歌的内容。） 　有文字资料，尽可能全部手写。 　有绘画、图片或照片。每页都要配图，图片尽可能都是自己拍摄的，或是记录自己的照片。如果是从网上下载或是从书报上剪裁的也要注明出处（例如：本图下载自……或本图来自……） 　有数据。（例如："风筝是中国人发明的，距今已有 2 000 余年的历史。大约在公元 12 世纪，中国风筝传到了西方。"） 　记录歌曲的谱子和歌词。 　记录自己研究风筝的经历。 　报告中既可以包含成果展示，也可以包括对学习过程进行展示。（例如：报告中可以粘贴自己观察、研究风筝时的照片，也可以有向别人了解动物知识时的谈话记录） 　如果报告的形式或内容比较新颖，可以加分。 　有一只风筝作品。

5. 校区展示汇聚研究成果

成果展示是项目学习不可缺失的一部分，为了再现学生火热的研究历程，开学初各校区都进行了基于"飞行物"项目学习的展示。

本校区的研究主题是动力飞行物，即号召同学们在学习共同体的帮助下，着手研究飞机、飞船、火箭以及各种飞行器等。在假期中，本校区的同学们积极性极高,他们充满热情地参与到了研究活动中。同学们从自身的兴趣爱好出发,先确定自己感兴趣的飞行物,即研究目标,继而走进图书馆,或是利用互联网搜集资料,然后根据所需整理资料,有目的地学习有关动力飞行物的相关知识。在探索和研究与飞行物相关的发展历史与故事的过程中,学生们更深入地了解飞行物的设计、建造内容。

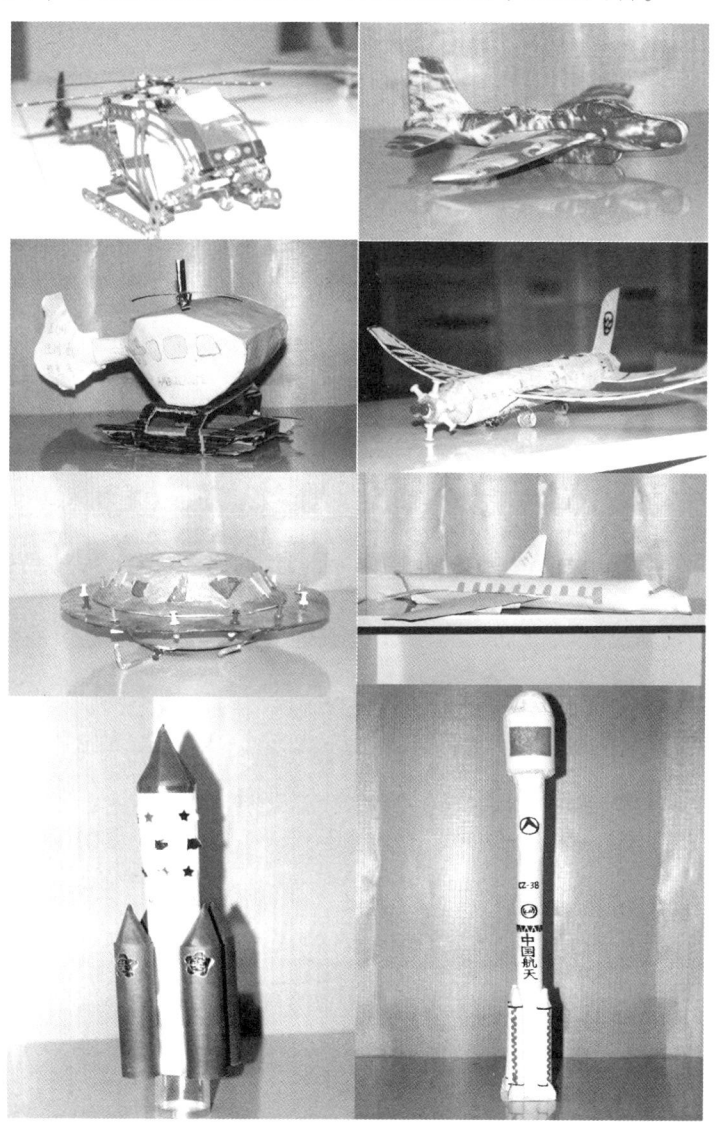

图2-9 本校区学生成果展示图

北校区依据地域特点，在这次"飞行物"的研究活动中，"传统民族文化名风筝"作为生活中的一个实体目标，成为了学生一个崭新的学习内容。研究分为发现风筝、拥有风筝、创建风筝、放飞风筝四个层级。在研究活动中学生们从多角度、多层次、多渠道对传统文化风筝进行了认识和了解。为了保存学生的研究成果，北校区开展了"心有阳光，胸有梦想——传统民族文化风筝的研究汇报活动"，出版了《我和风筝的故事》文集，收集整理了学生们的风筝作品，并且建立了"风筝"博物馆，把学生们的研究成果保留下来。

图 2-10 北校区的研究活动

色彩斑斓的蝴蝶、搏击长空的雄鹰、可爱搞怪的雪鸮……这个美丽神奇的空中生物世界，正是翠微小学西校区和东校区关于飞行物项目研究的内容。在寒假中，同学们和家长一起走进书籍，走进博物馆，走进大自然，探索飞行动物世界的秘密，揭开了它们的神秘面纱。

同学们用手中的画笔记录了自己的观察发现过程，制作出了一幅幅精美的绘画和手抄报作品；利用拼插玩具、超轻黏土动手制作了自己喜爱的飞行物手工；走近海鸥、白鹭、喜鹊、乌鸦、秃鹫等小动物，录制了它们的声音，并把这种神秘的"世界语"介绍给同学们，号召大家保护动物，保护自然，留住这些美妙的声音。

图 2-11 西校区和东校区的研究活动

(二) 年级策划"自然"主题

1. 年级主题的产生

项目学习的目的是引导师生共同探索,多样传播,努力分享研究成果,实现人与社会,人与人之间的深度对话,唤起学生对自然的敬畏,对社会的感恩,对科学的热爱。基于此,学校在充分调研和反复研讨中先后确立了"自然"项目年级层级的研究主题。

表 2-6 翠微小学"自然"项目年级主题内容表

年级	研究时间	研究主题	研究主旨
一年级	暑假	有趣的动物	教育共同体一起去观察有趣的动物,发现动物的奥秘,感受动物背后的故事。运用各种各样的方式记录研究成果。
二年级	暑假	时间	教育共同体一起走近时间(钟表),去观察各种钟表,了解古代计量时间的工具,感受时间在生活中的应用。运用各种各样的方式记录研究成果。
三年级	暑假	心中的车	教育共同体一起观察不同类型的车,了解车的奥秘,感受车的历史文化。运用各种各样的方式记录研究成果。

续表

年级	研究时间	研究主题	研究主旨
四年级	暑假	树的家族	教育共同体一起走进大自然，去观察树的种类，了解树的奥秘，感受树背后的故事。运用各种各样的方式记录研究成果。
五年级	暑假	走进家乡的戏曲文化	教育共同体一起走进大剧院，去欣赏一种戏曲文化，了解戏曲文化的种类，了解戏曲文化的艺术魅力，感受戏曲文化背后的故事，能够运用各种各样的方式记录研究成果。

2. 各项主题成果再现

2015年的暑假对于一年级的孩子们来讲是精彩而难忘的！学校开展了关于动物的项目学习与研究活动。本次活动为一年级的同学们走近小动物，了解自己喜爱的小动物，和小动物做朋友提供了非常好的契机。孩子们在家长的支持与陪伴下，通过整整一个暑假的学习、调查、研究、制作，实现了与动物们的零距离亲密接触。这既增长了他们的知识，开拓了他们的视野，也丰富了他们的课余生活。

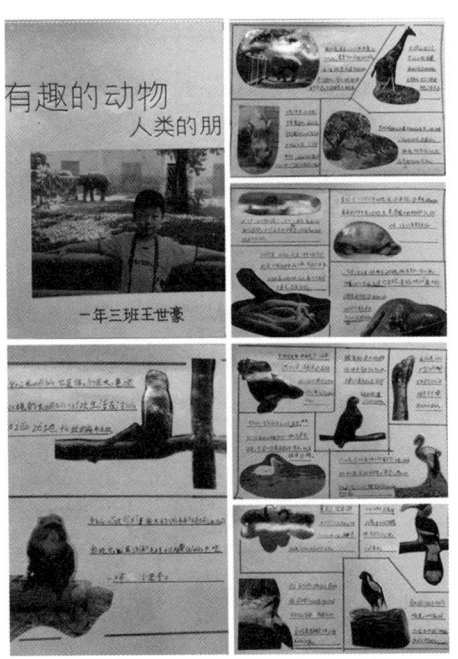

图2-12　一年级同学的研究成果展示

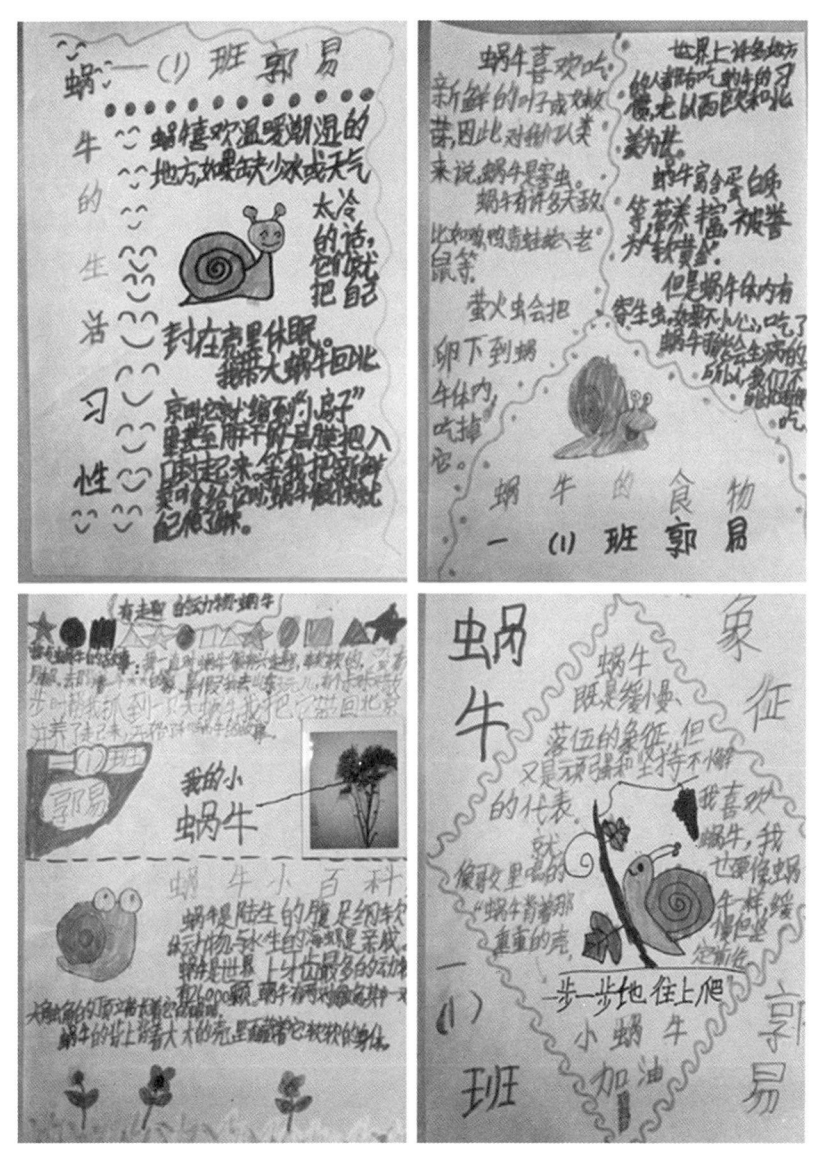

图 2-13 一年级同学的研究成果展示

二年级学生的研究主题是"我与时间有个约会"。他们结合本学期各个学科与时间有关的知识内容,设计了项目学习任务,自主运用所学解决问题,实现多学科的融合。

图2-14 二年级同学的研究成果展示

三年级同学研究的是"树的家族"。学生们与树"交朋友"。美丽的小区、整洁的街道、漂亮的校园、幽静的公园……都成为学生们寻找的对象。他们了解树的作用——制造氧气、提供食物材料、美化环境、遮风挡雨……为了了解树的种类、树的用途、树与人类的密切关系,孩子们利用暑假的时间,走进大自然,从孩子的视野找树、看树、数树……他们与树"谈心"。在与树的密切接触中,同学们对于树的研究有了很大的突破,这激发起了同学们研究树的兴趣和热情。他们上网、上书店、上图书馆去查阅各类有关树的资料;他们向家长、专家、老师咨询一些关于树的问题;他们小组合作互相学习……他们继续研究树的旅程。同学们开始拿出画笔制作小报;用落叶制作叶画……他们从多角度了解树的种类、树的用途、树与人类的密切关系。

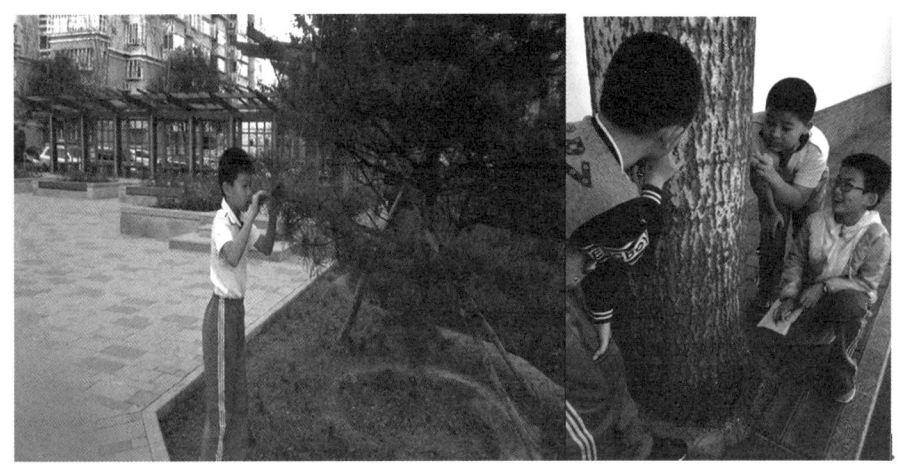

图 2-15 三年级同学的研究成果展示

四年级的研究是"心中的车",他们的展示独具特色。

我炫我车——走近你,感受你

当大街小巷停满了汽车的时候,我们看到的是拥挤,却很少关注车本身。为了让孩子们了解身边这种重要的交通工具,我们假期安排了车项目的学习。每个孩子选取了自己喜欢的方式,从不同角度,以不同方式感受车的魅力。你手工制作模型车,我打开机器盖子了解汽车结构;你用彩泥塑造汽车,我用画笔描绘未来汽车。丰富多彩的活动,带给孩子们多样的感受。有车,有生活,有快乐!

图2-16 四年级同学的研究成果展示

我炫我车——我型我塑

对孩子们而言,动手制作是最有趣的事情,尤其是制作车模。你看,每个孩子都用不同的方式塑造出了自己心目中的车。每一辆小车的背后都有一个故事,都流露出孩子们对车的情感;每辆小车都承载了孩子们的梦想,对未来的期待!飞奔吧,小车!带着孩子们的梦想——起航!

图2-17 四年级同学的研究成果展示

我炫我车——展望未来

汽车在我们的日常生活中扮演着重要的角色，给我们带来了生活的便利，也给我们带来了很多思考。经过前期对车项目的学习，孩子们从不同的角度认识和感受了汽车。能不能把我们对生活的憧憬融入到对汽车的改进上呢？孩子们的想象力是非常丰富的！他们用自己的画笔描述出了自己的期待和梦想！和孩子们一起走向未来吧！

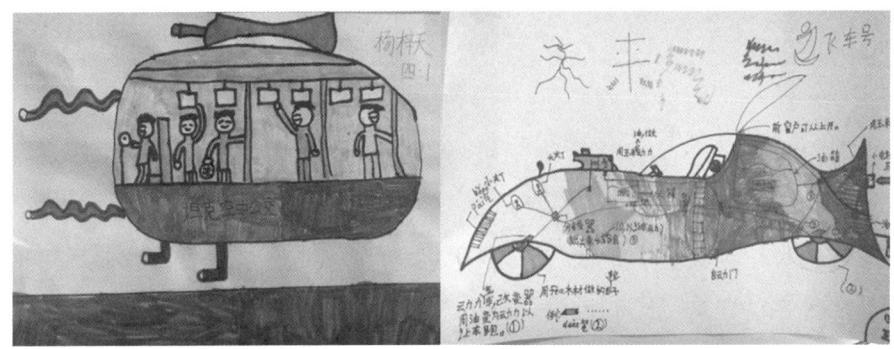

图 2-18　四年级同学的研究成果展示

五年级学生的研究主题是"走进家乡的戏曲文化",许多学生把他们的研究成果制作成研究小报。

图 2 - 19　五年级同学的研究成果展示

总之,无论是在"飞行物"项目还是"自然"项目的学习中,教育共同体中的每一位成员,都是知识、技能、品质的原点和终点,即发现者、发起者、实现者、分享者以及接受者。学习的过程不是被动接受的过程,而是主动建构自己的过程。"明德至翠,笃行于微",微在哪里?微在学生的研究之中,微在学生的动手实践之中,微在学生才气的开发和展示之中,微在学生的兴趣和特点之中。

(三) 融合性学习的真实发生

项目学习是以真实情境为背景,基于现实主题,运用学科知识,去解决真实问题的一种学习方式。它用课程设计,把思维、能力、素养、知识等很多件事高度融合,串联成一件事。因此,让项目学习促发学科融合,更好地实现"双赢",尤为重要。

1. 项目学习实现多学科深度融合

学科融合是课程综合化实施的鲜明特征。项目学习注重发挥学科之间的综合育人功能，以研究真实问题、转变学习方式为导向，关注"核心素养"的落地生根，注重"跨学科学习"能力的培养，实现"基于学科，冲破壁垒，联通知识，综合育人"，促进基础教育奠基人的全面发展。在项目研究中学生以项目主题和任务索引等为导引可以将相关学科的教育内容有机融合，找到学科间的共通性，这可以提升学生跨学科学习能力，实现整体育人。所以作为学习活动的开发者、创造者和实施主体，老师和学生将依赖自己在活动中的创意与智慧，共同构建课程内容，设计实施方案，实现学科的深入融合。

2. 项目学习亟待多元评价融入其中

项目学习要注重过程评价。项目学习以学生自主设计、自己动手与自己解决问题为特点，教育价值在活动过程中实现。因此，如果仅限于结果评价、产品评价，必然会扭曲项目化学习，必然将项目化学习引到歧路。这就要求从项目或主题确立、学习方案制订、学习过程管理以及学习活动结果等多环节进行评价。同时，教师虽然依旧是评价主体的重要组成部分，但学习者自己、学习伙伴以及其他学习活动相关者都可以参与评价。

3. 项目学习需要共性与个性相结合

项目学习中"学"的本质是以学生为中心。在项目学习中，学生是自己学习的决策者，学生直接参与学习过程：从制订计划、选择方案、实现目标、反馈信息到评价成果，通过问题的解决和任务的完成，主动构建自己的知识。团队协作是项目成功的关键。项目式学习也强调学生的个性化学习。项目式学习必须充分考虑学生的兴趣、特长，只有当学习的话题、内容与学生的实际生活和兴趣点相契合，才能促进真实学习的发生。在小组合作学习中，每个学生都积极主动地去探索、尝试，这有利于学生发挥特长，有助于培养每个学生的责任感与协作精神，有利于体验个人与集体共同成长的快乐。例如在"桥"项目研究中，五年级易子舒同学进行的

"颐和园中玉带桥和绣漪桥的对比研究"充分显示了学生的研究能力；在"茶文化"研究中，学生走进茶城，进行各种茶叶品种的对比，在了解市场的同时，学生的个性得以充分彰显。

三、融入：固化与创新（文化与实践主线的形成）

通过"桥"项目、"飞行物"项目的学习，我们对基于项目的学习的认识更加深刻。为了让基于项目的学习更加深入，使其成为学生自觉的研究行为，学校以"基于项目的学习"的形式不断开发项目主题，进一步开阔学生的学习空间。

1. 落实年级监控，细化年级项目学习规划

确定项目学习的主题后，如何引导学生进行研究，即帮助学生确定项目学习的具体内容尤其重要。而这需要每一个年级都能够基于学生的年龄特点进行细致的规划与设计。为此，在项目学习中，学校首先在年级规划方面加强了指导和监控。例如：在进行"春节的民俗"项目研究时，六个年级分别围绕项目主题设计有针对性的项目学习规划书，这种方式有效地指导了年级层面的项目学习实践。下图是四年级的项目学习规划书。

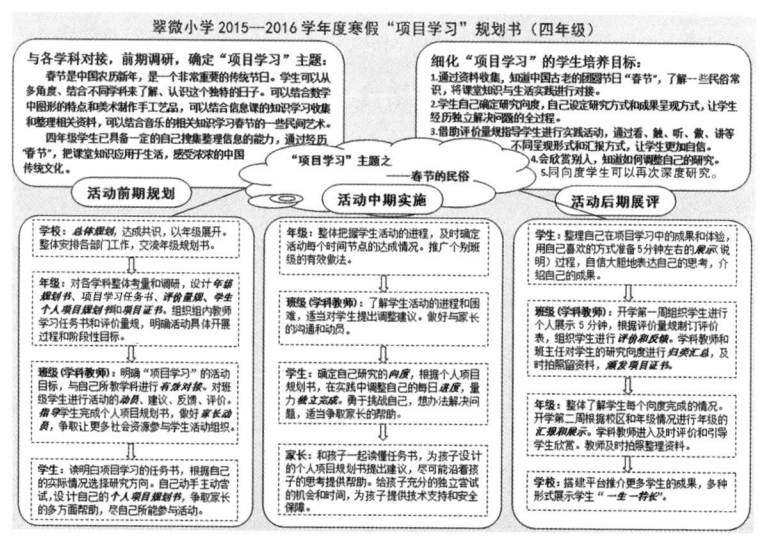

图2-20　四年级的项目学习规划书

2. 引入领域思维，明晰项目学习层级指标

加德纳多元智能理论：人的智力应该是一个度量他的解题能力的指标，人类的智能至少可以分为以下几个方面：语言；数理逻辑；空间；身体运动；音乐；人际；内省；自然探索；存在。学校在发展学生各方面智能的同时，必须留意每一个学生的长处与不足，并在教育的过程中注意扬长和补短。在项目学习的研究过程中，学校要针对学生的能力指标和思维水平，制订好研究向度，让学生利用所学自主选择研究角度。因此，学校在制订研究任务时，应适时引入领域思维，发展学生的多元智能。

例如：在"纸"项目学习的过程中，学校针对学生的研究能力和思维水平，结合学校课程的四个领域，提出了明晰的学习指标。

表 2-7　翠微小学"纸"项目学习层级指标

研究向度	1~2年级 任务说明	3~4年级 任务说明	5~6年级 任务说明
人文社会	搜集我国古代造纸术的历史故事，知道"纸"这个汉字的由来，了解纸的来历、种类、用处等，可以参观与纸相关的博物馆或展览。	了解古代、近代和现代造纸过程，搜集各类纸的特质和作用，整理生活中纸的多种用途，记录与纸相关的诗词或成语故事，可以参观与纸相关的博物馆或展览。	了解中、外对不同用途纸的规格的相关规定，了解我国四大发明之一的造纸术，为人类社会发展和东、西方文化交流，做出过哪些重要贡献。搜集生活中利用纸进行艺术创作的种类和基本方法，可以参观与纸相关的博物馆或展览。
艺术审美	了解基本折纸方法，能独立完成至少15种，展示一个自己最棒的折纸作品。	掌握基本折纸方法，独立完成并展示一个有创意的折纸作品；再尝试一项纸的艺术创作（如衍纸、纸雕……），独立完成并展示一个自己最棒的作品。	除折纸，学生还可以自主尝试其他有关纸的艺术创作，独立完成并展示一个有创意的作品。

续表

研究向度	1~2年级 任务说明	3~4年级 任务说明	5~6年级 任务说明
自然科学	"挑战纸的长度",只用一张A4纸(10分钟),比长度。	"挑战纸的高度",只用20张A4纸(10分钟),比高度。	"挑战纸飞机",只用一张A4纸(5分钟)折飞机,比留空时间。
身心健康	利用废纸,独立制作一件服饰,拍照片或视频展示自己的风采。(一件服饰)	体验或尝试"造纸"过程,不怕失败,用照片或视频记录并展示。(一次实验)	调查废纸再利用的方法,设计"绿色用纸"方案或"未来纸"创想方案。(一个方案或创想)

3. 构建特色主题,形成项目学习两大之旅

几年的项目学习,学校依据学生的年龄特点和社会背景,不断开发有意义的项目主题,让不同学段学生围绕项目主题制订有针对性的项目学习任务书,有效地指导了年级层面的项目学习实践。在同一主题下,我们将任务进行解构,再根据任务的难易程度进行排序,使得项目学习的内容和流程更加明确,便于学生进行实践。最后,我们制订了基于项目学习的评价机制,从评价主体、评价客体和评价标准三个维度对项目学习活动展开评价,把设置、管理、实施、资源、教师、学生作为诊断评价对象,并通过成果梳理进行评价,建立多层级评价方式。

在每期项目学习中,学校都对学生学习成果进行了汇总,组织教师和学生进行访谈,了解实施中存在的问题,针对问题提出改进措施,不断健全项目学习的体系,对项目学习进行了本土化、校本化的改造。项目学习在逐步推进中形成了夏季和冬季的不同研究主题与方向,构成了基于传统文化研究之旅和综合探索之旅的两大之旅。

4. 完善研究路径,固化项目学习实施方式

为使基于项目的学习能够充分发挥优势,结构化的课程体系建设不可或缺。通过讨论研究,我们大体从完善课程实施流程、明确具体课程实施步骤、制订详细的项目学习方案几个方面完善课程体系。

项目实施分为研讨项目主题、找准学科融合、建立研究共同体、开展课内外项目研究、交流研究成果和评价研究成效等六个流程。

5. 建立合理评价，实现过程与终结量化指标

完善的项目学习活动除主题与具体内容的确立实施外，合理的评价机制将能够引领孩子们走向科学、系统的学习之路，真正激发他们的兴趣。因此，我们确立了基于项目学习的评价机制，从评价主体、评价客体和评价标准三个维度五个层面对项目学习活动展开评价，即将设置、管理、实施、资源、教师、学生作为诊断评价对象，进行自我诊断，并通过成果梳理进行评价。

6. 不断反思诊断，项目学习逐步走向深入

项目式学习的开展不仅意味着一种新的学习形式的诞生，更主要的是一种体现时代精神的新的课程理念的生长。它促使学生在解决问题的过程中学习，从中获取知识、培养能力、陶冶情操，从而适应未来社会的需求。作为一种经验性、实践性、突发性、生活性并重的学习活动，无论是在内容组织、实际操作方面还是在管理评价方面，项目式学习都有着其他学科无法比拟的广袤性和多元性，而在各种学科融合的过程中，项目学习也能促使学生自觉习得各类学科知识。

从认识项目，到研发、固化项目学习，我们在实践中也在不断地反思：项目学习作为逐渐兴起的一种新的学习形态，没有固定的模板，没有现成的经验，没有统一的教科书，但是它几乎是课程改革绕不开的关键步骤。这对于习惯了专科教学，按部就班地翻看教科书的老师们来说会非常不适应。怎样操作？如何管理？如何评价？对老师而言都是极大的挑战。如何让项目学习逐步走向深入？这也是我们一直在追求和思索的问题。

第三章

———

项目学习的
主题设计

翠微小学项目学习的推进过程，就是主题开发和实践完善的过程：从最初的仿照感知（初识成果），到摸索尝试实践（苦乐参半），最后形成系列开发（乐此不疲）。项目学习成为学生每个假期的期待，他们会问：这次主题是什么？教师引领学生分享研究产品发布，他们会说：这次我也能学到不少知识。项目学习所承载的内容远远超过课本、教师和家长能够给予孩子的。他们之间的互动交流构成了更加广阔的天地。家长参与孩子们的实践过程，他们会说：我和孩子一起经历了从不会到会、从需要帮助到独立完成的过程，自主学习成为了他（她）放飞个性的契机……一连串的问题扑面而来，项目主题是什么呀？它是如何产生的？它需要具备什么特点吗？任务书如何做到一至六年级的学生都能使用呢？一个主题如何带动五千多名学生参与研究实践呢？

经历了从2013年到2021年的十多个主题开发和实践，翠微小学课程部作为项目学习顶层设计的主要研发团队，针对项目学习的翠·微课程定位、主题设计的基本思路、学生任务书的设计意图、任务索引的路径规划这四个主要方面进行归纳和提炼，形成系列化开发、规范化实施、个性化展示的一系列规定流程。学校通过学生研究产品的发布和师生间的互动反馈，及时收集班级和校区的学生资源，从中及时发现并提出设计或实施层面的问题，为下一个主题的研发提供第一手实践经验教训，逐步推进和完善设计思路和实践路径。学校从全面育人、活动育人、综合育人、弱化学科功能的角度引导学生经历实践积累和自主合作的真实学习过程。

一、主题设计的整体思路

在我校三层四领域的翠·微课程体系中（基础课程、拓展课程、探究课程），项目学习定位在探究课程中。探究课程旨在打破学科边界，强调让学生在真实的情境中学习和解决问题，发展学生多元智能。三个层级的课程框架体现了学校课程对让学生在共同发展的基础上获得个性发展的课程建设和实施的关注。

我校的项目学习，整体设计打破了学科边界，通过对主题的顶层设计关注四个领域的有效融合，借助任务书引导学生回归到真实生活，促进学生多元智能的开发，在立德树人任务指引下关注五育并举，突出核心素养培养，促进学生全面发展，成为探究类课程中跨越学生假期个性实践与学期校内学习的综合实践课程。

（一）主题设计的课程定位

从学习情境的角度来看学校课程，每一个课程都是一个"回迁"的过程，即把学生放回到真实生活当中（回溯），经过课程活动中的想象和填补（回填），学生进行自主创新（回创）的过程。在这个回迁的过程中离不开的就是人与人、人与课程、人与情境之间的"情"。我校的项目学习侧重人文和科技的结合，让学生回归真实生活、经历多样的学习实践，促使多种样态的产品生成。

1. 主题设计的内涵

我校项目学习课程可以简单理解为在实际生活中的"人文·科技"课程。每个主题都兼顾人文内涵和科技价值的元素和内容，以及相应领域内的研究方法运用。

（1）人文

人文指"人类社会的各种文化现象"，其中包含文化、艺术、美学、教育、哲学、历史、法律等内容，是人类文明的重要组成。人文就是人类文化中的先进部分和核心部分，即先进的价值观及其规范。它对涵养人的道德品质、促进人的价值观及行为规范的形成有着重要的影响。其集中体现是：重视人、尊重人、关心人、爱护人，即重视人的文化。它既可以以知识和思想的形式呈现，也可以凝结在一切人造的物件和人为的事件中。对于学校里的学生来说，他们享有的人文教育渠道，恰好是指向认识人类和实践文化的。就人文知识来说，是古今中外人文领域基本知识和成果的积累；就实践文化来说，是理解和掌握人文思想中所蕴含的认识方法和实践方法。

(2) 科技

科技，是科学与技术的统称。科学解决理论问题，技术解决实际问题。科学要解决的问题，是发现自然界中确凿的事实与现象之间的关系，并建立理论把事实与现象联系起来；技术的任务则是把科学的成果应用到实际生活中去。科学技术是通过研究和利用客观事物存在及其相关规律，实现一定价值和使用价值的创造性研究及实践活动。科学技术有四个方面的基本内容：科学精神、科学思想、科学方法、科学知识。随着人工智能的投入，人类信息技术的迭代更新速度更为迅速。那么，项目学习主题的设计必然涉及信息技术的合理应用，要随时进行调整完善，及时吸纳多样的技术并运用到学生研究和成果发布当中，顺应人工智能时代的发展趋势，拓宽学生成果发布空间并打开多种渠道。

我校每年的项目学习主要是安排在冬季和夏季两个假期，在冬季（含春节）侧重人文较多，而夏季侧重科技探究。学生在日常生活中体验常见的具有人文价值的现象，能够应用科技的方法进行合作研究。该课程是一门立足生活实践、注重体验的体现科学与人文相统一的课程。总之，我校项目学习是在真实生活中兼顾"人文·科技"的融合学科的学习实践，依据实际情况冬季侧重人文，夏季侧重科技，通过任务书引导学生组建学习共同体、规划研究进程、体验不同维度的学习内容、梳理形成自己的研究产品进而发布。学校关注学生多元智能系统发展，促使学生自主探究和实践，使他们得到全面发展和个性展示。我校项目学习的整体设计打破学科边界，旨在提高学生人文知识积累的自觉程度，使学生对掌握的人文知识进行具体的实践或完成实践性体验，促使人文知识转化为学生个人的人文底蕴。

图 3-1 "冬·夏"双路径

2. 主题设计的基本理念

通过不断实践探索，我校的研发团队整理出主题设计的四条基本设计理念，并逐渐形成系列化研发，明确了学校项目学习主题的开发脉络和设计路径。

（1）研究内容根植于生活

回归真实生活，选择与学生生活密切相关的具有人文内涵和科技价值的内容。让学习事件的发生、真实问题的解决、学习成果的产出回溯到真实生活，经历人文活动积累经验和科技实践调整规划的过程。

走进真实生活，经历人文知识的搜集整理，再去观察生活事件的发展变化，用变化的眼光看待生活世界的发展、变化和创新，激发新问题的提出。经历科学方法的运用和现代信息技术的自主应用，丰富学生获取信息的方式，激发学生多角度看待生活事件，感受人类社会科技发展带来的生活智慧，激发学生强烈的探究意识和求知愿望。

融入真实生活，科技对于人类社会的发展具有极其重要的意义，也是人类文明的重要组成部分。在真实生活下的人文·科技项目学习主题既要体现人类科技文明的发展脉络，又要体现未来科技的走向，还要贴近学生生活实际，开启学生科技之旅。

基于以上思考，我校的项目学习主题切实考虑真实生活的多方面因素，把真实性体验、真实性实践、真实性产品、真实性问题有效融入到主题设计的每一个环节，切实让学生完成并经历每一个回迁的过程：首先是真实生活的回溯，接着就是知识、能力、想象、经验、运用等回想，最后回创形成自己的研究成果。

（2）素养着力于人文+科技

中国学生发展核心素养分为三个方面，即文化基础、自主发展和社会参与。其中文化基础，意指学生通过人文、科学各领域知识的学习形成的符合时代要求和中国特色的文化素质。个体的人文素养对于社会中的人来说完全不能缺席，一个人只要在群体中生活，就要接受群体生活的规则，其言行要符合群体的习惯和价值。项目学习主题设计目标定位于培养学生的人文底蕴与科学精神。人文底蕴是文明人的基本标识，包括人文沉淀、人文情怀、审美情趣三项要点。科学精神主要是学生在学习、理解、运用科学知识和技能等方面所形成的机制标准、思维方式和行为表现。它超越了知识，更符合文化素养的意涵，更具明显的时代意义。科学精神是现代人的基本品格，包括理性思维、批判质疑、勇于探究三项要点。

我们不断思考和审视，旨在将文化基础中的人文底蕴和科学精神相结合，打通二者之间关涉的"文明人＋现代人"内涵。"文化基础"所指向的其实就是培养"文明现代人"或"现代文明人"全面发展的教育。它同时也简明地概括出学生学习的基本范围，更指明了学生通过教育要实现的目标。这是学生应具备的，能够适应终身发展和社会发

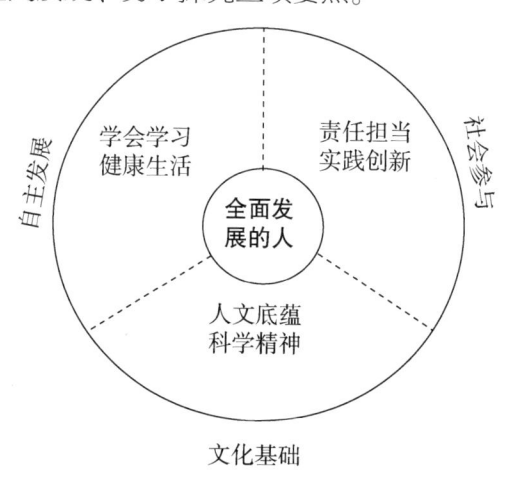

图 3-2 中国学生发展核心素养

展需要的必备品格和关键能力。发展核心素养是落实立德树人根本任务的一项重要举措，也是适应世界教育改革发展趋势、提升我国教育国际竞争力的迫切需要。

我校在真实生活背景下的项目学习（人文·科技）是一门跨学科、跨领域的综合性实践课程。课程面向小学阶段一至六年级的学生，设计 6 至 12 岁学生能够完成的项目学习主题。

发现、提出问题和分析、解决问题既是学生项目学习的重要过程，也是项目学习设计团队具体工作实施的基本环节。学校研发部门课程部对每次项目学习都进行了简单回顾反思和整理提炼，这为研发设计体系的形成提供了最基础的材料。我校逐渐在项目的实施中改进和完善措施，提炼归

纳出"双路径"设计理念。

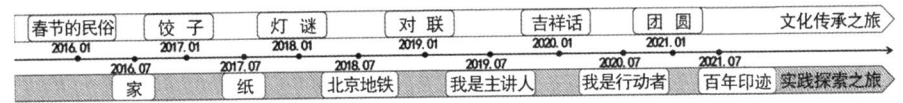

图3-3 项目学习"双路径"主题设计

- **按照时间顺序形成两大之旅**

冬季路径——文化传承之旅（侧重人文），每年冬季项目学习过程与我国农历春节正好重合，学生的大部分假期生活都处在这个传统节日的氛围中。从2016年"春节的民俗"开始，冬季项目学习主题包含人文与科技，人文所占比重较大。我校因时因地及时开展生活体验性的项目学习，让学生经历春节典型民俗活动的实践，引导学生进行创生性研究。

夏季路径——实践探究之旅（侧重科技），每年夏季项目学习过程时间长，学生外出探究实践活动机会和时间较多。我校通过更侧重科技的项目学习，引导学生经历理性科学的研究过程，尝试用数据说话，用多样研究成果生成的方式，经历问题解决的全过程，突出创新能力的培养。

- **单路径内形成一定逻辑关联**

"单独打点"连成"组合拳"

回看"春节的民俗→饺子→灯谜→对联→吉祥话→团圆"，明显可以看出主题从粗糙到精细，从对文化元素的学习到对文化内涵的关注，紧扣文化传承脉络，以点带面，让文化知识的学习经历从文化实践到形成人文情怀的全过程。通过数据对比体现新旧民俗差异，通过家庭会议引发新旧理念交汇，让学生经历对比分析提高审辨能力。人文的内容虽多，但是兼顾科技手段和方式的应用。

"家校城国"凸显"爱国志"

回看"家→纸→北京地铁→我是主讲人→我是行动者→百年印迹"，明显可以看出对学生自我意识的责任价值引导，家中有我、校中有我、国中有我——以我为实践中心，以北京为地理中心，以中国为文化中心，感受文化积淀的醇厚和科技创新的融会合一。科技的内容多，但是内涵坚守文化自信。

(3) 学生培养突出实践能力

小学阶段学生的学习是由直观感知向抽象理性逐渐过渡的，操作实践为学生积累了大量的实践经验，为激发学生发现、提出问题和分析、解决问题提供了一手资料和推理依据。无论是学科教学还是综合实践活动，都离不开对学生能力的培养，例如语言表达能力、合作交流能力、迁移能力、推理能力等。经过不断实践和筛选定位，我校项目学习主题设计突出对实践能力的培养。在真实生活背景下，我校立足人文、科学的视野，突出对实践能力的培养。简而言之就是做中学、做中悟、做中变。

首先是动手实践。"心灵手巧""儿童的智力发展体现在手指尖上""儿童的智慧源于操作"等名言，人们都是耳熟能详的，这也充分说明了手与脑之间的密切联系。著名教育家陶行知说"手脑双全，是创造教育的目的，中国教育革命的策略是使手脑联盟"。动手实践也是最容易激发新问题产生的，在人类科学技术发展的历史上，许多新发明都是在实践中被激发出来的。

其次是亲历体验。小学生最简单的问题解决的方式就是实践，通过调查分析获得数据，通过阅读积累得到素材和资料，通过分析对比得到基本判断和规划，通过合作交流获得解决问题的方式和方法。

最后是细化任务。我们把主题分解为几个有序的子任务，通过对与学生生活密切相关的事物、现象的分析，建立科技与经济、道德、习俗、环境、审美等社会生活因素的联系，深化对科技的认知，开拓文化视野。我们通过丰富的科技实践活动，培养学生的实践、探究和创新能力。我们用子任务引导学生走进去实践、走起来活动、走出来做产品发布。我们把每一个项目学习的主题设计成为一个行走的带着学生逐步深入实践的蓝图。学生如同寻宝一样逐步体验实践，逐步增长本领和解决问题的能力。

（4）学习方式引导于体验+合作+探究

项目学习的驱动性问题是最先提出来的，评价量规也是前置的。学生明确知道研究目标和研究任务，研究过程由学生自制规划设计完成。在建成学习共同体、合作实践的过程中，学生的学习方式不是固定不变的。

体验性学习。学习者通过实践来认识周围事物，他们真正成为课堂的主角。更重要的是我们要利用那些可视、可听、可感的教学媒介，努力为学生做好体验开始前的准备工作，让学生产生一种渴望学习的冲动，自愿地全身心地投入到学习过程中，加深学习者的记忆和理解。

合作性学习。学生为了完成共同的任务，组成明确的有责任分工的互助性学习小组。合作学习鼓励学生为集体利益和个人利益一起工作，激发同伴在过程中的良性关系，使他们在完成共同任务的过程中实现自己的理想。

探究性学习。学生在现实生活情境中选取某个问题作为突破点，通过质疑，发现问题；调查研究、分析研讨，解决问题；参与表达与交流等探究学习活动，获得知识，掌握方法。

基于上述对三种不同学习方式的梳理，我们可以看到体验性学习在语言知识类课程中作用显著，它让每个学生根据自身体验经验，调整自己的学习策略方法，进入后续学习；合作性学习突出对成员间社会关系的培养，这是现代研究非常需要的基本素养；探究性学习突出问题解决的全过程，学生自主调取相关知识，在运用知识解决问题的过程中，掌握有效的方法。

我校项目学习主题设计主要以体验、合作、探究为学习方式。注重创设和学生已有生活或学习经验相联系的学习情境，通过资料搜集、生活体验、制作分享等实践活动，促进学生基本学术素养的形成。同时在过程中关注人际社会关系的培养，包括家庭亲子关系、社区邻里关系、社会合作关系等，让学生在生活中感受人文关怀，进一步学会与人相处合作，在活动中感受个人需求与社会规则的关系。

基于以上四条理念，项目学习主题设计从内容、素养、能力、学习方式几方面进行综合考量，保证每次项目学习都科学有效、完整，促使每个环节目标明确、任务形成逻辑、实施路径清晰、研发机制完备，构建成一门课程纳入翠·微三层四领域课程的探究课程，为学生融合学科实践建立课程体系。

3. 课程目标设定

我校项目学习"人文·科技"课程是立足学生发展需求，着眼于学生人文精神与科技素养的培育开发的课程。其课程价值就在于学生通过学习，在人文知识应用于实践的过程中形成人文底蕴；学生在实践过程中使用自然科学的研究方法，应用现代科技手段在体验过程中形成创新思维。课程旨在弥合人文课程与科技课程割裂的现状，让学生切实感受人文、科技与生活息息相关；旨在通过项目学习达到融合多维目标，进行综合实践，强调学习的综合化、主题化，注重学生的经历体验，建立学校、家庭、社会三位一体的教育模式的目标。

具体目标包括：

①以项目主题的形式呈现学习内容，在学习中关注学生的学习兴趣、学习规律，给学生足够的自我研究的时间和空间，自我探索、自我实践、自我总结、自我反思；

②打破固有的学科界限，密切学科联系，力求知识融会、方法融通；同时密切联系生活实际，将学生的间接经验和直接经验在实践的基础上融为一体；

③引导学生在项目主题的研究中发现问题，在深度参与中解决问题，锻炼学生的自制能力、策划能力、思考能力、交流能力、社交能力、研究能力、自我管理能力，让学生获得最真实的成长；

④以项目学习为引领，探索教与学方式的改变，为学校实践类课程的深入推进提供可借鉴的经验，并形成较为完善的实施体系。

研发部门（课程部）明确项目学习的课程目标，领会主题设计的基本理念，根据实际背景、适时校情和学情进一步细化成项目学习主题设计的主要标准。

(二) 主题设计的主要标准

1. 符合国家发展对人才的需求

面对信息化社会飞速发展，人工智能进入诸多领域，学校教育在立德树人、五育并举的全面育人任务下，遵循育人科学性、时代性和民族性的原则，完成培育符合国家发展需要的接班人的任务，其实就是回答培养什么样的人。

(1) 培养肯借鉴的人

"海纳百川，有容乃大"，中国文化自古兼容并包。"见贤思齐焉，见不贤而内自省也"，只有反复研读才能理解它的内涵，把知识融会贯通才能做到学以致用。孔子认为向别人学习包括学习和借鉴两个层面：一是不拘一格能者为师，虚心学习别人好的行为和经验；二是甄别他人不好的行为，自己引以为戒。以上的借鉴不仅限于人与人之间，还存在于南、北差异之间，同样存在于东、西文化之间，和而不同是中华民族的文化基因。

例如"我是行动者"，这个主题研究是在 2020 年 5 月 1 日《北京市深化理解管理条例》正式实施后展开实践的。其实垃圾分类这项政策的背后就是良好生活理念的借鉴。学生在生活实践中把不同城市做比较，明确不同地域的不同要求，通过家庭会议建立小手与大手之间的借鉴、建立不同家庭社区之间的借鉴。全程研究的经历就是很好的借鉴过程，我们用实际行动教育每个学生学会包容，借鉴"好的方法经验"，吸纳应用使其发挥积极作用，面对"出现的问题"及时规避来减少损失。

(2) 培养能传承的人

中国是唯一一个文化传承从未断代的文明古国，其独有的东方文化价值理念，多民族融合的文化体系稳固，深入到人们生活的每一个细节。例如每个地名、每个节日、每个礼仪背后都能找到文化根源和传承。研究我们生活中的物品、事件或现象往往与其历史和发展不可分割。

我国传统节日是传统文化的重要载体,让节日走进学生的生活世界,成为他们珍贵的人生记忆。我们需要重新建立传统节日的文化意义,引导学生在节日活动中,理解民族文化、热爱民族文化,这成为节日教育的重要内容。每个节日都需要仪式感,文化精神依托节日庆典仪式真正深入人心。传统节日需要创新性转化,只有让传统介入更多的时代文化内涵,传统文化才能够真正走进人们的生活,让现代生活丰富多彩。冬季文化传承之旅就是借助春节这个传统节日展开多次项目学习研究。

(3) 培养有创新的人

社会发展对人才提出更"多样化"的要求,项目学习改变了学生原有的学习方式,培养了学生运用知识去解决实际问题的能力,促进了学生创造性思维的发展和创新意识,发展了学生的探索精神和创新精神。

首先是内驱力需求,由"要我学"转变为"我要学、我会学";其次是让学生在合作交流中得到成长;再次是在交流争论中学会倾听和接受。在学生自主、合作、探究的学习过程中发现问题、提出问题、分析问题、解决问题。

例如在"春节的民俗"主题设计中,驱动性问题明确,我们充分给学生独立研究思考的时间,通过建立学习共同体交流反思和调整完善,让他们自己确定研究主题,进行主题发言和产品发布。每个学生用自己擅长的方式参与作品产出,通过评价得到及时反馈,调整自己的研究方向和进程。

再如"纸"主题的研究,激发了学生对未来纸和笔的创意和设想。我们尊重每个问题背后的思考价值。于是每次项目学习汇报阶段,研发团队积极收集学生的特色主题展

未来纸和笔的设想

利用磁性原理

设想未来的纸和现在的纸不相同,纸本身有磁性,笔有好多磁粉,写字时,磁粉按照笔的轨迹被吸到纸上;擦掉时,用磁性橡皮一擦磁粉就被橡皮吸走了,字就不见了。被吸走的磁粉还可以灌到笔里继续使用。

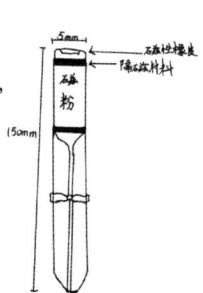

图 3-4　学生创意

示,尤其是"好问题"的解决设想或奇思妙想。学生缺少的不是知识、能力,而是发现问题并坚持不懈解决问题的韧劲儿。

把项目学习引入学校课程,就是借助其有效的学习方式培养国家建设需要的人才:能解决实际问题、能自主规划学习进程、能坚守责任、有家国情怀。

2. 符合项目学习真实性的特点

这里提到的真实性是真实地回归生活,所涉及的元素更多,不可控制的因素也更多,甚至于教师面对多样的问题会应接不暇、难以解决。从项目学习主题顶层设计的角度,研发团队会选择典型的事件、核心的活动、适当的方式、多维的体验、增值的评价,让学生感受生活多样性并乐于参与探究。

(1)做校园外的体验

每个项目学习的主题跳出教室和校园的围墙,走出平时老师们为学生创设的、模拟的情境。学生面对的主题多角度、多因素、多变化……众多不确定性因素的背后,蕴含的是学生形成不同理解认知的机会,运用的是自己擅长或者新掌握的表征方式,接触的是不确定的人或事。每个活动经验都不是唯一版本,每个活动经历都不是标准答案,每一个学生都是一个独立的个体,每一个产品都是独特的发布展示。校园外的生活世界才是学生学习的优质素材,诸多不确定因素的存在是学生需要克服的障碍,新奇多样的体验是学生主动探究的动力。例如在2016年,北京地铁16号线开通,我校北部校区学生出行也能乘坐地铁,于是在2017年夏季,我们进行了"北京地铁"主题研究。南部校区地处地铁1号线的公主坟站,这样南北校区通过地铁可以联结起来。学生通过乘坐地铁感受北京交通的便捷,有的学生甚至是第一次乘坐地铁。

(2)做多学科的探索

走进生活的项目学习主题设计从是什么开始,经历为什么和怎么做。学生可以从不同角度去解读和完成子任务,这些子任务构成一个任务群,聚焦这个任务群的研究主题，就产生了学生的研究主题，同时衍生产品。整体认识每个主题，以不同子任务引导学生参与研究全程，在学生全程经历的基础上达成学生的个性化研究。如"灯谜"自制灯笼的子任务，学生依据自己的个性爱好，从人文社会、自然科学、身心健康、艺术审美中自选一个完成自己的创意。

(3) 做意料之外的实践

来自主题设计的意料之外，首先是主题设计的出乎意料，每个主题都深受学生喜爱；其次是实践过程的出乎意料，简单的乘坐地铁过程在学生看来就如同探险；再有就是研究体验的出乎意料，完成同样的任务却有着不同的表达；最后就是成果发布的出乎意料，每次成果发布，总能听到、看到、摸到不同的收获。这份新奇和意料之外吸引着每个学生仔细倾听、每个老师受到启发。一连串的出乎意料，激发学生不断摸索、实践、体验、反思和创新，每个学生的研究收获一次又一次的螺旋上升。

(4) 做同呼吸的学习

同呼吸共命运是每一个国家建设接班人必备的素养。首先通过主题设计让每个学生得到正能量的收获；其次就是辩证地看待生活中的每个事件和变化；再有就是根据国家实际情况展开实效性的实践。例如"我是主讲人"，引导学生用主讲人的身份，独立完成信息采集、实地考察、整理完善、语言表达等一系列子任务，在2019年7～9月完成向新中国70周年华诞献礼的任务。

课程部给各校区和班主任的实施建议如下：

基本思想：新中国七十华诞，小脚丫走遍中国。

此次项目学习让每个学生自主确定研究目标、主题、方式、成果；经历独立规划、设计、制作、表述的研究全过程。用孩子们的眼睛看祖国，用孩子们的双脚走"神州"，用孩子们的讲述见思考，用孩子们的交流促成长。让每个学生切身感受祖国河山的壮美，国家建设发展的迅猛，用自己的成长向新中国70周年华诞献礼。

回归真实生活背景的项目学习是挑战也是机会。研发部门抓住机会合理开发使用，不畏困难，迎接挑战，不断解决问题，为学生提供优质的学习资源、适当的学习方式和积极的推进措施。

3. 符合学生自主的学习方式

项目学习主题设计的任务坚持三个原则：低门槛、多表征、重评价。让每个学生都能参与进来，有自己的理解和表达，让每种表达或产品都有被认可的机会，同时多元性评价关注过程性、增值性、开放性，通过多层次评价让学生看到更多的可能，任何的研究成果或作品都不是唯一答案。

（1）所用知识跨学科

研发团队的基本思考就是用学科融合推进整体性学习，实现对问题的整体性研究。这有助于学生探寻到知识的完整结构和面貌，解决现实中的复杂问题，并有利于学生创新思维的形成。教师开展多样化的自主学习，积极推进"大问题"和"小切入点"，从不同角度进行引领，帮助学生初步了解每个小任务在整体结构中的地位和作用。

（2）表征方式多样态

多元智能理论提出学生的智能多元性，主题研发要正视学生差异，比如学生间原有认知的差异、性别的差异、兴趣的差异等，诸多方面的差异也给学生带来不同的表征方式。这就要求教师以宽容、包容的心态面对不同样态、不同水平的研究成果，允许学生暂时的不完美、不完整，相信学生通过吸纳、实践、调整研究成果会更具有实效性。

（3）学习进程重管理

时间管理的四大原则：一是积极规划、设定目标；二是要事第一、学会排序；三是克服拖延、拒绝拖延；四是减少中断、专心致志。在项目学习实施过程中时间管理是非常重要的环节，它能够细化学习共同体中每个成员的参与形式和子任务，设定每个子任务达成的具体时间和目标效果，对遇到的新问题从时间、分工各个细节进行调整和重新规划，用工程学的实践形式完成管理和安排。

（4）学习成果有作品

项目学习的重要特征之一就是有作品产生。学习成果大致有五类：一是言语信息，这是所有学科学习的基础；二是智力技能，及时用符号对外界环境做出反应，并同其他人进行交流；三是认知策略；四是动作技能；五是态度，即影响个人对某人、某事、某物进行行为选择的内部状态。换句话来说，作品不限于实物、文本或音像，它可能就是一个想法的改变、一个思路的调整。外显的产品容易发现量化，内隐的成果则需要进一步发掘或深入观察。

以上四点表达的主要是关于"动力"的事情，即让学生能愿意参与进来，及时从不同渠道得到肯定，乐于展示自己的思考和发现。

4. 符合每个年段学生的实际需求

我校的项目学习主题设计特别关注学生的年龄特点，其内容通俗易懂，用词简单明确，形式生动多样，图文并茂。使用方便学生读懂的图文、设计学生感兴趣的话题、采取学生乐于参与的形式，多方面吸引学生参与到活动的每个环节，可以让他们在有趣的体验中激发继续实践的内驱力。

（1）天生充满好奇

对一个孩子来说，好奇心是与生俱来且弥足珍贵的。在犹太人中流传着一段比喻，可体现"好奇心"的重要性。这比喻是：

每个家庭有4种儿子。第一种是聪明的儿子，他非常喜欢学习，熟悉世界上很多事情；第二种是调皮的儿子，他可能是聪明的，但却不喜欢学习，还会做些坏事；第三种是普通的儿子，他没有突出的特点，不聪明也不笨；最后一种是不知道如何提问的儿子，他没有好奇心，对世上所有的东西都没兴趣。

犹太人认为，其他三种儿子都有教育的办法，唯独不知问问题、没有好奇心的儿子是最糟糕、最没有办法教育的。保护小学生对世界充满无穷无尽的好奇心、敢于发问的能力和不怕接触异文化的探索心是十分重要的。事件的陌生新奇，体验的丰富灵动，成果的生动多样都能成为激发和保持好奇心、引导学生不断尝试探究的有效兴趣点。

（2）乐于动手实践

小学生善用双手去认识世界，多元智能理论基于教师组织学生实践体验的多种渠道和方式，通过它们来尽可能满足不同学习方式学生的实践需求。关键一点就是"乐"，学生能主动去尝试、参与和体验。例如"纸"研究中挑战纸的长度、挑战纸的高度、挑战纸飞机滞空时间。我们把折纸这个简单熟悉的综合实践活动，赋予比赛和挑战的趣味性，利用小学生的好胜心理和自信，通过简单活动和比赛形式保持学生挑战的"乐趣"。恰恰是这个乐趣，可以把学生不怕失败，反复实践，挑战自己实践极限的毅力激发出来。这里说的实践大体是五类，分别是探究性实践、社会性实践、审美性实践、技术性实践和调控性实践。

（3）渴求合作交流

合作交流是小学生广泛喜欢的学习方式，这种现象同时也折射出学生对人际交往关系的情绪需求。"渴求合作交流"关键在于"渴"。"渴"突出学生个体社会属性的体现，以及对集体归属感的强烈需求。学生们在合作中每个人都得到发言权和关注，每个人的思考都得到更大空间的交流和商榷。同时在彼此不同意见碰撞的过程中，他们从同伴处得到启发、肯定和帮助，满足自己心理的需求。从一定程度上每个学生能够放心、放松地参与合作，而且不同个性的学生在合作中能够彼此融合、支持和改变，这是学生在学习过程中，人际关系能得到有效锻炼的宝贵机会。

（4）勇于展示成果

项目学习的学习成果形式是多样态的。向同伴展示自己的学习成果，也是小学阶段学生能够大胆并乐于参与的学习活动之一。"勇于展示成果"关键在于"勇"，没有了勇气和勇敢，即使一个人有批评质疑的愿望和能力，也不会说出自己的个人理解和不同观点。要知道批评和质疑就意味着挑战。既然是挑战，就需要大无畏的精神。在此意义上，我们甚至可以把"勇"看做是有科学精神的保障。

研发团队从主题的顶层设计开始尽最大可能使学生保持好奇心，多样态地展示不同思考，积极推进不同形式的成果展示，提倡发布不同问题和意见，让学生能够大胆自信地发声展示。学生用自己撰写的研究报告记录下研究过程，个性展示个人研究主题。简而言之就是让学生"高兴"地解决参与的问题。

二、主题设计的流程意图

研发团队确定项目主题后，其核心内容就是设计学生任务书，每个学生拿到任务书，知道任务主题，通过地图式任务索引了解每个子任务，明确评价标准，知道作品产出的具体要求，形成完整的设计和实施流程。

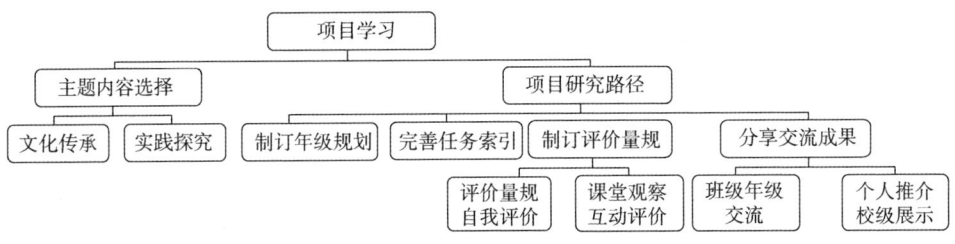

图3-5 项目学习实施流程图

通过对大量的国内外项目学习文献积累和国内不同时期实践资料的筛选提炼，我校根据实际情况确定出六要素：真实任务驱动、高阶认知参与、管理研究进程、学习实践调整、研究产品生成、多元评价反馈。这六要素体现在项目学习任务书的每个设计环节中。下面，我们依照学生任务书的五个主要组成部分的顺序，在了解任务书设计的同时，寻找出项目学习六要素得到合理安排、进行针对性设计以及具体实施路径和落实的方法。

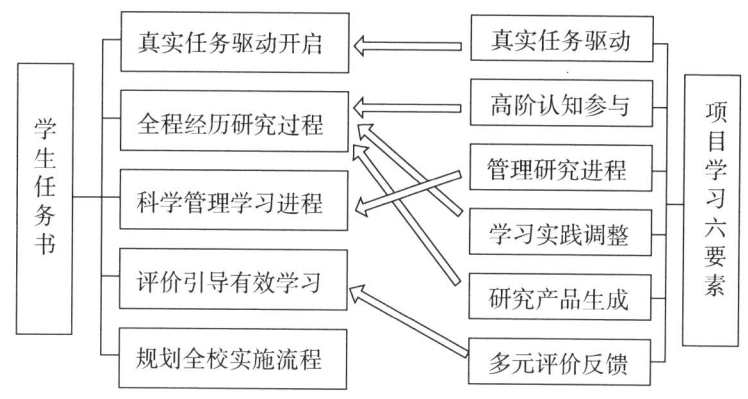

图 3-6 学生任务书的五个环节

学生任务书是带领学生经历研究全程的一个重要支架,学生通过阅读任务书知道研究主题、具体研究的子任务、作品产生方式等。我校研发团队为学生精心设计任务书,把项目学习六要素拆解、融合后放入任务书中。通过任务书的真实任务驱动开启、全程经历研究过程、科学管理学习进程、评价引导有效学习、规划全校实施流程这五个重要组成部分,让学生了解研究主题、研究任务、研究过程、研究成果。

(一) 真实任务驱动开启

真实任务驱动是项目学习的要素之一,研发团队把它安排在任务的封面,以"教师寄语"的方式进行发布。

以 2019 年"我是主讲人"为例,封面的设计风格热烈喜庆,"七十"图标醒目放置在顶部,下面是两个少先队员,花团锦簇中凸显"我是主讲人"的主题。

教师寄语

亲爱的同学们:

这个暑期,我们研究和体验的项目学习主题是"我是主讲人"。

你要体验的这个"主讲人"是需要身兼多职的。你会经历规划筹备、采编收录、整理调整、演绎发布的全过程。完成确定主题、收集多方资料、整理真实数据、影像资料处理、后期素材筛选、现场主讲(三分钟)

等每一个环节的挑战。

作为一名主讲人，你本次主讲的任务是赞美祖国，赞美祖国的大好河山或国家建设的伟大成就。

请你在《项目学习任务索引》的引领下，在每一站选择自己挑战的内容，完成自己感兴趣的研究任务，在研究报告中记下研究的收获、思考和问题。你可以自己独立完成，也可以和同学、家长组成学习共同体来完成。大胆独立策划实践，亲赴实地采集资料，自信展示个性思考！

1. 真实事件的发生（真实性）

新中国70周年华诞是一个全国人民欢庆的日子，作为少先队员的学生用自己的方式参与其中，这是一件光荣而且神圣的事情。每个学生用第一人称的方式，用一个主讲人的身份，来介绍祖国悠久的文化、现代的发展以及河山的隽秀。"我在其中"的共命运体验，"我唯其美"的万丈豪情，"我为其敢"的自信展示，都是真实事件中真切表达的方式和渠道。

2. 驱动任务的发布（挑战性）

明确提出"我是主讲人"的主题，提出挑战性任务：①这个主讲人要身兼数职——规划筹备、采编收录、整理调整、演绎发布。②主讲的内容是赞美祖国，赞美祖国的大好河山或国家建设的伟大成就。③简单介绍研究过程、确定主题、收集多方资料、整理真实数据、处理影像资料、后期素材筛选和完成现场主讲。每个学生都应该明确知道自己的角色定位、任务分解、参与方式、资源调动、情感投入等。

3. 项目学习的开启（指导性）

项目学习不孤单（看评价量规），首先建立学习共同体，学会吸纳更多的人、更多的资源参与其中；项目学习不纠结（看任务索引），可以完成建议性的任务，还可以自己设计和确定研究子任务；项目学习不陌生（看研究报告），按照自己喜欢或擅长的方式记录下来，做自己力所能及的尝试就好；项目学习不退缩，大胆独立策划实践，亲赴实地采集资料，自信展示个性思考。

再如2021年特殊时期的"团圆"主题的教师寄语（节选）。

亲爱的同学们：

　　团圆是中国传统文化的重要部分，自古就有人们祈福团圆的节日，亲友围坐的团圆饭，脍炙人口的成语和诗词……可以说庆团圆、盼团圆是每个中华儿女的美好愿望和伟大梦想。

　　春节就是一个"团圆"的重要传统节日，"和家人过年"成为这个节日中最多的一句话。我国北方的过年，据说从腊月二十三（小年）就开始了，一直到正月十五（元宵节）才算过完年。在过年这段时间，每个家庭都清扫居室，每个人都备好过年的新衣，提前购置过年的年货，安排好每一天的亲友相聚，精心烹制每一餐……团圆文化深入到中华儿女的血液，人们生活的每个角落。

　　项目学习之所以得到更多人的认可就是因为它的真实性和问题解决过程。学生在实践中应用知识，在体验中感悟真实，在合作中交流情感，在产品中释放个性。传统文化的传承用项目学习的方式进入到学生的人文实践，就地过年的新理念使得团圆文化在特殊时期得到创新和发展。

（二）全程经历研究过程

　　引导学生有效参与研究的全过程，需要关注两个方面的设计思路。

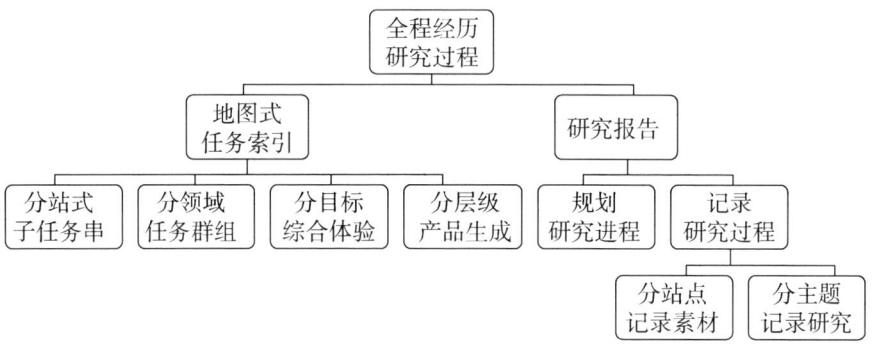

图3-7　全程经历研究过程设计路径

　　第一方面是通过任务书中的"地图式任务索引"让学生明确项目学习

的全部任务内容、参与实践体验的形式、搜集记录资料的方式、关注研究方向的提示、任务产品发布的具体要求等。换句话说,就是让学生知道自己要做什么、怎么做、要做成什么样。第二方面是通过任务书中的"研究报告",让学生对研究进程进行规划,对研究过程中的信息和资料进行分类整理和提炼,形成文本性的研究作品(也可以是自己设计,与 PPT 相结合使用)。简单说就是给学生一个研究报告的流程示范,让学生边研究边记录,知道记什么、讲什么、用什么方式展示。两个方面相结合进行规划设计,才能完成学生研究过程的整体设计。

1. "任务群"体验,促使核心知识运用

项目学习主题确定后,驱动性任务是一个大问题,需要切割成多个任务。地图式任务索引第一步先完成任务的切割过程,每部分形成任务群指向一个达成目标。

以 2018 年实践探究(科技类)"北京地铁"主题的地图式任务索引为例。

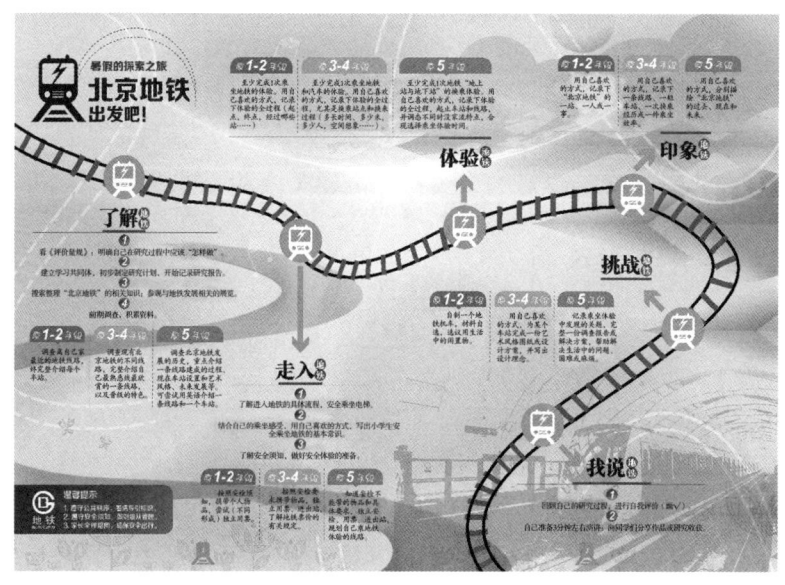

图 3-8 "北京地铁"地图式任务索引

地图式任务索引每个站点就形成一个任务群,每个任务群关注不同领

域的体验，达成的目标也是不尽相同的。通过不断积累体验和深入思考，从浅层次的基本知识储备到深层次的尝试性知识应用，拓宽了学生获得新知识的渠道，丰富了学生用理性眼光回看生活的经验。每个站点的实践都是多积累、多观察、多思考的过程，让学生深切感受到学以致用的实际价值。

"了解地铁"——积累资料，初步了解关于地铁的简单知识；"走入地铁"——乘坐地铁的基本尝试，建立公共安全意识；"体验地铁"——有目的地完成规定方式的乘坐体验；"印象地铁"——感受北京地铁设计的风格特色，进行城市文化的再创；"挑战地铁"——明确任务要求，完成挑战性任务，感受地铁生活价值；"我说地铁"——明确汇报形式和要求。简单知识（人文+科技）—安全常识（规则）—乘坐体验（实践）—设计再创（艺术）—深度学习（科技创新）。每一个任务群都由子任务构建而成，一步步指导学生完成任务群的整体实践，丰富学生的体验感悟，最后学生用作品（任务书+现场演讲）生成产品。

2. "任务串"实践，促发高阶思维参与

每一个任务群达成一个领域的完整体验之后，几个任务群串接起来，就完成了引导学生从知识性体验、实践性体验到发现、提出问题的触发，进而激发起学生分析问题和解决问题的兴趣。

以2019年文化传承（人文类）"对联"主题的地图式任务索引为例。

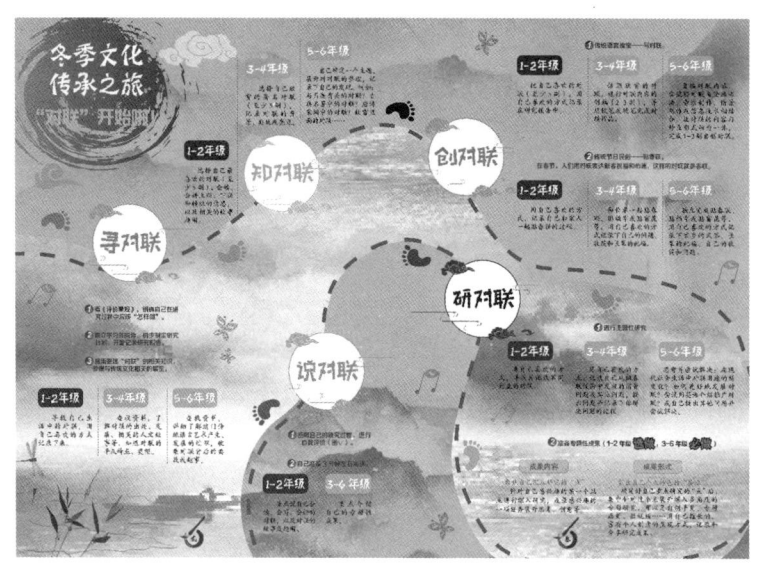

图3-9 "对联"地图式任务索引

通过"寻—知—创—研—说"对联子任务串,不难看出学生从寻找身边和资料中关于对联的人文知识开始,到选取自己感兴趣的对联进行深入的理解,再到参与人文意蕴和平仄韵律的对联创作,经历了写春联、贴春联的民俗活动,进行了自己感兴趣的专题性研究,最后明确了成果发布的方式。

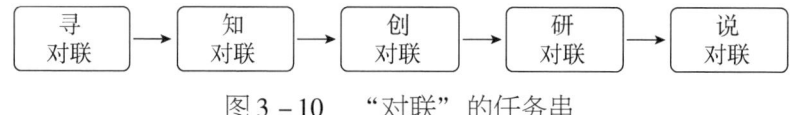

图3-10 "对联"的任务串

学生沉浸在人文史实资料的韵律美感熏陶中,感受对联背后的语言之美、精神之洁、狡黠之趣、智慧之乐,参与贴春联迎财神的民俗喜庆寓意活动,体会现代生活中的对联变化和发展。伴随着实践体验的深入,学生逐渐产生和发现了问题,同时也触发了学生调查、分析、得出结论的研究欲望,最后让学生付诸行动。

3."大任务"细化,引发学生调整实践

"创对联"细化为:传统语言瑰宝——写对联;传统节日民俗——贴对联。

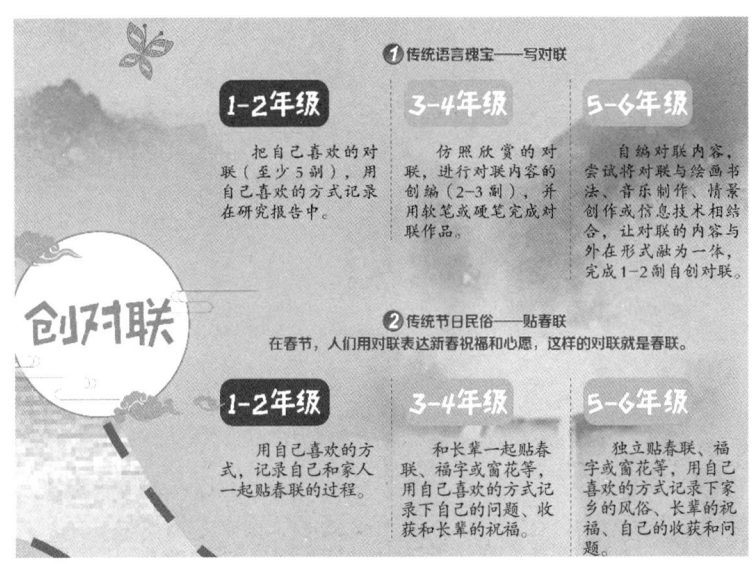

图 3-11 "创对联"细化任务

既然是创作,就要有一定的知识储备,例如平仄规律、上下联的区别,还需要了解传统技艺和民俗常识,例如毛笔书写、贴对联的时间和内容特色等。

这就意味着如果前期的研究储备不够,此时就需要"找补"回来,同时学生真实参与到春节民俗的实践当中,由缺少对对联的关注,到自己设计和书写对联,再到最后完成对联的张贴,完成了作为家庭一员的小小使命。

4. "多角度"线索,促成个性产品生成

项目学习非常重要的元素之一就是"产品的生成",研发团队在设计任务书的过程中,通过两个主要途径完成对学生产品发布的指导。

(1)任务索引中明确要求

每个任务索引的最后一站都是成果发布。通过现场发布的形式,学生演讲介绍收获(形式自定),同时展示自己的研究报告。高年级提倡专题演讲和互动形式。

(2) 研究报告中给予指导

以 2018 年"地铁"、2019 年"对联"研究报告记录过程做对比进行说明。

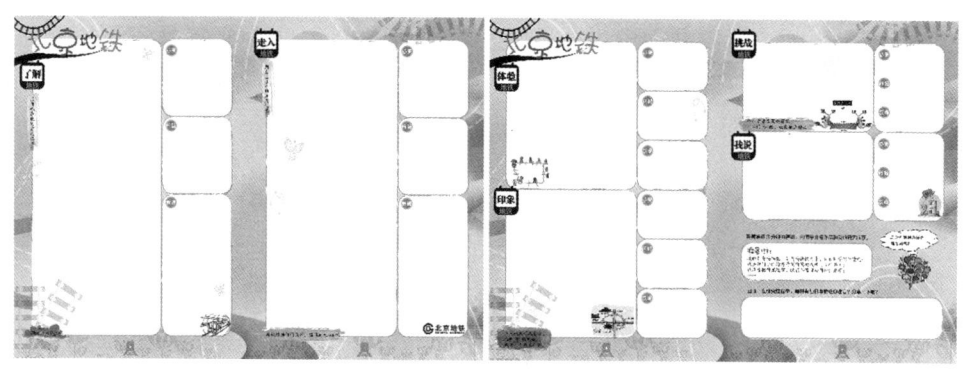

图 3-12 "北京地铁"研究报告记录

每个站点的记录分版块进行安排，选择的图片主要以离学校最近的地铁 1 号线、"公主坟站""地铁票价"等典型标志为主，兼顾趣味性和指导性。美中不足的是留给学生记录的空白区域太少。

于是从"对联"主题开始，我们在研究报告的记录中，给予了学生大量的专题研究空间，学生可以根据整理的资料自行设计版面。同时我们把学生在实践过程中发现、提出的问题以"问题板"的形式明确设计出来，引导学生边实践边思考。

图 3-13 "对联"研究报告记录

研发团队在引导学生经历全部研究过程的设计中，突出给予学生充分的自主性，促进学生选择研究子任务、选择表征方式、选择问题解决方法等自选动作的完成，给学生更大的创意空间，让他们"玩着干"，而不是简单地完成任务。报告中突出给予学生的大量留白，促发了成果发布时，成果内容、展示方式以及表达方式的差异，带给学生更为具体的触动，给学生留下了更深刻的印象。

（三）科学管理学习进程

规划和管理研究进程，在学生其他学习领域是很少遇到的。学生作为项目学习的主导者、参与者、实践者和组织者，需要完成学习共同体的建立，人员的具体分工、子任务的分解、时间阶段的规划等。

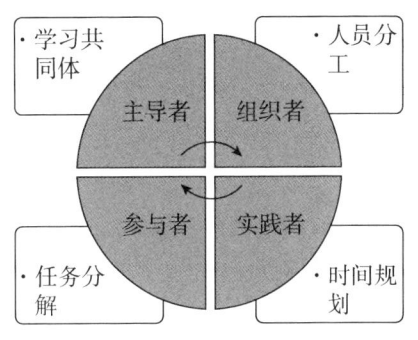

图3-14 学生的四重身份

研发团队在学生研究报告首页，用表格的形式引导学生对人员、子任务、时间、阶段目标进行简单规划。以2020年"吉祥话"主题为例。

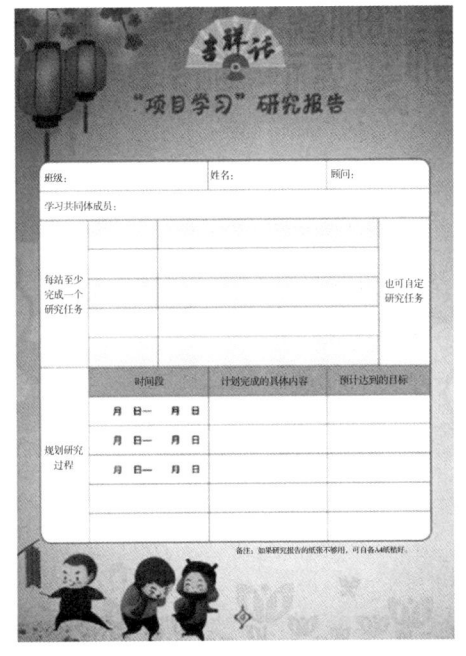

图3-15 "吉祥话"研究报告首页

1. 建立共同体，完成分工

这是学生自愿结合、资源整合的整体思考。把意愿相近的人组合在一起，能激发出更大的能量；把特长不同的人整合在一起，是表征方式的互补；积极吸纳不同社会资源进入学习共同体，让资源利用更为充分有效。

2. 分解子任务，阶段规划

时间意识是小学阶段学生比较欠缺的，他们很少有机会能够自主提升时间管理的能力。学生在商议讨论的基础上进行任务分解和阶段性时间规划。首先是成员间协商的过程，学生在这个过程中要根据每个成员的实际情况进行阶段性安排，这不仅是彼此信任和尊重的基础，更是成员之间合作的起点；其次就是责任，明确子任务的分工，有意识地积累素材，成员间彼此分享，勇于承担责任。

3. 督促执行力，持续产生

列出表格把时间填满不是本事，知道如何在正确的时间填入正确的内容，然后认真执行，这才是真正的本事。做好项目学习的进程规划，简单地说，开始阶段不免会是填满的过程，但是随着学习共同体合作频次的增加，以及学生个体多次尝试调整，学生自身规划能力会不断提高，关注的层面会更周到和细致。6~12岁是学生时间观念、规划能力形成的重要阶段，通过项目学习也能在实践中不断给予学生反复尝试的机会和可能，增强学生自主安排时间的意识，让他们自觉根据任务难易做出及时调整。

懂得时间管理的孩子更自律，有较强的自我管理能力，较强的自我管理能力有利于激发孩子对学习的兴趣，这就形成了一个良性循环。即使是学业任务很重时，他们也不会觉得无所适从。长大以后步入社会，他们会合理安排时间，提高工作效率，会为自己赢得更好的事业发展机会，还能更好地平衡自己的工作与生活，获得更好的生活品质。

（四）评价引导有效学习

多元性评价前置是项目学习要素之一，研发团队经过摸索、实践、调整形成具有针对性、过程性、指导性、增值性的翠微小学项目学习评价系统。评价工具主要由评价量规、自我评价和观察量表组成。

表3-1 多元评价体系细目表

项目	评价量规	自我评价	观察量表
示例	任务书第4页	任务书第10页	成果发布现场
主体	学习共同体小组成员自评	学生个体成果自我评价	师生、生生互评 分低、中、高三个版本
时机	研究过程中	研究过程后	成果发布现场

续表

项目	评价量规	自我评价	观察量表
针对性	对需要避免、合格、卓越三个层级分别进行描述	对第一、第二、第三层级分别进行描述	对第一、第二、第三层级分别进行描述
过程性	学科知识和技能；合作交流技能；项目规划和管理技能；学习成果展示	研究报告；目标规划；内容形式；方法过程；制作反思；现场演绎	外在表现：语言表达、亲历实践、个性演绎能力 内在思考：信息整理、融合创新、质疑自省能力
指导性	指导学习共同体研究过程的合理性、实践性、真实性	指导学生个体进行有效、目标明确的研究过程	指导学生通过有效评价反思调整，明确目标
增值性	小组成员间的合作能力，过程管理技能	学生个体明确目标，自己反思调整，提高自主性	成果多样性展示，拓宽学生视域，激发更多可能

1. 坚守前置性

评价量规、自我评价和观察量表与任务书同时出示给学生，学生知道评价的每个具体项目，并依据评价去开展自己的研究。

2. 细化指导性

通过三个评价工具，传递给学生有效合作、有效研究、优秀成果的基本标准。针对不同维度三个层级的语言描述，对自己的研究过程和方法斟酌改进，简而言之就是通过评价让学生自己学会研究。

3. 突出标准性

就是让每一个学生都有不同程度的发展。通过每个层级的简单语言描述，以及班级现场师生、生生之间的互评，让学生对评价标准的理解更为一致。调整每个学生自己的那把评价的尺子，为学生后续学习提供一个可成长的评价尺子，这是发展学生自主性、自觉性、实践性的好契机。

项目学习的评价体系把评价的主动权给了学生，让学生目的明确、思路清晰、科学有效地参与实践活动，同时也为其他学科教学评价手段和方式的改进完善提供了可借鉴的素材和经验。

（五）规划全校实施流程

学生任务书的最后一页是课程部、校区、年级组长、班主任、学生、家长和学科教师在整个项目学习实施过程中各自的任务和时间安排部署，为项目学习顺利、有效地完成提供组织运行协调保障。

1. 学校的整体实施流程

每一次项目学习历经筹备阶段、解读阶段、研究阶段、交流阶段和总结阶段这五个阶段，从前期主题设计到后期多层次的反馈，保证学生的全程学习体验有品质、有深度、有探究。

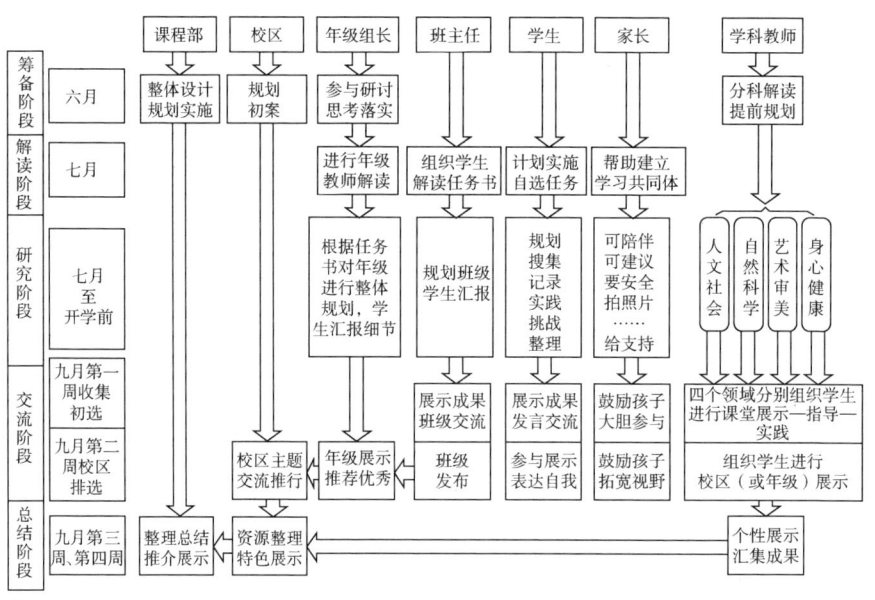

图3-16 翠微小学项目学习实施流程图

2. 教师的指导作用发挥

教师以任务书为抓手，点燃学生进行自主综合实践活动的兴趣。例如2017年"饺子"主题，老师们开启的流程如图3-17所示，明确每个阶段自己的具体任务、要达成的基本目标，这样才能让全校教师达成初步共识，为六个不同校区的学生提供同质的指导。

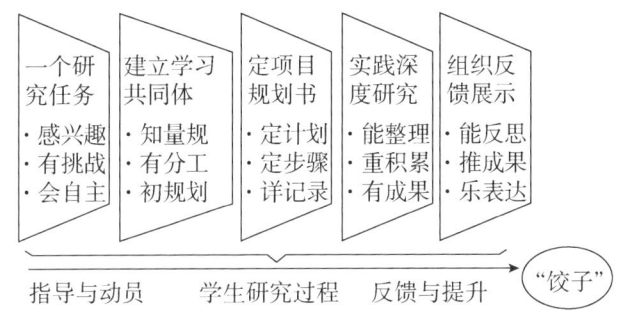

图 3-17 教师的指导作用

3. 学生的实施路径细化

学生以任务书为学习支架，在任务书的指引下有序展开知识储备、体验实践、专题研究、深度学习、产品发布的全程研究。

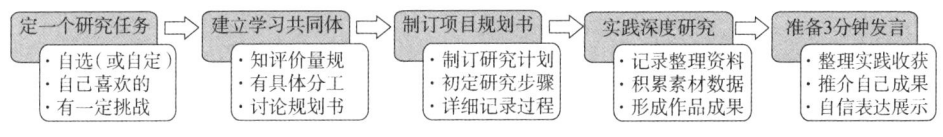

图 3-18 学生的实施路径细化

4. 家长的全程支持陪伴

家长作为学生学习资源的一个重要方面，可以适时地参与到学生的学习过程之中，为孩子提供技术支持和安全守护，这一点在特殊时期得到了充分的体现。家长和孩子建立学习共同体，共同

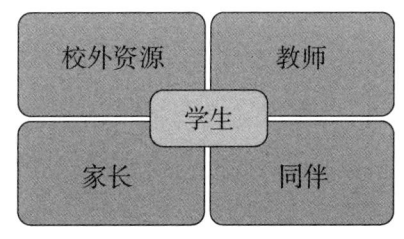

图 3-19 合作平台

思考和投入智慧，共同提出意见和方案（在"吉祥话"、"我是行动者"两个主题中表现得尤为突出），由此形成一个以学生为中心，校外资源、同伴、家长和教师共同构成的稳固的合作平台，给予学生项目学习充分的支撑。

通过建立实施流程，我们把各方面的资源充分调动起来，建立合理的合作关系呈现逻辑，进一步细分任务，明确不同阶段各自的职责。学校的组织机构精简功能，提高指导学生的效率，规范管理各部分的协作程序，为学生的有效学习实践提供保障。

三、主题设计的年段特点

我们的研发团队为了关注到不同年级学生的年龄差异，初期曾经分别尝试了六个年级分别参与不同项目主题研究、一个主题下不同年级不同任务书的实践，从中暴露出来如下问题：一方面，同一主题下各年级之间对学生水平定位不准确，缺少层级差异的厘清，造成研究成果的水平趋同；另一方面年级间不同主题的研发缺少统一规划，年级间缺少沟通，课程资源不能得到充分使用。经过反复研讨和实践，研发团队确定把"子任务间有序成串—子任务内自选构建—总任务网迁移无限"作为总体思路，以"地图式任务索引"为抓手。设计团队考虑到差异性任务设计，利用好差异形成体系化设计，先考虑外在形式，再到内部结构，逐步建立关联形成迁移。

（一）"识图"明确研究任务

"识图"通俗地说就是"放在一起，都能看懂"。我们把六个年级分为低、中、高三个不同的年级段，把研究路径中的每一个子任务以地图式任务索引站点的形式呈现出来。一串子任务经过"路线"的连接形成一幅寻宝图。这个思路创意灵感来自于低年级学生的识图游戏和绘本故事等，它既可以看成是寻宝路线图，也可以看成是一部连环画。用低年级学生能够读懂的方式呈现一串子任务，用寻宝的方式指引学生有序完成一个又一个任务。地图式任务索引的使用是从 2017 年"纸"开始的。

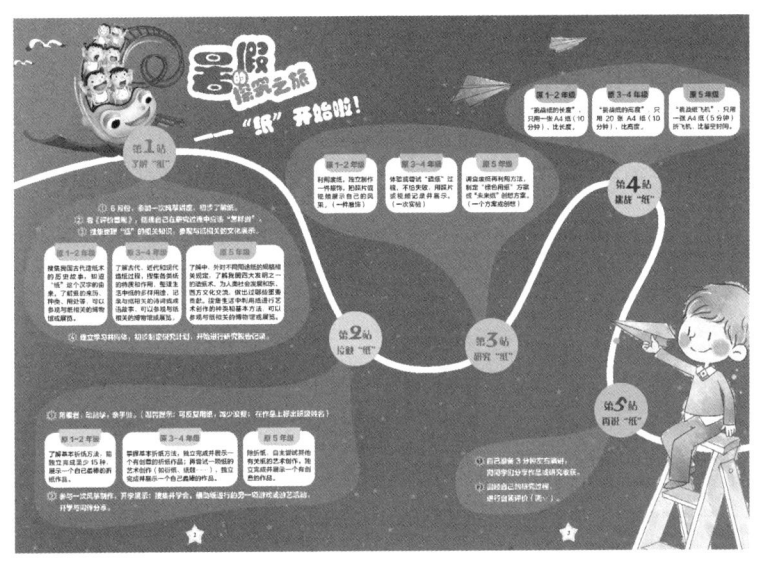

图 3-20 "纸"首次使用地图式任务索引

1. 指导全员参与研究过程

在星空背景中,小男孩手拿简单的纸飞机,他放飞的不仅仅是希望,更是对未来美好的规划和畅想。这是学生第一次使用地图式任务索引,用色彩圈画出的五个子任务细化学生研究过程"了解纸—接触纸—研究纸—挑战纸—再说纸",每个子任务的描述文字简单而且清晰。每个学生都能看懂研究路径的顺序和简单内容,这便是迈出了研究的第一步。

2. 人人参与行走识图探路

地图式任务索引整体设计是有趣的,子任务命名为"第几站"是有序的,"了解、接触、研究、挑战、再说"等词语在方便学生理解的同时,突出每个站点的任务要点。这样学生投入到行走研究的队列中,明确知道每一站要完成的具体任务。学生做到心中有数才能建立自信,独立完成任务。

3. 人人行走不断实践改进

学生进入到地图式任务索引接触每个子任务,发现在子任务都有 1~2 年级、3~4 年级、5~6 年级各自的建议性任务安排。学生在每个子任务站点确定自己研究的任务内容，五个站点整体规划自己的研究主题和成果发布。这种形式可以使学生有序地完成子任务，克服只愿意完成单一任务的问题。它先让每个学生了解纸的历史和文化，再让学生体验简单造纸工艺，进而通过不同形式纸作品的实践活动积累活动经验，最后再通过挑战活动给予学生反复思考与实践的机会。

图3-21　"团圆"不断完善的地图式任务索引

2021年"团圆"主题的地图式任务索引继续沿用"行走"的形式，每个站点任务明确：知识积累—调查研究—实践体验—深度学习—成果发布，这让学生明确知道研究过程每个阶段的阶段性任务和需要达成的目标。设计图背景元素按照时间顺序把北方地区的常见民俗形式进行了巧妙安排，通过外在形式进行整体趣味性的分解任务设计。参与行走起来的有序子任务安排，让学生明确每个子任务的具体内容，整体了解三个年段的学生时间任务，保证每个学生都能够参与研究的全程，让每个学生都能力所能及地完成属于自己的项目学习。

（二）"看色"选择研究内容

简单地说，年龄层次看颜色"区分得开，容易选择"，色彩的变化是最能够打动人、影响人的。冬季文化传承之旅任务书的整体色调以"喜庆的红色"为主，突出中国传统文化的韵味；夏季实践探究之旅任务书的整体色调依据主题而定，突出实践性、探究性和挑战性。地图式任务索引中同一个子任务内采用不同色彩是为了区分不同年级段。这些不同色彩其实就是一个子任务内部区分不同难度、表征方式、成果形式的重要标识。"看色"能直观帮助学生进一步选择适合自己的任务内容，让他们做出适合自己的选择。

- 任务难度不同，从易到难有梯度。
- 表征方式不同，因人而异有差异。
- 参与程度不同，因材施教有方式。

以 2020 年"我是行动者"垃圾分类为例，学生从生活中垃圾分类的知识储备开始，参与家庭垃圾分类并完成每天的相关数据整理，召开家庭会议把调研分析的结果与全家分享，通过群策群力的形式改善自己在垃圾分类中的不足之处，同时献计献策让小手拉起大手，改变每个人的原有生活方式。

任务③：根据真实记录，对家庭（单元或小区）产生垃圾情况进行分析。下图是对低、中、高年级的任务分解：

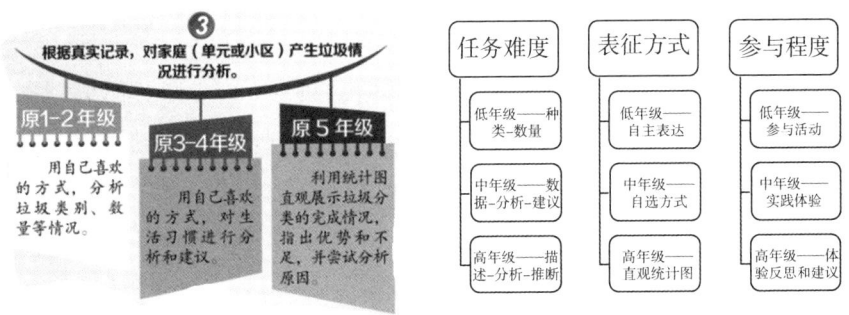

图 3-22 "我是行动者"任务层级说明

在收集数据的基础上用数据说话是常见的理性思考的重要方式，但是所学学科知识是不同的。低年级通过收集、整理数据，做出分类和数量统计；中年级通过表格记录数据，进行比较、分析和计算判断；高年级是用简单条形、折线和扇形统计图,进行数据描述分析并做出初步推断。用数据说话(数据分析)是一个现代人必备的基本素质。数据为后续分析、实践、深入研究等提供理性思考的依据,让学生从感性上升到理性判断。大量数据就是一笔丰厚的证据或财富,背后的意义和价值超过结果本身。从真实获取、简单描述和有效利用几方面做出判断,每一个数据的背后都是真实的、积极的、理性的科学素养。

每个子任务在设计和安排的过程中都要考虑到这三个方面,设计不同难度的任务,建议学生使用适当的表征方式,有不同的参与程度。研发部门思考讲细节、设计讲细节、实施讲细节,这样才能让学生既有能力参与实践,还能有一些挑战或自主探究的空间。

(三)"品味"激发无限可能

简单地说地图式任务索引"都看得见,可以迁移"。研发团队正视学生的差异,看到每个学生的水平差异,在设计图安排、子任务的分解等诸多方面做出有效协调和安排设计,保证每个学生有机会、有能力参与其中。但是每个事物都有两面性,我们既要看到困难的一面,更要利用好积极的一面。学生看到项目学习任务索引全貌,自然会尝试探究、拓宽研究的视野,能用同样的研究方式去了解、实践、分析、解决实际问题。

1. 研究过程的选择性

在学生任务书封面、地图式任务索引、研究报告时间规划表格这三个重要的位置,研发团队都明确标注着"可以自己选择和设计自己喜欢的任务""用自己喜欢的方式"等,看似随意,实则是给了学生自主的空间。

学生从自主尝试到选择,整个过程都在不断收集信息、实践体验、尝试积累经验。这个变化过程是一个学生从一年级到六年级逐步完成的。这是一个自发的过程,是一个培养自信的过程,更是一个理性思考自主表达的过程。

2. 研究方法的指导性

学生学习的过程实际上是由"学"与"习"两个过程组成的。首先是学知识，看到、听到、想到，是有形的、有色的；然后进入实践、习得的过程，这是一个尝试肯定、实践调整、反思失败、体验成功的过程。

从成果发布多层评价到对全体学生的学法指导，同伴的激励和成功经验分享，这其中榜样的作用是巨大的，更是学生自己"习"的过程。从模仿、激发到创新，反馈阶段减少结果性评价，提倡增值性评价。例如，有学生在"饺子"学习中用纸质调查问卷来总结"人们喜欢什么馅儿的饺子"的结论，后续就有学生用电子调查问卷来获取"北京地铁"相关信息。我们可以看到调查方式更迅速快捷了，调查问题更趋于实用和多元。

在地图式任务索引的每个子目录中，不同年级之间的参与形式不同。它已经打破了年级的界限，让学生下意识地去思考：这是什么？怎么才能做到？原来不过如此呀！一连串的问题和感悟都是打开学生新视角的过程。每一次成果发布的过程，都是学生们最享受和期待的过程，因为在这个过程中他们能听到和看到更丰富、更新奇的内容，每一次都能收获到意外的惊喜。

3. 学习经验的迁移性

学习经验的迁移，可以是一个个体影响另外的个体，还可以是一个独立个体逐渐发展、变化的过程。

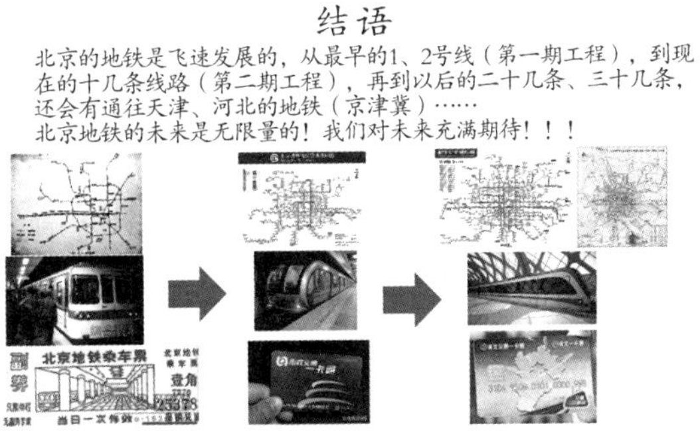

教师愿意看到一个学生从不会和无所适从到主动开始尝试完成；也愿意看到一个学生从文字表达，到图文并茂，再到声情并茂地演讲；还愿意看到一个学生从声音低沉到互动互答的现场分享；更愿意看到每个学生做自己力所能及的研究，在原有的基础上得到发展。

图 3-23　学生研究的结语

例如，陶书宇同学 2018 年完成对"北京地铁"的历史调查。他在经过乘坐体验、实地考察、调查分析后，得出了结语（如图 3-24 所示）。我们生活的这个城市每天都在发展和变化，北京地铁的 1、2 号线变成了"全线封闭"运行。重要的不是问题解决了，而是发现、提出问题后，问题得到了解决，这份认可和肯定必将是学习迁移发生的重要动力。

我们不仅关注个体后续学习可迁移还关注教育增值的继续挖掘。例如，李沐阳同学在五年级的时候移居加拿大，他对那里的学习方式适应得非常快，用他自己的话说，"小意思，因为这些我在翠微小学都做过啦"。通过项目学习，我们期待看到的就是学生发展无限的空间。迁移是人类认知的一个基本特征。换言之，迁移就是一种学习对另一种学习的影响。

好的学习活动不是学生经历过的一个事件或知识点堆砌，而是回想起来有欢笑，回味起来有味道，回忆起来有乐趣，应该是思考起来随时产生新灵感的……

经过十几个项目学习主题设计的摸索和实践，研发团队越来越意识到加强自身学习的必要，教育工作者要做好学生的引路人。教育工作者首先要做传统文化的学习者和传承者，其次就是要有时代敏感度，与国家、民族、人类的共同发展休戚与共——各美其美，美美与共。

例如，2020 年"我是行动者"的实施建议，我们做的是引领学生参与并完成项目学习，但是作为学生的引路人，我们关注的层面必须更多更深刻。

基本思想：垃圾分类新时尚，身边问题我发现，低碳环保养习惯。

关键词（1）现实——关注地球环境保护，参与青山绿水建设，这是每个人亲身经历的大事：从 2018 年世界环境日提出行动者的口号，到 2019 年上海实施垃圾分类，2020 年人们"一米距离"、"勤洗手"、"用公筷"等。每个人都是重要且必不可少的行动者。

关键词（2）适度——提倡简约适度、绿色低碳的生活方式，绿色也是我校文化的主色调。

关键词（3）时尚——垃圾分类深入社区、家庭。做得怎么样？怎样做更有效？我（们）将做出哪些调整和改变……每一个人应该如何进行有效行动。成为新时尚中的合格一员。研究性（真实）学习是时尚，垃圾分类是新时尚。

关键词（4）日常——进行五育并举知行合一的教育实践。在5～6月垃圾分类知识学习基础上，学生在生活实践中积累数据、发现问题、提出方案、规划设计、阐述研究。"日常"目的是落实在日常的学习和生活当中，在现实生活中践行。

再如，2020年的"吉祥话"主题对校区（教师）的实施建议：

基本思想：文化的传承与发展，做人的修养与德行。

由古到今的文化传承；由中至外的国际视野；由知达行的内化外显。

让每个孩子知道"吉祥话"背后的故事与典故，实践拜年的民俗，感受中华礼仪传承。礼貌用语离不开传承和融合，从古至今有传承，中外之间有交流，不同职业有具体要求，实际生活中人与人之间离不开心存尊重敬畏、有礼有节的交流。小学阶段五育并举离不开知行合一的实践。

此次项目学习让每个学生自主确定研究目标、主题、方式、成果；经历独立规划、设计、制作、表述研究的全过程。先明理，再拓展，后实践——落实在日常的学习和生活当中。挖掘深意之后，重在如何继承，并在现实生活中践行。知行合一的教育实践——其实就是五育并举的集中体现。

我们认为"好主题"最关键的就是走进生活，要与国家的教育最新动向相融，与社会的热点问题对接，与学校的教育发展相结合。留给研发团队的思考和挑战——继续设计"好主题"，引导学生全程经历研究过程，增加学生动手实践机会，适度走进生活参与真实学习，梳理出个性化的研究成果，让更多学生能够在实践中会学、乐学、善思、敢做、能辨、成人。

第四章

项目学习的实施策略

一、项目学习的实施原则

北京师范大学教授、国家教育咨询委员会委员顾明远先生指出，在科技发达、信息万变的当今时代，项目式学习是当代乃至未来一个十分重要的学习方式。过去长期以来，我们的教育都是以传播知识为主，后来逐渐重视培养学生的能力，而项目式学习在培养学生的思维能力、创新能力上发挥着巨大的作用。结合我校师生情况与课程体系特点，我们提出实施项目学习应遵循差异性、共生性、联系性、产品性原则。

（一）差异性原则

长久以来，我们的教学主阵地、学生学习的主战场都是班级授课制的课堂。一位教师带领着几十名学生，在规定的四十或四十五分钟时间内，固定在熟悉的教室内完成相应的教学与学习活动。为了有效提升常见的大班额情况下的学习效果，以下场景也是经常出现在课堂之中：学生听讲时坐直并目视前方、保持安静，发言前举手示意等待被叫，发言时鲜有站在全体学生前面侃侃而谈的机会等。在教学内容选择和教学进度的把握上，教师们也常采取底线原则，即保证基础最不好的学生能基本听懂，基本学会。在教学组织方式的选择上，虽然已从沿袭甚久的先讲后练方式逐步发展到时而采用自主探究与小组合作等方式，但这只是在一定程度上减少了对学生身体或思维的束缚。然而，在项目学习模式下，上述种种不仅皆可变得更灵活，也更符合学生个性化喜好和选择。

1. 学生个体差异

著名哲学家莱布尼茨说过："世界上没有两片完全相同的叶子，也没有性格完全相同的人。"这句话恰到好处地说明了我们所面对的每一个孩子都是千差万别的。学生群体由于先天的素质和后天所处的文化环境、家庭背景等的不同，也存在着差异性。但差异在某些情况下又是有限的，尤其是教育教学情景中学生与学生之间只是在部分心理特征上有明显的或根本的差异。个体差异主要表现在智力类型、认知风格和个性特征等方面。

(1) 学生的智力水平差异

所属的性别、年龄段等的不同都会对学生个体智力水平产生一定影响。智力水平差异指的是个体之间或个体内部智力水平高低不同的程度。

不同个体之间所表现出的智力差异是指智力的个体差异，如某人聪明，某人迟钝；某人擅长抽象思维，某人擅长形象思维。智力的发展也有早晚之分，有些人早慧，在幼儿时期就能识字诵书、数数计算，甚至被人称为"机灵豆"或"小神童"；有些人则晚熟，到中学或成年后突飞猛进、显露才能，这些人往往被人称为"后来者居上"或"大器晚成"。

个体内部智力水平差异是指每个人所具备的多种智力成分的多少不同，其组合和发展程度也不同。每个学生都拥有自己的优势智力领域，在此类优势领域内的学习相较于其他领域更令他们得心应手。在全面开发每个人的各种智能的基础上，我们应该为学生创造多种多样的展现各种智能的情景，给每个人以多样化的选择，从而激发每个人潜在的智能，充分发展每个人的个性。

(2) 学生的性格特征差异

性格一词源于希腊语，原意为"标记""特征"等，它是一个人对现实的稳定的态度，以及与这种态度相应的，习惯化了的行为方式中表现出来的人格特征。性格一经形成便比较稳定，并且贯穿在全部行动之中。但性格又并非一成不变，而是具备可塑性的。

性格具有复杂的结构，大体包括：①对现实和自己的态度的特征，如诚实或虚伪、谦逊或骄傲等。②意志特征，如勇敢或怯懦、果断或优柔寡断等。③情绪特征，如热情或冷漠、开朗或抑郁等。④情绪的理智特征，如思维敏捷、深刻、逻辑性强或思维迟缓、浅薄、缺乏逻辑性等。

上述性格特征的几个方面并不是相互分离的，而是彼此关联、相互制约，有机地组成一个整体。一般来说，性格的态度特征是性格的核心，因为态度直接表现出了一个人对事物所特有的、比较恒常的倾向，同时它也决定了性格的其他特征。比如，对集体有高度责任感的学生，往往学习也是认真刻苦的，他对别人的态度也会是诚恳、热情的，对自己也是能严格要求的。

（3）学生的认知风格差异

认知风格与学生的性格相关，同时还与学生的情感和动机特征相关。不同人对问题的思考速度存在着非常显著的个体差异，这种差异表现为两种迥然不同的认知风格——冲动型与沉思型。

冲动型认知方式的特点是反应快，但精确性差，采取整体加工的信息加工方式。这种学生在面对问题时急于求成，不管对错急于表达。沉思型认知方式的特点是反应慢，但精确性高，采取细节加工的信息加工方式。这种学生总是把问题考虑周全后才回答，他们看重的是解决问题的质量，而不是速度。特别是在回答较为复杂的问题时，沉思型认知方式的特点表现得更尤为明显。但是，那些既反应慢又准确性差的学生，则不属于沉思型，而属于慢—非正确型。

认知方式没有优劣好坏之分，但却存在着差异。冲动型学生会出现阅读困难，常伴有学习能力缺失，学习成绩不太好的现象。而沉思型的学生阅读能力、记忆能力、推理能力、创造力等方面都表现比较好。

2. 学习时空差异

夏丏尊在《教育的背景》中提到"无论何物都不能离开空间与时间的两大关系，这个空间和时间，在人就是境遇和时代了"。时间差异与空间差异会造成人的认知差异。学生对同一人或事物的认知和感受，会随着时间和空间的不同而有所区别。在不同的时间段内，对同一人或事物的认知和感受往往是不同的。在不同的地方，对同一人或事物的认知和感受往往也是不同的。

寒暑假是学生们有大量自由支配时间的时间段，在此段时间内开展项目学习活动可以拉长学生的学习周期，并给予学生更大的自主探索空间。当学生觉得对某一问题感兴趣或有困难时，他们可以根据实际需要进行相应调整，而不再是遵循由教师整体把握的学习进程。当学生身处不同空间、通过不同的途径开展学习时，他们也会创造出与以往不同的精彩。

(1) 时间上的差异

有些学生假期中的日程安排十分宽松。他们既鲜有来自学校或家长布置的学科作业，也没有丰富的出行安排，此时他们有完整的大段时间开展项目学习。他们可以在"桥"主题下，认真详尽地开展每一站的活动，尤其在用纸制作承重桥时，可以反复调试，不断组合优化自己的设计，使得自己的桥愈发稳固；他们也可以在"北京地铁"主题下尽情乘坐，充分体验，从而感受不同线路、不同站台独有的特色：有地下、地面还有空中行驶的车辆，也有轮轨或磁浮两种不同类型的车辆，站台则是古色古香、现代动感、科幻神秘、唯美治愈，不一而同……他们可以发现少量乘坐时难以注意到的细节。

有些学生的假期则被安排得较为充实。他们或与家人外出享受惬意的长途旅行，或返回家乡故土与亲人团聚，或参加团体组织的研学拓展活动实践学习，总之他们只能利用闲暇时间完成任务。古语有云"读万卷书不如行万里路"，这充分说明亲身经历的重要性。然而，这类学生往往思多于行，受体验时长的限制，他们只能围绕某个点开展较为浅显的研究，靠强大的知识与能力功底方可"逆袭"。因此，如何尽量提升此类学生研究学习的有效性需要在实施过程中予以关注。

(2) 空间上的差异

俗话说"十里不同俗"，因为文化、气候、饮食等方面的差异，我国各地的风土人情各不相同。以"春节的民俗"主题为例，在各地过年的学生分别感受到了当地独特的年味儿。比如北方讲究初一吃饺子，有"新旧交替、更岁交子"的意思，这也是因为饺子的形状颇似元宝，一盆盆端上桌象征着"新年大发财，元宝滚进来"的好兆头；南方则多做年糕和汤圆，年糕谐音"年高"，是吉祥如意的好兆头，汤圆也叫"团子""圆子"，取"全家团圆"之意。

同时，学生的学习场所也更加多样，他们无需再坐在教室的硬板凳上，而是可以选择安静的图书馆、多彩的科技馆等，也可以坐在家里柔软的沙发上、靠在床头，甚至到田间、河边、森林中去完成学习任务。学生获得信息和知识的途径也不再只是听老师讲解了，他们可以自己看书、线上搜索、与人交流讨论等。总之，一切个性化的选择都会更大程度地得到尊重并获得满足。

（二）共生性原则

由于项目学习具有综合性的特点，仅凭借一个人的力量往往难以完成，这就需要组建学习共同体（学习小组）。组建共同体是进行项目任务学习的关键，也是促进合作探究学习的必要前提。共同体的组建，主要通过两种方式：一种是根据自身的兴趣和学习习惯自由组建；另一种是教师通过对学生学习能力的了解，对学生进行指导性分组。

共同体成员的确定需结合研究项目的难度和深度，可以仅由学生组成，也可以适当邀请教师、家长、社区工作人员等成年人加入，从而提升共同体的研究水平。共同体成立后需选出组长，并明确小组成员的分工职责。在组长的带领下共同体成员共同解读项目任务，制订研究计划，继而开展学习活动。学习共同体根据成员组成可以有以下四种。

1. 同伴共同体

同伴共同体主要由相同班级或相同社区的学生结伴组成，有时也会出现跨班级、年级或者校区的组成方式。

由于小组成员大都年龄相仿且志趣相投，组内往往充满欢乐，大家愿意聚在一起共同学习。在讨论过程中，成员能够真实地展现自我，发表真实言论，遇到不同见解时大都能展开争辩最终达成共识。有时他们也会互不相让、不欢而散，可这往往就像暴风雨天气，来得快散得也快，没多久就和好如初了。

但是，小学生的年龄较小，在统筹组织时往往有所欠缺，无法发挥出小组的整体优势。在项目探讨和问题解决的过程中，组内成员可能相互影响和干扰，降低学习效率和质量。这时就需要结合科学的测评和教师、家长的中肯建议，帮助学生更好地了解自己的知识储备情况及能力特点，明确任务并进行合理的岗位分工。

2. 师生共同体

师生共同体主要由教师与学生相结合组成，可以有一师一生、一师多生、多师多生等组成方式。

在项目学习过程中，教师能对学生进行专业的、有针对性的指导。借助关键的提问与点拨帮助学生深入思考并调整航向。遇到部分综合性较强的项目，还可能会涉及多个学科和教师，这时就需要相应学科教师相互配合，才能更好地完成项目。不同学科的教师发挥好本学科的教学优势，共同助力解决项目实施中遇见的问题。

但是，受职业所限，在某些特殊领域教师不一定能达到精通，比如"飞行物"主题下，有些学生的研究就超出了教师能够解答的范畴，此时如果能够让航天专业人士参与，必能帮助学生更稳地攀登高峰。

3. 家庭共同体

家庭共同体主要由家长与学生相结合组成，可以有单个家庭内、多个家庭间等组成方式。

家长们遍布各行各业，当学生开展的项目学习主题与他们的工作行业相同或相近时，他们便有提供有效助力的可能了。就像前文提到的，从事航空航天行业的家长就能够助力深入研究与飞行物相关的内容。再如从事党务工作的家长，可以在"我是主讲人"主题研究中大显身手，帮助学生从不同的视角看待伟大祖国 70 年来取得的成就。还有些家长选择在寒暑假中的某段时间把孩子带到自己的工作场所，让他们经历、积累相关的活动体验，加深孩子感受。

但这样便利的研究条件并不时常普遍存在，为了能够创造条件以便更好地推进项目学习，家庭共同体还可以吸纳其他相关人员共同参与。

4. 混合共同体

混合共同体主要由学生、教师、家长、社区工作人员、相关职能单位人员等混合组成，参与人员由项目所需决定。

这样人员混搭编组的好处显而易见——可以相互协同，做到资源整合，最大程度地为学生项目学习提供针对性的助力。在结合北京市推行垃圾分类政策的"我是行动者"项目主题下，有学生在前期查找相关学习资料的基础上，结伴来到社区，对工作人员或志愿者进行采访，对来扔垃圾的居民进行采访，收集更加丰富鲜活的资料。还有学生不满于此，为了进一步弄清垃圾最终会被怎样处理，去到垃圾回收中心或者处理中心深入调查研究。

混合共同体使学生的体验纵深得到大幅提升，这为他们深入思考和深度学习积累了充足又宝贵的活动经验，让更加有效的基于项目的学习成为可能。

(三) 联系性原则

项目学习设置的很多主题都源于现实生活，或为学生感兴趣的内容，或为当时社会热点问题，这有利于引导学生带着问题沉浸于真实的生活。因此它能够很好地将学科知识与社会现实联系起来，帮助学生克服知识学习与思维实践的割裂状况，使他们不仅收获"知"，还体验如何"行"。这在一定程度上是对今后踏上社会开展工作的一种先期体验。

在项目学习的实施过程中，所研究的问题往往是跨学科的，学生无法仅用单一学科领域的知识来解决这些问题，项目学习需要将各学科知识进行整合并加以综合运用。与此同时，学生借助问题驱动开展项目的研究和学习，通过收集资料、分析数据，形成自己的一套解决问题方案，并且将方案付诸行动，最终以作品的形式来对问题的解决方法进行陈述。伴随着这一系列的过程，学生不但逐步形成体系化的问题解决思维方式，还在不断重组、结合相关内容的过程中深化理解，孕育继续创新的种子。

1. 问题源于生活

生活即教育，生活情境与学生关系最密切，能够最大限度激发学生的学习兴趣。所以项目任务的选择与提出，要立足学生日常生活，要从生活案例中选取具有研究价值且可对接学生已有经验的素材。这样对项目任务的研究，能够使学生具有获得感与成就感，从而感受学习的魅力。

好的驱动问题能够激发学生对项目学习的兴趣，也能引起学生对项目的好奇心，使研究过程更加丰富、更具有挑战性。在项目学习的过程中，驱动问题就像是一座座"灯塔"，引导学生不断向项目目标前进。好的问题不仅仅只关注一些表面现象，它还可以激发学生的投入和思考，可以引发学生产生连环问题或跳跃问题，使研究不断走向深入。

2. **跨越学科探究**

项目任务的实施，需要多种知识的交叉支撑，项目任务的推进过程凸显知识的整合性运用。借助项目任务的操作，学生可以打破学科与模块的界限，实现学习能力的综合提升。这是全面发展教育理念在课程内容结构调整中的体现，其关注的焦点在于整合以儿童经验为代表的生活世界和以学科知识为代表的科学世界，让学生完整地认识和把握世界，实现自身全面、可持续的发展。

在实施学科整合时，我们可以采取将关键对象置于不同学科情境中，身临其境去理解的方法。学科情境通常包括但不限于：①历史情境。将某个关键对象置于历史长河中，复演其产生的特定情境。②现实情境。将某个关键对象置于其可以发挥作用的现实情境中，发现这个知识是如何独立或者与其他知识交织作用而解决真实问题的。③艺术情境。将某个关键对象置于应用其可以产生艺术美感的作品或艺术场景中，制作可以体现这一知识的艺术品。④理工情境。将某个关键对象置于运用其可以综合解决工程技术问题的情境中，促使学生动手制作。

3. **自主建构体系**

项目学习是以学生为本的教育理念的具体体现，是学生自主探究学习和个性化学习的方式，它改变了传统模式中教师处于主导地位的现状，转而变成了以学生为主体的学习活动。学生在学习过程中，为了更好地达成项目目标，需要充分利用教师提供的教学资源，以及挖掘所需的相关资源。在教学资源的选择应用中,学生需要结合自身情况与学习习惯,这体现了学生的自主探究与建构。

项目学习是以解决问题为导向的学习方式,需要学生自选任务和研究问题,自定研究路径,自发收集资源加以分析,从而得出结论。没有教师环环相扣的引导与对知识的传授,这可以激发学生产生利用身边资源解决问题的需求。在上述过程中,学生把个体认知基础中的散点化、碎片化的知识点联系起来、连接起来以解决实际问题,在解决问题的实际情境中获得更好的实践能力。

4. 关联形成创新

项目学习能够让学生不受固有思维的限制,还能够充分发散学生的思维,进而达到培养实践型、创新型人才的目的。对学生而言,只要在知识或物体之间找到某种联系,产生新想法,做出新作品,哪怕这样的想法和作品在别人看来毫无意义,谈不上任何社会价值,但是对于个体本身而言是新的,是具有突破性的,那么这样的创造就具有了个体价值,就值得肯定。

项目学习让学生直面问题情境:解决问题时会遇到哪些困难,用到哪些知识,如何才能克服困难、解决问题?这所有的一切在学生接触项目之前都是未知的,具有太多的不确定性。而这种不确定性恰恰给学生的思维留下了更大的空间,他们需要开动脑筋寻找办法,带着问题求教或者反复实验,这所有的一切都带有创造性。他们解决问题的过程就是创造的过程,他们在创造中发展,用创造的学习方式解决创造的问题。

(四)产品性原则

实施过程的诸多探索对于学生本身就是收获,而且还能物化成可观可看、可听可闻、可欣可赏的作品。根据产品样态不同,学生可以有精神层面的成长,也可以有物质层面的积累。

在项目实施中,学生为了解决问题不断深入思考、查阅相关资料、与学习共同体探讨,这些行为皆可促使学生获得相关的知识和技能。除此之外,他们还会在独立探究遇到困难时、合作交流产生分歧时，通过一系列活动克服困难、达成共识。这些都有利于学生在精神层面上不断发展与丰富。

除此之外，学生还会不断记录并生成实物产品，留下他们成长的印记。这些产品可以是当时所思所想的只言片语，可以是精心梳理的研究报告，还可以是凝结心智的模型作品。

1. 自身发展

（1）知识技能

项目学习的问题源于生活，最终的解决也要回归生活。学生获取知识的目的在于回归实际，指导实践。因此，学习的任务是掌握基本原理和相关理论知识，并运用所学知识解决生活问题，通过知识的迁移实现学习能力的提升。

项目学习依托项目任务的实践，借助学习共同体的学习模式，激发学生学习兴趣的同时，让学生极大地实现了学习的自主性，这给学生的合作能力和知识体系建构能力，都提供了较大的提升空间。

（2）情感体验

项目学习自身具备的多元评价导向，使其摆脱了传统评价中对与错的二元选择。对项目学习的评价，既要结合学习共同体最终呈现出的作品，也要结合在创作作品过程中表现出的意识、观念、状态、贡献等多个方面。

正是由于进行过程的不同，最终成果相应会有很大的区别。因此，在汇报交流时要相互分享探究过程的困苦与喜悦。这些情感体验的经历在很大程度上会影响学生对核心知识与学习历程的理解。

2. 成长印记

（1）图文影像

学生在学习过程中或搜集或生成与主题相关的资料，并对其进行整理、分析、综合，形成最终产品。其丰富程度通常主要受项目复杂程度与学习共同体研究的深度和广度影响。

这个最终产品既可以通过书面形式呈现，如任务书、研究报告、小报、说明书、传记剧本等，也可以通过电子形式呈现，如汇报幻灯片、宣传片、广告片、纪录片、歌曲歌谣等。

（2）作品模型

学生在完成某些任务时，除了得到上述产品，还需要制作符合特定标准的产品，即具有一定的尺寸、包含特定的材料、能发挥特定功能等的产品。学生要制作并展示完好的作品来表明这些产品是否符合既定标准或规格要求。

此类产品既有单纯需要动脑就能解决的，如一段代码、一个程序、一款游戏等，也有需要手脑结合才能解决的，如桥梁承重设计制作，各类飞行物、车辆、船体模型，春节期间悬挂的对联、灯笼等物件。

二、项目学习的实施策略

在课程项目实施过程中，学生基于一个具体的项目，充分选择和利用各种学习资源，以共同体形式自主地获得较为完整而具体的知识。他们可以发挥主观能动性，发现和解决问题，积累丰富经验，体验和感受生活，从而逐渐具备了未来生活所需要的综合能力。

若要使项目学习得到有效实施，帮助学生达成上述情况，学校的整体组织和教师的具体引导该如何推进呢？通过查阅相关文献，并结合我校七年多的实践经验，下面提出四个实施策略。

（一）做好主题→任务→问题的规划与解构

中国特色社会主义进入了新时代，确立了教育事业发展的新方位与新坐标：每一位教育工作者必须承担起"办好人民满意的教育"的职责与使命，落实立德树人的根本任务，培养德智体美劳全面发展的社会主义建设者和接班人。面对这样的责任，就要求教育工作者真正做到以学生为中心，关注每个孩子的不同特质，努力促进每一位学生的全面成长。

真正做到以学生发展为中心，首要任务就是要处理好全面发展和学有所长之间的关系。这一对关系是针对人的个体差异而提出的，不同的学生有不同的发展目标。想要让不同能力、不同兴趣、不同愿望、不同目标的学生在项目学习中寻找到适合自身发展需要的学习机会与学习资源，可以通过以下三个方面开展。

1. 普适主题保证学生广泛参与

项目主题必须具有普适性，既能够成为学生参与的平台，又能够激发学生的参与热情。主题的确立通常采用顶层设计的路径，由学校领导和课程部商议确定。这个过程不是简单地拍着脑门贴个标签，而是需要在对学生的生活情境做充分调研，了解学生的活动范围和认知范围的基础上，经过相互碰撞交流，不断走向明确的过程，即这是一个寻求学科知识、学生的生活和社会经验整合的过程。

在引入借鉴与模仿阶段时，我们选择"桥"作为主题，通过人与人协同对物理、地理、心灵的桥的研究，大家一起探索、创造、传播和分享知识，给课程的实施提供了足够的空间与张力。

随后，我们选择以"飞行物"作为主题继续开展研究。一方面，该主题与之前引入的桥类似，是学生生活中可见的实物；另一方面，飞行物类别又比桥的类别更丰富，从物化的角度说有常见的飞虫或鸟类、高精的飞机或火箭等等，从引申的角度也可以进行充分关联发掘。以此为主题，可以为项目的组织者和参与者提供再次熟悉学习过程的机会，帮助他们进一步掌握研究方法和路径。

在固化吸收与实践阶段中，我们选择"北京地铁"作为主题。笔者作为亲历者，参加了主题确定的全过程。会议采用头脑风暴的方式集思广益，逐渐将目光聚焦到贴近学生生活实际的主题，又结合当时如火如荼修建北京地铁这一热点，最终将"北京地铁"定为项目学习的主题。在后续实施过程中，学生的表现充分说明这个主题符合他们的兴趣爱好与能力发展趋势，学生们最终也做出了丰富有内涵的各类产品。

在自主研发与创新阶段，我们选择"我是主讲人""我是行动者"这样的主题,从之前以实物为载体的研究,拓展为以文化或规则为载体的研究。"我是主讲人"项目主题聚焦中华人民共和国70周年华诞,"小脚丫走中国"——同学们或三五成群,或和家人一起,踏着先辈足迹,遍访祖国大江南北,了解祖国的历史,记录祖国的繁荣昌盛,采访英雄模范,用他们的慧眼,他们的文字、画笔赞美祖国的大好河山,记录下祖国建设的伟大成就。"我是行动者"聚焦北京市垃圾分类新规,引导学生从研究角度出发参与到垃圾分类的宣传与践行中。同学们借助报告书,通过观察、走访、统计等方法,了解家庭、社区、城市乃至不同国家垃圾分类情况。通过计算对比,学生们找到先进的垃圾分类的方法和措施,通过家庭会议、社区宣传投入到垃圾分类知识普及中,让身边的人们都参与到垃圾分类的行动中去。

2. 分级任务保障学生力所能及

项目主题确定后,我们就该引导学生在这个大主题框架内,寻找到适合自己的任务。这些任务不是单独零散存在的,而是相互关联的。通过完成系列任务,我们引导学生深入思考、进阶研究。这些任务将促进学习资源中与主题有关的内容不断从隐蔽、潜在的学习资源转化为显性、正式的学习内容。

我校采取在项目学习任务书中设置任务索引的方式帮助学生分解主题下的系列任务。任务索引首先把大的主题细化为五站,指导学生经历研究的整个过程(是什么,为什么,怎么做),体会从事研究的基本路径;每一站再细化为低、中、高三个年段,学生根据自己的兴趣选择感兴趣的小任务,同时能够看出不同年段的能力进阶;每个小任务,明确"做到什么样子",但对具体的做法没有具体要求,从而激发学生从自身出发选择适合自己的方法完成。例如,将"我是行动者"(研究垃圾分类)项目主题依次分为五个任务,引导学生开展学习活动。

 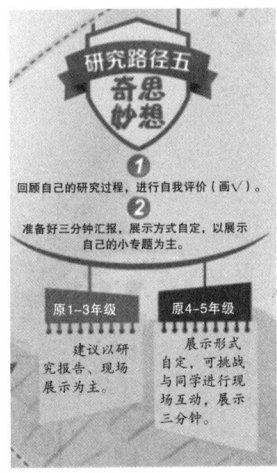

图4-1 "我是行动者"项目主题下五个任务

3. 开放问题保持学生灵动创造

一般来说,问题一般可以分为封闭性问题和开放性问题。封闭性问题是指事先设计好备选答案,问题的答案被限制在备选答案中,回答者从备选答案中挑选自己认同的答案。开放性问题则与之相反,答案有很多种可能性,是需要进一步解释和说明的。

开展项目学习所设计的驱动问题应该是开放性的,不是轻易就能解决的。它要求学生有高级思维,并要求他们对信息进行整理、综合、分析、判断。当然在设定驱动问题的时候,我们也要考虑可行性,既要考虑学生是否能够在某一段时间内完成,也要考虑可用的资源和学生的技能水平。

我校在"桥"主题项目实施中以年级为单位,按照认识事物的规律,采取"循序渐进螺旋上升,侧重不同兼顾包含"的思路,通过下表中的问题对不同能力层级的学生在不同方面进行提升,构建出能力发展的框架。

表4-1 翠微小学"桥"项目驱动问题分析表

	语言	逻辑数学	空间视觉	肢体运动	音乐韵律	自然智能	内省智能
理解(一、二年级)	介绍一座你去过的桥。可以是一首小诗、一篇散文……	用数字、测量等方式,介绍一座桥。	仔细观察桥的结构,运用剪、撕、贴、画的形式进行创作。		与家长一同找一找有关桥的歌曲、乐曲、儿歌。	了解桥周边的生态,用照片记录,介绍桥周边的动、植物。	
应用(三、四年级)	以说明文的方式清楚地介绍一座桥,包括历史、地理等因素。	搜集相关数据,如桥的体积、长度、用料量等,完成关于一座桥的介绍。	画有关桥的黑白画、线描画等,进行儿童画绘画创作。	根据学校现有器材,创编一个与桥有关的游戏。	根据一、二年级提供的乐曲,进行舞蹈创编。	用相机、摄像机记录桥周边的生态,制作PPT,讲述你的发现。	与父母、同学一同参观一座桥、完成一项任务,在其中享受与他人合作的乐趣,反思自己的行动。
评价(五、六年级)	以演讲的方式,综合介绍一座桥,要融入你对这座桥的观点及你和桥的故事。	确定一个研究主题,通过综合运用数学、科学等研究方法,进行研究,并得出相关结论。	拍摄桥的照片,并给予简单的文字介绍。	搭建桥的模型。	通过大量的演唱桥的歌曲,对桥有了了解,有感情,能够创编赞桥的词,谱写有关桥的歌曲。	用摄像机等影音工具记录桥周围的声音、影像,以此阐述自己的观点。	

当然驱动问题也可以设计成生活当中的两难问题，这类问题也能够激发学生学习的兴趣。在研究垃圾分类相关内容时，就有学生提出了这么一个问题"在城市里建造垃圾处理厂合适吗？"这是一个非常专业，却又难以直接回答的问题，其中利弊因素的存在导致不同人群会有不同的结果。虽然它没有唯一的正确答案，但如果作为某一站的探究问题，却能让学生学习很多垃圾回收、运输、处理的相关知识。

（二）以促进学生核心素养发展为导向

2014年3月，《关于全面深化课程改革落实立德树人根本任务的意见》（教基二〔2014〕4号）第一次明确提出"核心素养"这一概念，并提出要"研究制订学生发展核心素养体系和学业质量标准"。此概念一经提出就得到了教育工作者的广泛关注，"是个人终身发展、融入主流社会和充分就业所必需的素养的集合，这些素养是在现代民主社会中，为儿童和成人过上有责任感和成功的生活所需要，也为社会应对当前和未来技术变革和全球化挑战所需要"。

学生发展核心素养，主要指学生应具备的，能够适应终身发展和社会发展需要的必备品格和关键能力。研究学生发展核心素养是落实立德树人根本任务的一项重要举措，也是适应世界教育改革发展趋势、提升我国教育国际竞争力的迫切需要。面对新课程改革的需要，学校要顺应时代，培养具有综合性素质的人才，以发展学生的核心素养为目标，着重提高学生的主体地位，让学生在真实的情境中解决问题、构建知识体系，这与项目学习的理念不谋而合。

项目学习打破了以"讲授"为主的传统授课模式，注重发挥学生的主体性，凸显了学生的自主学习、合作探究，关注学生的全面发展，培养学生适应社会的能力。

1. 引领学生人文底蕴和科学精神

文化是人存在的根和魂。文化基础，重在强调能习得人文、科学等各领域的知识和技能，掌握和运用人类优秀智慧成果，涵养内在精神，追求真善美的统一，发展成为有深厚文化基础、有更高精神追求的人。人文底蕴，主要是学生在学习、理解、运用人文领域知识和技能等方面所形成的基本能力、情感态度和价值取向。科学精神，主要是学生在学习、理解、运用科学知识和技能等方面所形成的价值标准、思维方式和行为表现。

项目学习本质是以问题解决为载体，通过对问题的探究，使得知识学习与认知发展融于问题解决过程中。在项目学习过程中，书本与生活、知识与经验、素养与应试、面向未来与着眼当下融合在一个项目之中，学生的知识及技能获得与思维发展融为一体，"学"与"用"有机整合在一起，共同提升学生的文化基础。

以我校2016年三年级实施的"春节的民俗"项目为例：三年级数学学习了公历的"年、月、日"，制作2016年年历时对农历有一定了解，还标注出一些自己喜欢的节日和重要日子。语文三年级上12单元主题为"过年"，该单元介绍了春节的一些习俗。美术学科有面塑基础课程。综合学科学生动手制作过传统节日端午节的粽子。信息课上学生学会电子文件的收集整理。三年级学生已具备一定的搜集整理信息的能力，通过"春节"的项目，把自己课堂知识应用于生活。基于以上学情，我校制订了项目学习层级指标（下表），通过具体任务分解与活动提示，引领学生积累文化。

表4-2 翠微小学三年级"春节的民俗"项目学习层级指标

（人文社会和自然科学部分）

研究向度	任务说明	呈现方式
人文社会	任务一：针对自己对春节感兴趣的几方面内容进行研究性学习，全面、深入地了解春节。（例如：春节的来历；春节的传统活动；记录自己怎样过节的……）	制作一份研究性学习报告展示自己的学习过程和成果。题目自定，用A4纸呈现，至少2~3页。
	任务二：收集有关春节的童谣、传说等文字资料。	记录下你查找的资料，通过讲故事或吟诵的形式进行展示。
	任务三：了解自己家乡过春节的特色饮食、食品来历、制作过程，还要和家人一起制作。	记录你制作的过程（照片），写一篇感受。
	任务四：和家人一起装扮房间。（例如：打扫、贴福字、贴对联、贴窗花、挂灯笼）	
	任务五：自编一副对联，写出来，并说明它的含义。	开学展示你的创意春联，可大可小。
自然科学	任务一：了解春节期间燃放鞭炮给空气造成的影响。（可以拍摄出人们燃放鞭炮后，烟雾对空气的影响）	利用统计的知识，完成一篇研究报告，开学进行汇报。
	任务二：学做一个灯笼，通过电流或是气流，让它能够亮起来或是转起来。	利用学习的几何体，和学习共同体一起完成创作，要有创意。可以利用多学科的知识进行装饰。利用科学的原理让灯笼有新意。
	任务三：养一盆水仙花，观察一下，记录它的成长周期，花开时间等。	拍摄水仙花每天的变化，根据花的变化情况制成统计图。

2. 引导学生学会学习和健康生活

自主性是人作为主体的根本属性。自主发展，重在强调能有效管理自己的学习和生活，认识和发现自我价值，发掘自身潜力，有效应对复杂多变的环境，成就出彩人生，发展成为有明确人生方向、有生活品质的人。学会学习，主要是学生在学习意识形成、学习方式方法选择、学习进程评估调控等方面的综合表现。健康生活，主要是学生在认识自我、发展身心、规划人生等方面的综合表现。

项目情境应该促进学生的学习与社会实际紧密联系。项目学习强调的是所学的知识在实际生活中的运用，因此，项目学习的情境设置不能脱离社会实际，而是要让学生感受到知识对于实际生活的指导作用。一个好的项目情境应该将学生置于社会大背景中，学生所扮演的就是社会中的某一角色。

在开展"垃圾分类"项目研究的时候，我们可以和学校周边的街道社区进行联系，请社区工作人员来向学生讲解小区垃圾分类的实施情况，让学生们对社区实施垃圾分类进行数据收集与分析，并形成建议书。在学生通过探究活动完成项目作品后，我们再邀请社区的居民们共同举办听证会，对项目学习成果开展评价的同时也能再次普及相关规章制度。

此外还以我校 2016 年三年级实施的"春节的民俗"项目为例，通过具体任务分解与活动提示，引导学生健康生活。

表 4-3　翠微小学三年级"春节的民俗"项目学习层级指标（身心健康部分）

研究向度	任务说明	呈现方式
身心健康	任务一：每天利用 20 分钟时间进行体育锻炼，记录下自己心跳的变化。（快走、跳绳、慢跑、爬山等） 任务二：学一学茶艺表演，放松身心，感受心情的愉悦。	每天记录你的活动过程，活动时间，活动的项目。制成每日统计表。 开学展示你的茶艺。

因此，以问题的探究与解决为特征的项目学习是一种追求有意义学习的探究式学习方式。它回归学习的本源：学习的目的不是学习本身，而是

让学习者更好地适应外界，提升生活的品质。

3. 引燃学生责任担当和实践创新意识

社会性是人的本质属性。社会参与，重在强调能处理好自我与社会的关系，养成现代公民所必须遵守和履行的道德准则和行为规范，增强社会责任感，提升创新精神和实践能力，促进个人价值实现，推动社会发展进步，发展成为有理想信念、敢于担当的人。责任担当，主要是学生在处理与社会、国家、国际等关系方面所形成的情感态度、价值取向和行为方式。实践创新，主要是学生在日常活动、问题解决、适应挑战等方面所形成的实践能力、创新意识和行为表现。

想要完成一个项目的学习，除了相关的知识技能以外，组建团队、与人沟通、制订计划、管理方案、运用资源等诸多的能力也不可或缺。学习共同体成员间的及时分享交流有助于建立各种现象与知识间的勾连，更有助于思维激荡，产生新奇的想法，从而培养学生的社会参与能力。

在"饺子"主题下，学生从不会擀皮，到熟练地包好一个饺子，这是爸爸妈妈手把手教孩子们的成果。对学生来说，饺子不仅带来美味，还带来幸福。收到小小的奖状，学生心里是满满的幸福。更有学生通过研究饺子文化，产生了有责任、有义务把中国的象征符号——饺子及其文化发扬光大的想法。

图 4-2 四（3）班胡明道包饺子全过程展示

对"家"主题的研究则为学生提供了一个了解家、爱护家,共同沟通交流的机会。孩子们用稚嫩的双手为自己的家贡献一份小小的力量:他们洒扫庭院,为了家的干净整洁;他们种植花草,为了家的美丽温馨;他们整理房间,为辛劳的父母减轻一点儿负担;他们为父母做一顿简单的饭菜,浓浓的亲情就融入了美食中……高年级的孩子更是上网查找与家风门风有关的内容,了解自古传下来的家训,毕竟传承优秀的传统文化美德,靠的是我们的下一代,是我们可爱的孩子们。小家固然是我们关注的对象,地球作为我们共同的家园也应该得到我们更多的关注。孩子们用自己微薄的力量践行着保护地球的承诺,有的孩子还和父母一起制订了详细的计划。由小及大,学生的责任担当意识被引燃了。

在"灯谜"主题下,学生经历寻灯谜、知灯谜、仿灯谜、挂灯谜、说灯谜、打灯谜等不同站点的研究,这条"了解灯谜→消化灯谜→创编灯谜"之路与很多国家科技创新之路不谋而合。

对"北京地铁"主题的研究,启发学生开动脑筋。他们动手做了地铁模型。瞧!孩子们的想象力真是丰富,他们的模型各具特色:有的用彩笔涂了色,有的做了草坪和树木,有的还能自己开动起来。参观的同学发出一声声赞叹。我们相信会有越来越多的同学开始动脑动手,做出自己心目中的创意作品。

图4-3 "北京地铁"项目学生创意作品展

(三)促进共同体把握真实学习过程

与以往单纯聚焦知识灌输或活动开展的学习不同,项目学习能让学生在问题解决中产生真实的学习内驱力。柯林等认为,促进学习的一个关键要素是让学生在一个体现了知识未来多种应用的环境中完成任务和解决问题，因为"意义的形成最可能发生的情况是植入一些真实任务，促使学习者进行积极的认知活动从而引起概念的转变。在真实的情境中获取的知识，实现了与已有经验体系的融合，因此会保持得更持久，更具有可迁移性"。

上述描述给我们的启示在于揭示了项目学习实际上是拟态学习这一本质，即将死板孤立的知识转化到特定的环境中，使其成为解决某一具体问题的工具。此时，学生不再关注如何学习知识，而是关注如何使用工具。在这一过程中，项目环境是实施项目学习的载体和平台；在这一环境下，学习过程被具象为具体的某一问题的解决过程。

通常，项目学习以学习共同体为单位开展，每个学习共同体都相当于一个独立的项目部，具有独立的运作机制。为了更好地完成项目任务，达成项目目标，需要组内成员紧密配合、相互支持，通过高质量的互动达到资源整合、能力协同的效果。

项目学习通常采用大步慢走的策略。项目学习一般都从项目的发布开始，这个项目当中蕴含的要么是综合化的，具有相当的复杂性和挑战性的大问题，要么是直指本质的核心问题。这就需要学生先要自主认知、澄清问题。

在项目学习的视域下，通过项目让问题所有的复杂性和挑战性都呈现出来，学生直面真实而复杂的问题情境，需要通盘考虑问题的各个方面，自己制订完成项目的规划方案，并且分解成若干需要解决的二级子问题。这样的过程中，知识不再是单纯的知识，而是基于学习情境的意义化的建构，这样的过程是学生建立知识之间的即时联系、把各种分散的知识碎片按照项目要求进行有意义的结构化重组的过程，即自主组织、厘清关系。

在项目学习过程中，学习者变得更有安全感，他们更愿意参与到团队中，更乐于倾听与表达。完成相对复杂的综合性任务需要解决许多纵横交错、跨学科甚至跨学段的问题，这使得学生的选择更多。另外，在拉长的学习过程中，学生会有更多的讨论机会，更易形成深层次的互补、融合、碰撞、取舍。真正有价值、有意义的观念就在这种深度的讨论中缓慢地生成与生长，在不断的自我否定与修正中多次迭代。以上种种，皆需要学生自主表达，分清主次。

1. 自主认知，澄清问题

在开展研究之前，我们需要结合项目主题和各级任务，提炼出若干具有真实性、挑战性以及可操作性的研究问题。真实性，即真实情境下的问题，问题要贴近学生生活，以促使学生积极主动参与其中。挑战性的可贵之处在于对学生来说，若问题过于简单，则无法激起学生的挑战激情，因此问题的挑战性刚好符合或略超学生的最近发展区较为妥当，以发掘学生的巨大潜力。可操作性即项目学习的可行性、可实现性，项目学习问题的提出要考虑项目本身可利用的资源，如人力、物力、时间是否满足项目学习的开展，学生的认知水平、思维能力、综合素质能否达到项目学习的要求等。

由于基于真实情境，问题真实性易满足，挑战性与可操作性不易满足。例如，在"团圆"主题下，让学生提出供研究的问题，大部分学生提出的都是类似"为什么要团圆""团圆时都有什么习俗""团圆的意义是什么"等较为简单的问题。只有个别学生提出类似"我们该如何保护和传承我国的传统节日和传统习俗""疫情之下的团圆现如今已失去了往日的感觉，在这个特殊时期，人们还能找回昔日团圆的传统价值吗"这种有深度、可研究的问题。

很多好的研究问题的提出，往往不是一蹴而就的，需要往复修正。例如，在"家"主题下，学生聚焦小区车辆安全问题展开调查研究。一开始，他们将问题定为"车多吗"和"危险吗"，这两个问题既不明确，又没有明确标准。怎样算多？怎样又算危险呢？学习共同体来到小区实地调查，发现很窄的通行道路两旁停了大量的车，甚至看不到远方的路。他们又回去重新商讨，确定了新的研究问题"小区的车辆有多少"和"小区的交通怎样更安全"。通过对以上两个问题开展调查研究，学生最终得到在力所能及的范围内改善小区交通状况的方案。

2. 自主组织，厘清关系

从学习品质的角度看，项目学习比传统教学更侧重高维度的学习。马扎诺的学习维度框架将学习品质由低到高分为五个维度：态度与感受、获取或整合知识、扩展与精炼知识、有意义地运用知识、良好的思维习惯。传统教学中的学习水平主要停留在获取与整合知识的维度，而项目学习中的学习水平则主要在有意义地运用知识和良好的思维习惯两个维度。

在项目学习过程中，我们特别注重对学生解决问题、创见、决策、实验、调研和系统分析等能力和习惯的培养。这些在马扎诺的学习维度框架当中都属于高品质的学习维度，也恰恰是传统教学中极为缺少的。而且项目学习指向高维度学习并不意味着放弃低维度学习，相反，项目学习是用高维度的学习来统领和指引低纬度的学习，获取与整合知识成为解决问题的一种内在需要。

跨学科的联系在项目学习中更是常态。例如，设计一款"飞行物"，产品当中蕴含的科学原理会涉及科学学科；产品的包装会涉及尺寸、用料、美感，包括了数学、美术、劳动技术等学科；制作产品说明书更多运用到语言表达方面的能力。这些不同学科的知识彼此之间本来可能毫无关联，就因为一个项目而联结在一起，需要综合考虑组织，共同作用。

再如，一个共同体在研究"北京地铁"时，先亲身乘车体验两条线路发现问题（13号线某站站台高度与列车地面高度不同、西郊线某站到达对向站台只可穿行铁轨），再借助问卷调查了解人们普遍关注的问题，继而分析产生上述问题的原因，最终提出可行性建议，并对北京地铁的发展进行展望。回顾整个过程，其组织的严密性与推进的逻辑性皆属上乘。

3. 自主表达，分清主次

项目学习共同体在结束研究后，需要整合自身的研究成果，以及研究过程中出现的疑问与思考，进行课堂展示，并且实现同伴间的交流，促使学习进一步走向深入。教师应完成好以下几方面的任务：一是要调控好小组展示的节奏；二是要依托展示内容，拓宽知识的思考维度或者促进知识的迁移运用；三是要做展示环节相关问题的激发者与思维碰撞的引导者；四是要做理论知识的升华者与展示环节的评价者。

展示的时间有限，通常限时3分钟。怎样才能在如此短的时间内呈现出自己研究的精彩之处？这就需要共同体设计好汇报思路，分清哪些是必须要分享的，哪些是可以见机分享的，哪些是不必分享的。最终选择哪些内容进行汇报往往由共同体的体验经历和性格偏好而决定。同样是"吉祥话"主题下，研究出的成果也较为相近的几组学生，有的侧重介绍吉祥话有哪些，有的侧重阐释吉祥话的由来，还有的侧重重现、演绎吉祥话使用的场景。所谓各花入各眼，哪种表达方式都有其欣赏者，但它们也有着一个共同的前提——认真开展了项目研究。

在"饺子"项目汇报时，有学生用大量篇幅汇报了对"为什么在超市能买到速冻饺子，而有些家庭却自己动手包饺子"这一问题的调研过程与推断结果。推断①：速冻饺子的原料可能不新鲜，因为通过原材料价格的对比，他认为有的商家为降低成本，提高利润，有可能选用不好的、不新鲜的原材料来制作饺子馅。推断②：速冻饺子含有添加剂，不利于身体健康，因为他发现速冻饺子煮熟后饺子皮是半透明的，吃在嘴里有一种滑溜溜的感觉，而家里包的则不然。他通过查阅资料发现，原来有些商家为了提高饺子美观效果和口感，特意在饺子皮中添加了一种叫胶体的添加剂，这种添加剂可能会不利于身体健康。推断③：速冻饺子营养会流失。因为速冻饺子的保质期比较长，一般为12个月。在这么长的时间里，营养肯定会流失。就像刚摘的草莓很好吃，过上几天再吃，水分就不足了，就不好吃了。速冻饺子也是一样，现包的才好。推断④：包饺子体现家庭和谐。因为饺子是团圆的象征，一家人在一起包饺子，也寓意着一家人团团圆圆，幸幸福福。今年春节回老家包饺子，姥爷做馅儿，姥姥和面，妈妈擀皮儿，其他人一起包饺子。全家人一边包饺子，一边又说又笑，其乐融融。这就是一种幸福和快乐!

(四) 创设多级成果展示平台

项目成果展示是指学生在完成项目作品后,各学习小组之间相互交流学习过程中的经验和体会,并且将自己的项目作品(类别见下表,不限于此)和同伴分享及开展实际运用的过程。成果展示的形式也是多种多样的,根据项目作品的不同,可以是一场报告会,也可以是一场展览会,甚至是一次产品质量测试或比赛。成果展示时可以根据项目的规模及项目类型邀请相关的观摩者,如学校的领导、家长、社区居民代表、相关领域专家等。

表4-4 翠微小学项目学习层级展示细目表

展示主体	展示形式	展示主题				
		言语类	数学类	动觉类	音乐类	综合类
个人发布	学生在班级发布自己的研究成果,并且用自己喜欢的方式进行成果展示,可以是PPT,可以是微电影,可以是研究报告,可以是作品呈现。	故事、演讲、戏剧创编	研究报告、调查问卷	模型展示、视频制作	歌曲、儿歌、舞蹈	图画、摄影作品、杂记、散文、说明文、报告文学
年级分享	班级推荐优秀成果在年级分享,走班进行交流,同学们可以点赞,评选出自己心目中的最佳作品。					
学校汇集	学校汇集学生成果,出版研究专辑,推荐学生成果。	学校汇集学生成果,出版主题研究专辑,推荐学生专项成果。				

我校在"四特"目标引领下,以项目成果展示将项目学习活动推向高潮。各校区在"一校一特质"统领下发展"一园一特色",借"一师一特点"引导培养"一生一特长"。

1. 一校一特质,隽誉广流传

无论学校怎样扩大,学生增加多少,传承发展的原则不会变,翠微小学坚持"四特"的发展目标，对"翠·微"教育高品质的追求不会变。

以"桥"项目为例，学校在前期根据年级的特点和联系，将"桥"这一主题作为一个导引的线索，划定供不同年级学生探讨的本学科的不同知识内容，对可以在不同年级共同使用的学科素材提出不同的学习目标，从而保证了国家课程中学科知识的有效落实，也达成了对学科知识的学习和融通。

在"桥"的研究活动中，"桥"作为生活中的一个实体目标，成为了学生一个崭新的学习内容，它以全方位、立体、交叉而且自主的学习方式代替了以往分学科学习的模式。学生用画笔画桥，用相机拍摄桥，用文字记录桥，用诗句赞美桥，用数据计算桥梁的承重，用不同材料制作能承重的桥，设计奇巧的桥，用录制视频、编写歌曲等各种方式表现多姿多彩的桥……那一幅幅充满奇思妙想的画作，一张张取景巧妙的照片，一个个平凡而独特的视频，一场场声情并茂的演讲——学生们以独特的视角和感悟展示着他们对"桥"的不同理解。

除此之外，各年级在学校统筹安排下，开展跨年级活动，为学生搭建丰富的成果交流展示平台。最终，学校优中选优，将优秀成果收集于北校区，设立"桥博物馆"，打造成果传承的载体。此馆建成后，多次接待我校学生和社会团体组织的参观考察活动。

(1) 环保出行，聆听"桥"的世界（一至六年级）

活动内容与效果：听桥、走桥活动。"六一"儿童节，学生们和桥亲密接触，感受快乐，感受研究的乐趣。

(2) "我与桥的故事"演讲活动（一至五年级）

活动内容与效果：同学们通过创编演讲稿，发展了语言思维，促进了语言积累，在演讲的过程中锻炼了口语表达能力，获得自信。

(3) "'桥'文化"百科知识竞赛（三、四年级）

活动内容与效果：前期学校下发了"桥"的知识百科资料，让学生更深入地了解桥的作用、桥的结构和桥的文化。在此基础上各班进行班级竞赛，最终两个年级每班选派 5 名代表参与竞赛，组成了 30 支代表队，共 150 人。阶段性的知识普及活动帮助同学们加深对桥文化的认识，在学生中间掀起了学习桥、走进桥、欣赏桥和研究桥的高潮。

（4）纸桥承重比赛（五、六年级）

活动内容与效果：多次头脑风暴之后，学生的新奇想法不断涌现，有的组用榫卯结构连接，有的组用纸沾上胶水当作胶带使用……真是八仙过海，各显神通！

2. 一园一特色，大咖秀才艺

看完学校整体活动，各个校区又会有怎样的精彩呢？以"灯谜"项目为例继续带您走进不同的翠园。

"灯谜"——2018 年开年的第一个项目主题，不同年级的学生在寒假中，经历寻灯谜、知灯谜、仿灯谜、挂灯谜、说灯谜、打灯谜不同站点的研究，自主选择适合自己的研究内容。同学们了解了灯谜的起源，灯谜的历史；走进庙会，逛一逛灯会，感受灯谜文化。同学们和家长一起制作各式各样的灯笼，并自创许许多多灯谜，最后形成项目学习研究报告。开学后，同学们在周三进行了班级项目学习展示。在挂灯谜一站，同学们把带来的五花八门的灯笼挂在了学校的门厅、楼道、操场。

"一曲笙歌春如海，千门灯火夜似昼"。每年的猜灯谜、吃元宵、赏花灯等种类繁多的元宵活动，将春节气氛推向高潮。2018 年 3 月 2 日，翠微小学各校区在"灯谜"项目学习的陪伴下更是给热闹的元宵佳节增添了独特的风采。让我们来逐一领略吧！

（1）本校区

在本校区，各个班级评选出的最佳自创灯谜在操场进行现场竞猜。以班级为单位，老师组织同学们进行竞猜。同学们争先恐后，表现出了极大的热情。从猜字谜到猜俗语，从猜地名到猜日常用语，这些谜语涉及知识面广、趣味性很强。在近一个小时的活动中，整个校园充满着欢声笑语，孩子们的脸上洋溢着灿烂的笑容。

校园中，五彩缤纷的花灯高高挂，学校门厅的展板上张贴着孩子们制作的项目学习研究。把特色花灯布置在站台上，妙趣横生的灯谜让全体师生不由得驻足流连，校园里洋溢着浓浓的节日气氛。虽然参与猜灯谜活动的学生人数较多，但整个活动井然有序。

"灯谜"基于项目学习系列活动，让同学们在生活中感知文化之魅力，欣赏艺术之美妙，体验创作之乐趣，回归应用之自然。

图 4-4　本校区"灯谜"成果展示活动——猜灯谜

(2) 西校区

在这之前，西校区分享展评活动尽显同学们的研究风采。各班的展示活动内容多彩、形式多样。有的孩子把搜集整理的资料绘制成图文并茂的小报，生动地介绍了灯谜的发展历程；有的则是制作了精美的PPT，详细讲解自己制作灯笼的过程和收获；还有的同学创作出有趣的灯谜，引得同学们连连赞叹。

元宵节终于到来啦！各班张灯结彩猜灯谜。看！同学们有的凝神思索，有的喜笑颜开，有的得意洋洋，有的恍然大悟。他们都沉浸在灯谜的文化魅力中。中午的全校"游笼"展示，把整个项目学习活动推向了高潮。各班同学代表提着各式各样的灯笼组成了两条长龙，穿行在全校师生中。形态各异、千姿百态的灯笼使同学们大开眼界、赞叹不已！你看，透明的一次性水杯在孩子的奇思妙想下变成晶莹剔透的艺术品；那一个个小小贝壳通过孩子的巧手变身为绚丽奇特的可爱杰作；多彩的折纸也成为了孩子们创作的素材……每一个灯笼都是一个奇妙的想法、一段美好的体验、一次快乐的成长。

图4-5 西校区"灯谜"成果展示活动——游笼

(3) 北校区

在这个欢乐的日子里,翠微小学北校区的学生迎来了猜灯谜活动。在喜庆的音乐背景中,学生们开始赏花灯、猜灯谜。顷刻间,学校成了欢乐的海洋。五彩缤纷的花灯大部分是同学们独立完成的,从设计到剪裁,它们可谓全球限量版。低年级的小同学在家长的帮助下也亲手制作灯笼,感受动手的快乐。各种各样的灯谜使同学们产生了浓浓的兴趣。瞧,同学们正踮起脚尖查看灯谜内容,聚精会神地思考着谜底。同学们三五成群地来到灯笼下,有的驻足思考,有的轻声交流,有的抄写灯谜,他们尽情地在灯谜的海洋里遨游探索。猜灯谜活动在同学们的欢声笑语中接近尾声,同学们的脸上还洋溢着灿烂的笑容。回到教室同学们意犹未尽,他们有的互相比试看谁猜对的灯谜多,有的交流着猜灯谜的感受。

图4-6 北校区"灯谜"成果展示活动——猜灯谜

(4) 东校区

"谁家见月能闲坐？何处闻灯不看来？18 点 30 分，东校区操场上热闹非凡，老师、学生、家长朋友齐聚一堂，大家一起倒计时点亮了美丽的翠微之夜。元宵佳节是中国重要的传统节日，在今晚，舞龙舞狮、踩高跷、吹糖人……让孩子们在欣赏中重温传统节日的习俗。看，师生们都被吸引了。

赏花灯、猜灯谜，是元宵佳节不可或缺的项目，美丽的花灯映亮了孩子们的脸，精巧的灯谜开启了所有人的智慧。这 2 000 多则灯谜都是东校区孩子们精心搜集来的，其中有很多是孩子们自己编写的，为他们点赞！

"翠微之夜"不仅仅有对美的欣赏和惊叹，还有让孩子们喜欢的体验活动。同学和家长可以通过"评选最美花灯""猜灯谜"等活动获得相应积分，用积分体验做元宵、吹糖人、舞龙舞狮等项目，感受传统文化的魅力。

"凤箫声动，玉壶光转，一夜鱼龙舞。"欢笑声、鼓乐声温暖了东校区，孩子们捧着元宵、提着灯笼穿梭在校园中，把元宵佳节的节日气氛推向高潮。

图 4-7 东校区"灯谜"成果展示活动——夜游园

3. 一师一特点，相映更成趣

我校在交流展示阶段通常采用"班级—年级—校区—学校"的形式，教师在此阶段也可大有作为，既有指点学生展示之责，又能在学生发布过程中有所收获。因此，这是一个教学相长、相映成趣的好机会。

班主任作为学生的大朋友，可以组织学生根据项目主题布置各级展示场地，烘托发布氛围，还可以结合量规组织评价，一方面引导学生思维碰撞互相评价，另一方面从教师角度进行评价，共同帮助学生继续优化产品。

学科教师作为学生的专业导师，主要帮助学生在人文社会、自然科学、艺术审美、身心健康中的某一领域进行挖掘，深入思考。下面我们就以自然科学领域为例看看学科教师是如何发挥作用的吧！

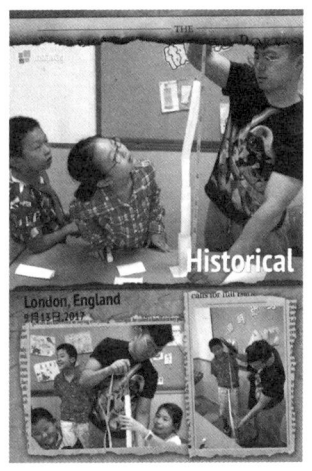

图4-8 科学课上挑战纸

（1）日常课研究

在"纸"主题下，孩子们依靠自己的聪明才智开展了挑战活动。一张A4纸，十分钟之内徒手能把它变多长？三张A4纸到底能搭多高？东校区的同学们告诉你他们的答案——分别是603厘米和138厘米。

（2）研讨会展示

老师与大家分享了一节基于灯谜的项目学习课程。在了解传统灯笼和现代灯笼的结构、用途、形状、颜色、工艺等特点的基础上，老师引导学生运用已有的学科知识与技能，自主探究、动手实践，设计一盏创意灯笼。孩子们在小组合作、学习、交流中发现问题，在动手实际设计过程中寻找答案，在不断整合、调整、审视中完善设计，找到最佳的方案以及更先进的技术解决遇到的问题，最终完成作品。在整个学习过程中，教师给学生提供了一个"不干涉"的学习环境，主要以辅导、提示的方式引导学生按照自己的想法一步一步进行设计，即使失败，也要不断反思。

图4-9　借"灯谜"项目经验探究科学课内容

4. 一生一特长，各自展风华

有了学校和老师精心搭建的平台，学生们只管放飞自己的精彩就好啦!

（1）厚积于校内展示

2016年9月，又是一个硕果丰收的季节，翠微小学西校区各年级学子正在紧锣密鼓地为暑假"家"项目学习活动的展示与交流活动做准备。

家是一把美丽的伞，能给你一个温情的世界，能为你遮挡人生路上的风风雨雨，能为你抵御骄阳的灼晒。家永远都是一个温馨的主题，它是一片宁静的港湾，岁月之舟会在这里找到停泊的锚位。那么就让我们一起来欣赏翠微小学西校区二、三、四年级的学子的风采吧！

二年级的小同学作为"家"的一员，能够主动承担家务做一些力所能及的事情。这体现了孩子热爱劳动、从细小处体贴父母的良好行为习惯。好习惯的养成要从小事做起。在家务劳动中，学生从几个角度分析了整理房间的步骤和方法，运用数学的分类标准和理论，总结出了适合自己

图4-10　二年级"家"成果展示

的方法。学生通过绿植美化、收纳整理等方法使居住环境变得整洁美丽。优美的环境和舒畅的心情使学生能够更好地学习和生活。学生在爸爸妈妈

的帮助下把不用的物品进行了捐赠,他们播种了爱心,收获了自己内心的满足。

我变,我变,我变变变!围绕着"家"这个主题,翠微小学三年级的同学们十八般武艺齐上,开始了"七十二变"!在多功能厅,"我"变身健身小达人,带领着三年级的同学们学习自创的健美操,整个会场瞬间沸腾,运动的激情被"我"点燃!

四年级各班通过班级内展示、交流,各推选出一名优秀学生代表作为班级"代言人"到本年级各班进行巡回演讲。"家"的内涵丰富:小到自己的家庭,大到社会的"大家"。孩子们用心观察、用脑思考、认真调研并记

图4-11 四年级"家"展示

录了自己独特的"家",如创编新游戏和新乐谱,搜集展现家乡翻天覆地的变化的图片;介绍自家的传统家风家训,对小区内垃圾分类相关数据进行统计,了解某种植物特点等。同学们通过精心设计的PPT、手抄报、观察照片、实验操作等多种方式呈现自己精心研究的成果。每一次展示,都让我们看到了同学们的智慧。代表们各具特色的精彩内容,得到了同学们一阵阵热烈的掌声,也让作为观众的广大师生开拓了眼界。

(2)薄发于校外活动

2016年海淀区中小学科技节开幕式共两项活动——启动仪式与学生体验。我校以近年来开展的最具有影响力的"桥"项目学习为基础,将"纸承重"作为本次活动的体验主题。仅一会儿的功夫,我们的展位便聚集了来自海淀区各中小学的学生代表。他们或团队作战、或个人行动,以2张A4纸为原材料,搭建自己认为"承重力"最好的纸结构,接受来自"字典"的挑战。

学生、教师越聚越多,忽然间,人头攒动,来自现场的几位同学的作

品已经承重超过 35 本书。此时，一个熟悉的身影出现在了人群中，他就是我校已经毕业两年的学生——林睿。两年前，我校许许多多的孩子都参与过"桥"项目学习活动，林睿便是其中最具有代表性的一位。那一年他五年级，代表班级参加承重比赛。当时的重物为一本本小册子。同样的工具，他的作品以稳定结构等优越性，成为了那次比赛的优胜作品。他的作品共承重了 240 本书。这是他与翠微小学未完的故事，也是众多如今身在海淀区各中学的翠微学子与翠微小学未完的故事。那些年的翠微学子，如今各校优秀的科技特长生们纷纷走进翠微小学的展位，或参与活动，或与老师交流，在这个起风降温的日子里，为这次活动更添一份温暖。

图 4-12　海淀区科技节开幕式体验活动

图 4-13　我校毕业生追忆当年参与"桥"项目学习挑战活动

第五章

项目学习的评价方式

评价是教育教学的重要组成部分，在项目学习活动中，评价更是项目学习活动顺利实施的基础。高质量的项目学习评价可以更好地发挥评价导向、激励、诊断、改进教学等相关功能，从而促进学生的发展、教师教学水平和学校办学水平的提高。

我校项目学习评价以促进学生发展为价值追求，关注到评价对象、评价目标、评价主体、评价时机和评价反馈几个方面，在多年探索、实施与改进的过程中，逐渐形成了一套科学化、人本化、特色化的评价方式。

一、依据什么设计项目学习评价

项目式学习评价强调主体多元、内容全面、标准合理、方法多样，以此保证评价的科学化和人本化。基于这样的理念追求，我们在最初设计评价前，通过查阅相关资料，在多年来学校已有教育教学评价经验的基础上，正确把握方向，遵循自顶而下的设计思路，以设计特色化的项目学习评价为方向进行努力。

（一）项目学习评价理论基础

为了能够使项目学习评价真实有效地落地，适合学生发展，适应教育评价改革，我们以国家文件精神为指导思想，以国内外经过验证的具有科学性和实践性的教育教学理念为理论依据，将其进行有机融合。

1. 适应新时代教育评价改革

2020年10月13日，中共中央、国务院印发了《深化新时代教育评价改革总体方案》，方案强调要加快完善各级各类学校评价标准，促进学生德智体美劳全面发展。相比于传统教育，现如今的新时代教育更适应现代思维方式的整体性、中心性等特点，更倾向于采用多元化的评价方法，提倡轻松的师生交往，提倡培养学生的反思批判精神。

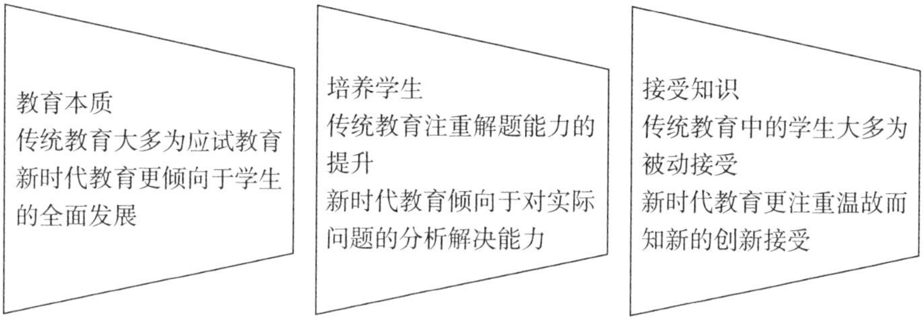

教育本质	培养学生	接受知识
传统教育大多为应试教育 新时代教育更倾向于学生的全面发展	传统教育注重解题能力的提升 新时代教育倾向于对实际问题的分析解决能力	传统教育中的学生大多为被动接受 新时代教育更注重温故而知新的创新接受

图 5-1　新时代教育与传统教育区别

综上所述，新时代教育评价提倡教育评价功能、教育评价标准及教育评价主体的多元性，通过传授更为多元综合的知识，全面塑造学生的教育品格。

2. 建构主义评价理念

从本质上讲，项目学习评价是在建构主义教育思想和教育理念共同作用下形成的创新型教学模式，将建构主义评价理念应用到项目学习评价系统中，可得到如下启示：

①相较于传统评价理念主要探究学生对课本知识和专业技能的硬性掌握能力的特点，建构主义评价则更偏向考查学生在真实情境下，表现出来的知识建构、分析问题和解决问题的能力。

②建构主义评价理念不局限于知识点和技能的获得，还包括人际交往能力和团队协作能力的提高。

③建构主义评价理念尊重个体的差异，强调评价过程中评价方法和评价标准的多元化。

3. 基于真实情境的表现性评价

20 世纪 90 年代，美国教育界构建了一种新的学生评价观——表现性评价。对于表现性评价的含义，多个权威机构和学者给出了不同的界定。

美国技术评价办公室在 1992 年 2 月出版的《美国学校中的测验：提出正确的问题》一书中将表现性评价界定为："要求学生创造答案或成品

展示它们所知和能做的。"①

瑟洛指出:"表现性评价是要求学生去创造一个答案或成品来展示它们的知识或技能。"②

霍华德·加德纳认为,评价要直接针对表现:"我们所看重的是表现本身,不管是语音的、逻辑的、艺术的表现,还是社交方面的表现。"③

综上所述,无论如何界定表现性评价,与传统学习评价相比,其评价目标不再只是在知识领域,而是聚焦学生的能力、思维。同时,表现性评价也不仅仅是聚焦学习结果,还有学习过程,这与项目学习所追求的目标达成是高度融合的。

(二) 项目学习评价遵循原则

在设计项目学习评价时,遵循一定的评价原则是保证评价有效实施的基础。为此,我们查阅并分析了诸多关于评价的书籍与文献,确定了六个主要遵循的原则:

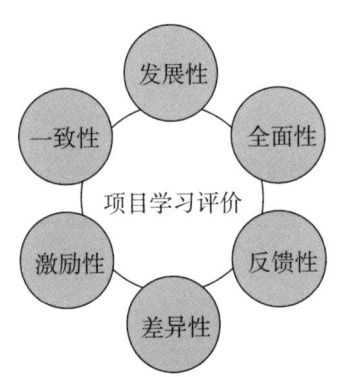

图 5-2　项目学习评价遵循原则

1. 发展性原则

在日常教学活动中,我们可以清晰地感受到,学生需要面临日益复杂

---

① Bussey Jones, Jada, Henderson. Testing in American School: Asking the Right Questions [J]. Office of Technology Assessment. 1992: 52.
② 周文叶. 中小学表现性评价的理论与技术 [M],上海:华东师范大学出版社,2014: 45.
③ 周文叶. 中小学表现性评价的理论与技术 [M],上海:华东师范大学出版社,2014: 46-47.

的社会变革，其发展必然是动态的。由此可见，项目学习评价的目标指向应该是高落位的，即促进学生发展，使学生能够面对和适应未来不断变化的生活环境。因此，在设计评价时，我们时刻都在考虑是否关注到了不同基础学生的发展空间，而不仅仅是将评价变成选拔的一种途径。

2. **全面性原则**

对于学生来说，参与项目学习的目的不仅仅是某一学科知识的获得。由此可见，项目学习评价所涉及的评价维度较传统试卷要更加全面，需要将知识与技能、过程与方法、情感态度与价值观相结合进行综合评价，从而完成从单一的考查学科知识到考查学生运用跨学科知识解决问题能力的转换。因此，在设计评价时，我们要从许多方面进行考量，以此确定科学的评价维度。

3. **反馈性原则**

小学阶段学生的认知能力还在不断发展中，他们对于学习的把控能力相较于中学阶段的学生来说较为薄弱。我们发现许多学生在以往的学习中容易在开始前不知所措，即不知道自己应该做些什么，在遇到问题时也不知道应该如何解决。因为我校项目学习的时间通常是在假期，教师无法像日常课堂学习或在校时那样时时刻刻在学生身边进行答疑解惑，所以我们充分遵循反馈性原则，设计了不同的评价体系，以期关注到学生自我学习、学习共同体之间合作以及教师对于学生学习过程与结果的反馈。

4. **差异性原则**

在实施项目学习过程中，我们坚持全校一个大主题的项目学习活动方式，例如桥、飞行物等。当学生面对同一个主题时，他们的差异体现在哪些方面呢？首先是学生的年龄差异，不同年级的学生对于主题的理解和所要通过项目学习达成的目标是具有差异的，因此要尊重年龄特点，评价要符合学生的认知。其次，学生在同一大主题下，项目学习成果是不同的。例如在地铁大主题中，低年级的学生更多的是完成任务书中的研究报告，而高年级的学生则通常选择以数字化作品的形式呈现学习成果，例如介绍北京地铁的视频等。最后，针对不同类型的项目学习成果，学生采取的展示形式也是有差异的。例如有的学生用研究报告汇报，有的学生表演情景剧，即使是同一主题同一类型的项目学习成果，学生的展示形式也是具有差异性的。例如在"对联"主题项目学习成果展示时，有的学生采用自创相声的形式进行展示，有的学生则采用写对联结合演示文稿的形式进行展示。因此，在设计几个评价体系时，我们特意关注了不同年级学生之间的差异，通过总结不同项目学习成果背后所能体现的学生能力进行评价维度的设计，以应对学生的差异性问题。

图 5-3　针对同一项目主题学生不同形式的展示

5. 激励性原则

我校寒假的项目学习活动总时长在 2 个月以上，暑假的项目学习活动时长在 3 个月以上，学生参与如此长时间的活动，在过程中难免会产生厌倦情绪，因此，如何通过项目学习评价激励学生保持学习兴趣显得尤为重要。首先，在项目学习过程中，我们要求教师通过口头鼓励的形式维持学生项目学习的动力。其次，在开学初的项目展示过程中，我们让学生以班级或校级为单位进行成果展示，使其在体会到学有所用的基础上，客观听取他人建议，反思自己的不足，并加以改正。最后，通过项目学习评价的选拔功能，为在项目学习过程中表现优异的学生颁发奖品和证书，使学生获得学习的成就感，以此激发学生参与项目学习的热情。

6. 一致性原则

项目学习评价的对象是学生，即通过评价促进学生全面发展。然而在实施过程中，我们也深刻认识到了教师在评价设计尤其是实施过程中的重要性。一方面，教师能否客观、科学地实施项目学习评价，决定着项目学习评价的效果。另一方面，教师能否为学生进行有效的评价指导，决定了学生参与评价的质量。因此，在实施项目学习评价过程中，我们通过相关有针对性的培训使参与教师重视项目学习评价，从而保证评价态度、评价标准和评价方式的一致性。

二、如何设计项目学习评价体系

项目学习评价是项目学习活动的重要有机组成部分和实施基础，在遵循发展性、全面性、反馈性、差异性、激励性和一致性原则的基础上，通过三个评价体系的设计，充分发挥评价的相关功能，促进项目学习活动中学生核心素养的提升。

（一）明确评价对象，确定评价目标

在开始设计项目学习评价前，我们先对项目学习与传统课堂学习的意义进行了有效区分，从而厘清学习评价在项目学习中与传统课堂学习中的不同目标指向和功能作用，进而明确项目学习评价对象与目标。

1. 评价对象围绕学生的综合表现

在传统课堂学习中，学习评价通常是以纸质试卷的方式进行，其评价目标主要是考查学生对于相关学科知识的掌握情况。项目学习有别于传统课堂学习，其最直观的特点便在于体现"以终为始"的精神、学习共同体的参与、跨学科知识或技能的运用、项目学习成果（项目作品）的产出。

但是，我们发现，在许多项目学习评价案例中，学校或教师为了将项目学习评价与传统课堂学习评价进行区分，将项目学习评价对象由学生变为了项目学习成果，于是很多评价呈现出的结果仅仅落位在了对项目学习成果进行评价。

从这个真实的问题出发，我们再一次审视了完成项目学习的过程。学生需要在完成项目学习的过程中对项目学习成果进行规划、制作、展示

等。由此可见，项目学习成果其实是学生掌握相关学科知识和运用跨学科知识或技能解决问题能力的一种体现，其综合表现了学生的核心素养。因此，在确定项目学习评价对象时，我们不能仅仅单一评价学生或单一评价项目学习成果，而是需要从两个主要方面进行考虑，使评价全面且有意义。

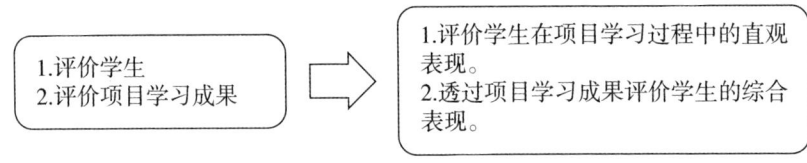

图 5-4　评价对象的改变

综上所述，无论是评价学生在项目学习过程中的直观表现，还是透过项目学习成果评价学生的综合表现，评价对象始终都应该是参与项目学习活动的学生。

2. 评价目标聚焦高阶能力的提升

学生的综合表现需要哪些能力做支撑？在设计好项目学习活动驱动性问题和预期项目学习成果后，我们就开始梳理和确定学生在完成项目学习成果过程中可能并且需要运用的相关能力的目标的预期达成情况。

美国著名的心理学家加德纳曾提出多元智能理论这一概念。多元智能理论强调：人的智能模块存在八个相互独立的区域，每个人都是这八种智能模块的不同排序组合，从而形成相对独立的个体。这八种智能模块分别是：①以说话、阅读和书写能力为代表的语言智能；②以逻辑分析能力为代表的数理逻辑智能；③以辨别环境方向为代表的视觉空间智能；④以辨识和表达音律能力为代表的音乐韵律智能；⑤以行为能力为代表的身体运动智能；⑥以能够与人友好相处为代表的人际交往智能；⑦以认识、洞察和反省自身为代表的自我认识智能；⑧以能观察自然的各种形态对物体进行辨认和分类、并洞察自然或人造系统为代表的自然观察智能。

在我国，钟志贤教授曾提出知识时代人才素质注重的九大能力，包括创新、决策、批判性思维、信息素养、团队协作、兼容、获取隐形知识、自我管理和可持续发展能力。赵彦生教授以人才素养模型为基础，对当代研究生应具备的科研能力进行了研究：知识结构自我完善能力、发现科学问题的能力、科学实践能力、论文写作能力及创新意识和创新能力。同时顾明远、孟万金等学者也对未来人才所具备的能力进行了深入的研究。

综上所述，我们在设计与实施项目学习评价时，将评价目标指向了7项学生应该具备和提升的能力：

- 研究报告撰写能力
- 语言表达能力
- 亲历实践能力
- 个性表现能力
- 信息检索能力
- 探究创新能力
- 质疑自省能力

这些能力的综合运用，是确保学生顺利完成项目学习的基础。

（二）掌控评价时机，设计评价体系

通常来说，学生经历项目学习的过程，既是学习相关的学科知识的过程，也是运用相关跨学科知识或技能解决真实问题的过程。所以项目学习评价应该是贯穿于整个学习活动，不断发挥评价导向、诊断、反馈、激励等功能。因此，需要在项目学习的不同阶段有针对性地进行不同类型的评价。于是，我们设计了反思性自我评价、过程性评价量规与终结性观察量表三个评价体系，有针对性地侧重不同的评价时机、评价目标、评价对象和评价主体，使项目学习评价能够得到系统化和多样化的呈现。

1. 自我评价体系

学生在经历项目学习时，应该是在不同的环节有策略地运用不同的能力去解决实际问题，从而不断推进自我的成长。如果在这个过程中，学生能够在结合自身实践的基础上，对自己的表现进行客观、细致的评价与反

思，那么对于学生项目学习的体验、自我认知的完善以及自我评估能力的提升都是具有实际价值的。因此，我们设计了自我评价体系，使学生明确目标，进行有效的研究过程，促进其自我反思调整，提高学生学习的自主性。

在设计自我评价体系时，首先考虑的是评价维度。学生是整个项目学习的主体，需要全程参与项目学习。因此，自我评价维度的设计应该贯穿整个项目学习。根据项目学习的相关环节与评价目标能力指向，我们从以下几个维度进行考查：

- 回顾自己项目学习研究过程时的研究报告撰写能力
- 研究过程中的信息检索能力
- 调查分析时的亲历实践能力
- 反思调整时的个性表现能力
- 深度积累时的探究创新能力
- 成果汇报时现场演绎时的语言表达能力

在确定好评价维度后，我们针对具体维度下学生的预期表现以三个层级的形式进行了细致的设计：

（1）研究报告撰写能力维度

在翠微小学项目学习中，研究报告是每位参与学生必须要完成的"指定"项目，其体现了学生作为项目学习主体参与项目学习时实践、反思等相关行为。

通过三个层级的设计，学生可以更加客观地回顾自己在研究过程中撰写的研究报告：报告中是否能呈现出相对完整的研究过程，相关记录是否全面并且有一定的规划，研究报告中能否呈现出自己的独特理解。

表5-1 研究报告撰写能力层级设计

评价维度	第一层级	第二层级	第三层级
研究报告撰写能力	能看出研究过程	记录全面有规划	个性记录见理解

（2）信息检索能力维度

无论是规划项目学习目标、完成项目学习还是制作项目学习成果，学生都需要进行一定的知识储备。因此，良好的信息收集、筛选、处理和加工等信息检索能力为知识储备提供了强有力的支撑。

通过三个层级的设计，学生可以有意识地运用自己的信息检索能力服务自己的项目学习活动，在规划项目学习目标时，对整个还未开始的项目学习进行长期、有效的安排，对项目学习进行中收集的信息进行有效组织，逐步完善规划，使自己的规划始终保持灵活、缜密并且富有一定的弹性。

表 5-2 信息检索能力层级设计

评价维度	第一层级	第二层级	第三层级
信息检索能力	摘抄时罗列记录	整理后有序安排	主题研究有自创

（3）亲历实践能力维度

我校项目学习提倡让学生"走出去"。学生面对真实的问题，走出课堂、走出校园，接触真实的社会。在这个过程中，学生需要通过调查分析来使自己的项目学习拥有数据的支撑。因此，学生是否具有亲历实践能力是项目学习调查结果、数据是否真实有效的基础。

通过三个层级的设计，我们可以考查学生是否能够积极热情地投入项目学习调查分析活动中。具有良好实践能力的学生，能够尝试独立完成调查分析，积累经验；在遇到问题时，能够适当运用相关方法解决，体现自己的思考能力；在此基础上，根据项目主题和规划，勇于、乐于并且敢于走出去，实地收集真实资料，做真实且有意义的调查分析。

表 5-3 亲历实践能力层级设计

评价维度	第一层级	第二层级	第三层级
亲历实践能力	能尝试独立完成	能思考讲求方法	观生活实地收集

（4）个性表现能力维度

学生实践项目学习的过程并不是一蹴而就的，往往要根据自身特点不断地反思调整，从而逐渐明确方向，最终完成任务。因此，学生在反思调整时，是否具有良好的个性表现能力至关重要。

通过三个层级的设计，我们可以考查学生是否在不断反思调整的过程中培养了良好的个性表现能力。学生对自己有较为准确的认识，能够根据自身特点尝试独立完成项目任务；在制作项目学习成果时，能够融入个人的想法，在尝试中有所突破；在此基础上，整个过程都有意识地通过作品表达自己的个人想法。

表 5-4 个性表现能力层级设计

评价维度	第一层级	第二层级	第三层级
个性表现能力	能尝试独立任务	努力尝试有突破	表达丰富凸主题

（5）探究创新能力维度

项目学习的过程既是使用知识的过程，也是学习知识的过程。学生需要进行深入的探究，从而习得相关的知识与技能并进行项目学习成果的制作和创新。因此，学生在制作项目学习成果时，是否具有良好的探究创新能力是需要重点关注的。

通过三个层级的设计，我们可以考查学生是否具有良好的探究创新能力。学生能够尝试根据规划完成项目；在遇到问题时能够独立进行思考，并且敢于尝试；在此基础上，对主题的探索有自己独到、鲜明的创意，从而使自己的项目作品富有鲜明的个性。

表 5-5 探究创新能力层级设计

评价维度	第一层级	第二层级	第三层级
探究创新能力	能尝试独立任务	独立思考有尝试	见解鲜明有创意

（6）语言表达能力维度

项目学习成果往往不是一件孤立存在的作品，是需要学生进行展示和推广，这体现了项目学习的重要性。因此，学生在制作好项目学习成果后，能否通过自己的语言表达让他人关注到成果本身的优势显得尤为重要。

通过三个层级的设计，我们可以考查学生的语言表达能力。学生应该能够有意识地在进行项目作品展示时做到表达清晰，不怯场；进而应该有意识地运用多种策略进行更生动的表达，表现自己的见解；在此基础上，表达时还要能够突出自己作品的鲜明主题，并且可以和观众进行适当的互动，具有一定利用作品表达自己想法的意识与能力。

表5-6 语言表达能力层级设计

评价维度	第一层级	第二层级	第三层级
语言表达能力	语言清楚愿表达	表达生动有见地	主题鲜明能互动

2. 评价量规体系

对于低学段一、二年级（6~7岁）的学生来说，一方面，尽管在项目任务的设定上低学段与其他学段有所不同，但让学生全程单独完成任务仍然具有一定的挑战难度。另一方面，我校项目学习一直以来都鼓励学生以学习共同体的形式进行活动，这可以增加学生与他人进行团队合作的机会。

在设计学习共同体评价量规体系时，评价维度除了合作交流技能外，还需要考虑学生在参与项目学习过程中其他几个方面的具体表现。因此，我们可以从以下几个维度进行考查：

- 学科知识和技能
- 合作交流技能
- 项目规划和管理
- 学习成果展示

同时，我们根据评价维度设计评价三个层级，分别是：需要避免、合格和卓越。除此之外，详细的评价标准为学生进行学习共同体评价提供了有力的支撑。

（1）学科知识和技能维度

学科知识和技能评价量规重点考查学生以学习共同体为单位进行项目学习活动时，其相关学科知识和技能在小组研究主题的过程中，对于组内其他同学来说是否值得借鉴和学习，其研究的主题是否具有一定的价值。

表 5-7 学科知识和技能层级设计

	需要避免	合格	卓越
学科知识和技能	学习共同体： 针对小组研究主题； 缺少应用相关的科学知识； 知识点有误； 缺少运用相关的学科技能。	学习共同体： 针对小组研究主题； 知识点正确； 有明显的学科特点； 合理运用相关的学科技能。	学习共同体： 除了满足"合格"要求外，有实用价值，有创意，主题具有一定价值。

（2）合作交流技能维度

合作交流技能评价量规重点考查学生在项目学习活动整个过程中与他人合作、协作、交流、分享的表现，这也是学生面向未来社会学习时必要的一项基本技能。尤其是对于具有不同学科知识和技能的学生来说，能够与他人进行合作，取长补短尤为重要。

表 5-8 合作交流技能层级设计

	需要避免	合格	卓越
合作交流技能	学习共同体： 设计规划书阶段，没有征求他人意见，缺少学习共同体。	学习共同体： 设计规划书阶段，能征求他人意见，能及时与他人交流，互相补充完善。 实践过程中，学习共同体之间通过交流，发现并解决问题。 成果汇报的内容（文字或其他形式）清晰简洁，无错误。 成果汇报阶段，表达（语言或其他形式）清晰有条理。	学习共同体： 1. 成果汇报的内容，有活动过程中学习共同体的心得体会与反思。 2. 学习共同体汇报的形式，适合研究的主题，形式有创意。

（3）项目规划和管理维度

项目规划和管理评价量规重点考查学生在项目开始前的规划和在项目过程中的管理，这里主要以规划书为载体，通过学生对规划书的设计和修订进行表现性评价。

表 5-9　项目规划管理层级设计

	需要避免	合格	卓越
项目规划管理	学习共同体： 设计规划书阶段，缺少条理。 实践过程中，有浪费时间的现象，没能按时完成研究任务。	学习共同体： 设计规划书阶段，规划的内容有条理。 有效地使用时间，在寒假内完成任务。 成员能够按照规划有序地完成任务，适当调整。	学习共同体： 掌握小组活动进程，必要时，适当进行规划书的修订。 对任务进行排序，有效地使用时间。 预留了一定时间用于成果的完善。

（4）学习成果展示维度

学习成果展示评价量规重点考查学生展示学习成果时的相关表现。对于学生来说，其制作的项目作品融入了自己的思考和实践，而能不能对利用项目作品表达自己的思考和实践是学生数字化学习与创新能力的一种体现。

表 5-10　学习成果展示层级设计

	需要避免	合格	卓越
学习成果展示	学习共同体： 展示过程中，个别成员没有任务。 观众没有看（或听）懂你们组的研究成果。 如果是文本类的成果，缺少对图片和文字比例的平衡。	学习共同体： 展示过程中，小组成员分工合作。 观众能看（或听）懂你们组的成果。	学习共同体： 研究主题突出，成果内容有说服力。 研究成果和形式配合得当。

3. 观察量表设计

项目学习成果展示是我校项目学习活动中学生最喜欢的环节。借助自己或与学习共同体同伴一起制作的项目成果，展示、交流自己或小组对项目主题的深入研究的过程，学生获得了成就感，积累了作品表达的经验。因此，针对项目学习课堂表现的评价不是简单针对项目成果本身进行考查，而是针对学生利用项目成果进行表达的表现进行评价。

在设计项目学习成果发布的观察量表体系时，我们将观察维度分为两大类六个维度：分别是外在表现中的语言表达能力、亲历实践能力和个性表现能力；内在思考中的信息检索能力、探究创新能力和质疑自省能力。

评价等级分为三个层级，具体的评价标准依据学生的年龄进行设计，针对1~2年级、3~4年级和5~6年级略有差别且详细划定评价标准，为能够有所依据地推荐出相关维度出色的学生奠定了基础。

外在表现方面，好的项目学习成果表达应该是能够直接地用语言、肢体行为、表情、相关数字化作品进行的，这些外在表现体现了学生表达的相关能力，因此，外在表现方面的三个维度分别是语言表达能力、亲历实践能力和个性表现能力。

（1）语言表达能力维度

在日常学习活动中，我们发现许多家长和学生不重视口语交际，认为许多学科只要"会写"就可以，对于"能说""会说"的期望值往往很低。但对于项目学习来说，要将自己或学习共同体的项目成果通过自己的语言进行展示、推广，从而得到他人的认可是非常重要的。所以学生在课堂上进行展示时，我们有针对性地根据不同年级在语言表达能力维度进行了评级标准的设计，使教师能够有依据地评选出这个维度表现出色的学生。

表 5-11　语言表达能力层级设计

适应年级	观察维度	第一层级	第二层级	第三层级	本维度表现出色的学生
1~2年级	语言表达能力	声音洪亮 吐字清晰 语句通顺 句意清楚	声音洪亮 语言流畅 注意停顿 句意清楚	声音洪亮 表达顺畅 句意清楚 情感丰富	
3~4年级	外在表现	声音洪亮 吐字清楚 语速适当 能让听众听懂	语句通顺 字正腔圆 主题明确 语言生动	语言准确流畅 有自己的思考 主题突出 表达个性，吸引人	
5~6年级		声音洪亮 乐于交流 表达清楚	发言主题突出 表达流畅生动 与听者互动交流	表达声情并茂 表达抓取亮点 表述突出创新点 与同学互动交流	

（2）亲历实践能力维度

好的项目学习成果是应该可以让观众感受到制作者的用心的，因此，学生任务书研究报告的完成情况便成为了考查学生是否参与、参与程度如何、参与质量如何的重要标准。我们通过对学生在任务书中的记录情况进行评价，从而关注到了学生的参与情况，即亲历实践能力。

表5-12 亲历实践能力层级设计

适应年级	观察维度		第一层级	第二层级	第三层级	本维度表现出色的学生
1~2年级	外在表现	亲历实践能力	完成一次拜年	记录亲身体验过程 记录准确生动丰富	体验过程记录完整 体验记录有个性 表达方式有亮点	
3~4年级			完成一次拜年	亲身实践拜年 感受吉祥话规则 完整记录拜年过程	过程记录完整 表达清晰准确 记录具有个人特色 全程参与实践任务	
5~6年级			完成一次拜年	结合自身特点选材 详细记录体验过程 积累记录民俗文化	过程记录完整 体验记录有个性 独立完成实践任务	

(3) 个性表现能力维度

因为项目学习成果类型的多样化，在课堂展示时，往往很多学生不仅仅是拿着任务书进行口头表达，而是根据自己项目学习成果的类型进行多样化表达。例如，与学习共同体的小组成员演绎情景剧、制作交互性数字化作品与观众互动交流等。因此，在语言表达能力的基础上，针对这样的实际情况，我们设计了个性表现维度的评级标准，以期评选出该维度表现出色的学生。

表 5-13 个性表现能力层级设计

适应年级	观察维度	第一层级	第二层级	第三层级	本维度表现出色的学生
1~2 年级	外在表现 / 个性表现能力	完成每一站的记录任务	版面设计合理 表达清楚准确	记录方式生动 内容真实有趣 具有个人特色	
3~4 年级		有每一站的研究过程记录	记录详细丰富 版面设计合理 表达生动吸引人	记录方式生动 内容真实有趣 个人特色突出 表现力有创意	
5~6 年级		有每一站的研究过程记录	任务主题明确 设计比较合理 表达清楚易懂	主题鲜明有思考 描述设计有个性 个人特色鲜明 版面精巧富美感	

内在思考方面，在设计好外在表现方面评价量规后，我们时常在思考，是什么决定了学生在课堂展示环节中具有良好的外在表现。除了学生本身良好的语言表达能力、个性表现能力等，对于项目学习本身的投入，也至关重要。外在表现其实正是学生内在思考的一种体现。因此，内在思考方面的三个维度我们分别定为信息检索能力、探究创新能力和质疑自省能力。

（1）信息检索能力维度

在信息高速发展的今天，我们发现，在完成项目学习成果制作的过程中，学生需要收集、处理各式各样的资料，通过对这些资料进行筛选、整理，提取出有意义的信息支撑自己的项目学习。有的学生面对海量且繁杂的信息，可以检索得井井有条，这很大一方面体现在了任务书报告单的撰写上。因此，我们关注到了学生的信息检索能力。

表 5-14 信息检索能力层级设计

适应年级	观察维度		第一层级	第二层级	第三层级	本维度表现出色的学生
1~2年级	内在思考	信息检索能力	有研究记录 有研究过程	记录详细丰富 研究过程完整 有发现能提问	过程详尽工整 内容有自己思考 信息呈现有条理	
3~4年级			通过适当记录 看出研究过程	记录比较完整 书写规范工整 内容安排有序 有发现有问题	研究过程清晰 记录方式生动 具有个人见解 资料整理有主题	
5~6年级			记录比较及时 内容全面完整 体现出研究过程	记录工整认真 研究过程比较全面 有自己的发现 能提出问题	记录工整认真 语句表达生动 主题鲜明突出 有亮点巧整理	

（2）探究创新能力维度

正如前期所述，因为项目学习成果的多样性，学生在进行展示的过程中，可以采取多种形式。那么学生在制作项目学习成果时，有没有考虑到不同项目学习成果样式对最终结果的影响因素呢？例如，有的学生在完成"灯谜"主题时，就选择了利用网页的形式，相较于传统的研究报告，网页更加具有动态性；相较于演示文稿，网页的形式也更加吸引人。由此看来，学生能否对项目学习主题和成果进行有机融合，从而进行成果的创新显得尤为重要。

表 5-15 探究创新能力层级设计

适应年级	观察维度		第一层级	第二层级	第三层级	本维度表现出色的学生
1~2年级	内在思考	探究创新能力	记录有特点的资料信息或吉祥话	表达清楚准确 材料选择合理	表达生动有创意 素材选择有创意 记录方式有特色	
3~4年级			能提出自己研究的问题	主题明确清楚 表达易懂丰富 设计理念清晰	主题鲜明有思考 记录有个人特色 研究有实用价值	
5~6年级			能够完成一份主题研究（或方案）	根据所积累的常识自主发现提出问题 记录问题解决过程	主题或问题有新意 确实解决实际问题	

（3）质疑自省能力维度

我们一直希望研究报告中所呈现的不仅仅是学生或者学习共同体的研究成果，而是希望借助研究报告，可以更加客观、全面地反映出学生的学习过程，无论是自我成长的过程，还是与他人合作交流的过程。因此，我们设计了质疑自省能力评价维度，以期帮助教师借助研究报告或者学生分享，更加直观地看到学生在学习过程中思维的成长。

表 5-16 质疑自省能力层级设计

适应年级	观察维度		第一层级	第二层级	第三层级	本维度表现出色的学生
1~2年级	内在思考	质疑自省能力	听懂（或读懂）自己和同学的研究内容	能对自己或他人研究成果进行评价提出改进建议	借鉴别人的经验听取同学的建议修改完善自己的作品	
3~4年级			在研究报告中能记录自己的问题	针对自己的问题改进自己的研究进程	研究过程中自觉实践完善改进	
5~6年级			能够在研究过程中进行质疑思考	能针对疑难点、兴趣点进行质疑、思考并能激励自己继续深入研究	在研究过程中进行质疑思考自主深入研究研究有深度、有广度	

三、如何实施项目学习评价

在以国家文件精神为指导思想，以国内外优秀评价经验为理论依据的基础上，根据我校项目学习特点，设计好的自我评价、评价量规与观察量表三个评价体系需要在项目学习过程中进行具体实施。如何在实施过程中遵循相关原则，发挥评价功能，是我们一直在探索与实践的。

（一）活动开始前，重视评价主体

我校三个项目学习评价体系的评价方式方面，自我评价为学生自评，评价量规为生生互评，观察量表为教师评价。无论评价主体是学生还是教师，我们都深刻地意识到，评价主体在评价过程中对于评价发挥诊断、激励、管理等功能的重要性。因此，我们实施项目学习评价的第一步，就是对评价主体进行系统化的"培训"，以此来帮助评价主体明确自己的职责，保证评价的客观性，从而将评价功能发挥至最佳。

1. 对参与教师进行评价培训

在传统课堂教学中，教师对于评价的作用深有感触，尤其是语文、数学、英语等学科，经常通过纸笔测试对学生进行知识考查。但当教师与学生一起参与项目学习活动时，对于评价的作用往往就有些忽视了。然而，从理论基础或实践经验来看，教师无论是作为项目学习活动的指导者，还是项目学习评价的评价主体，都扮演着非常重要的角色。鉴于此，我校在每次开展项目学习活动前，都会对参与教师开展相关培训。

（1）树立正确评价态度

教师在实施项目学习评价的过程中，具有正确的评价态度是项目学习评价至关重要的因素。教师应该对评价功能和意义有所了解。如果教师对于评价的功能仍然存有疑虑，那么在实施过程中，必然会影响其积极性，所以在培训中首先要让教师清楚地了解为什么评。

（2）全面把握评价标准

因为同一年级的教师使用的是同一份评价标准，所以教师对于评价标准的把握程度是维持评价公平的重要基础。所以在培训中，针对不同的评价体系，尤其是以教师评价为主的终结性观察量表体系，需要针对评价标准对教师进行细致的解读，使教师清楚明白如何评，何时评。

2. 对参与学生进行评价指导

无论是自评还是互评，学生参与评价都不稀奇。但在项目学习评价过程中，当学生作为评价者，是否能够对自己和他人进行客观地评价；当学生作为被评价者，是否能够从他人的评价中发现自己的亮点和不足，这都是实施评价需要注意的问题。鉴于此，我校在开展项目学习活动前，也会在教师对学生进行项目解读的过程中，以任务书中的反思性自我评价和过程性评价量规两个体系为载体，对学生进行指导。

图 5-5 教师在班级内为学生讲解任务书

（1）树立正确评价态度

学生对于评价的认知相较于教师来说相对薄弱，同时学生又需要在项目学习过程中进行客观地自评与互评。因此，学生树立客观评价的意识需要教师不断引导。在项目学习活动前，教师在解读项目的过程中，需要向学生强调评价的功能和意义，以及客观评价的重要性，让学生明白我为什么评。

（2）细致了解评价标准

每个学生对于自我认知都是不同的，同样，对于其他人的评价也具有一定的主观性。因此，教师在帮助学生细致解读评价标准的过程中，其实正是帮助学生深入了解评价，学习如何评价的过程，而这也为后续学生在评价时能够依据标准进行有针对性的客观评价奠定了基础。

（二）项目进行中，运用评价反馈

依据项目学习活动遵循的特点，在项目学习过程中，反思性自我评价和过程性评价量规两个体系的评价标准无形中成为指导学生进行项目活动和项目作品制作的方向指引。

1. 学生以评价标准为导向进行项目学习

（1）自我评价促进个人反思

学生在树立正确评价态度和细致了解评价标准后，就会在假期开始项目学习活动。在这个过程中，评价先行便将项目学习"以终为始"的思想尽然体现。学生在独自制作项目学习成果时，可以根据反思性自我评价体系进行反思，即回顾自己项目学习研究过程中的研究报告撰写能力，研究过程中的信息检索能力，调查分析时的亲历实践能力，反思调整时的个性表现能力，深度积累时的探究创新能力，以及研究过程后现场演绎时的语言表达能力等方面的表现，进而为高质量完成项目学习提供保障。

（2）互相评价促进他人反思

对于部分学生，尤其是低年级的学生，他们会选择以学习共同体的形式参与项目学习。除了用反思性自我评价体系管理自己的学习过程，还可以依据过程性评价量规评价体系对同伴进行监督，即他人在学科知识和技能、合作交流技能、项目规划和管理以及学习成果展示四个方面的表现。由于过程性评价量规评价体系采用生生互评的方式，学生也会收到来自同伴的客观评价，进而双方共同进步，使项目学习活动可以更加高效地完成。

自评与互评等多种评价手段的使用，可以更加全面地互相补充各自评价时的不足。从一个学生纵向的成长来看，通过项目学习自我评价，学生对于自我认识也在逐渐客观化。而通过生生互评，学生也在逐渐发现他人身上的不足和闪光点，也在发现自己身上的不足和闪光点，这样极大地发挥了评价的反馈作用和促进作用，使这样过程性的项目学习评价真正促进了项目学习的开展。

2. 教师以线上平台为途径进行指导反馈

教师作为项目学习评价的主体，也需要参与到学生项目学习的过程中，而不仅仅是出现在项目学习成果展示环节。

学生在假期进行项目学习时难免会遇到知识或技术上的问题，因为假期教师无法时时刻刻陪在学生的身边，针对这样的现状，我们倡导教师利用信息技术手段实现跨区域的线上指导。在放假前，教师以微信群的形式帮助学生建立学习共同体，在群内及时进行答疑解惑，同时追踪学生使用评价体系的情况，对学生的问题进行反馈，从而发挥评价反馈、监督的作用。

教师全程参与项目学习评价，对于教师来说，可以更好地把控学生整个项目学习过程，为开学后学生进行高质量的项目学习成果展示奠定基础。

（三）成果展示时，注重评价激励

在项目学习活动的最后环节，当学生拿出自己或者和学习共同体成员制作的项目学习成果时，学生的内心是渴望展示和受到肯定的。同时，作为不断优化的项目学习过程，学生也需要得到他人更多客观的建议，无论是指出优点还是不足。这时，在学生展示时，我们便通过终结性观察量表评价体系对所有认真参与的学生进行激励，使学生获得成就感。同时选拔表现优异的学生和项目学习成果，并从教师的专业视角给予学生更多的建设性建议，帮助其进行更深入的反思。如此，在项目学习活动中，我们便发挥了过程性评价和终结性评价相结合的优势。

1. 班级展示促深入思考

开学初，学生在完成项目学习成果后，首先要参与的是以班级为单位的成果展示。这时教师便会使用终结性观察量表评价体系，从外在表现和内在思考两个方面，语言表达能力、亲历实践能力、个性表现能力、信息检索能力、探究创新能力和质疑自省能力六个维度对学生进行综合评价。例如，在"北京地铁"主题班级展示活动中，教师便透过学生不同类型的项目学习成果和不同形式的成果展示，直观地对学生的相关能力进行评价，从而评选出在具体维度上表现出色的学生。

而这其中，细致的评价标准设计以及前期树立教师正确评价态度为全面把握评级标准奠定了良好的基础。班级展示以激励性和反馈性为主要原则,在这个过程中,教师是需要面向全体学生的,所以我们要求教师以鼓励为主,对不同学生的作品给予真诚的鼓励并提出有针对性的建议,帮助学生进行深入的反思并获得成就感。

当然,班级展示还需要选拔出表现出色的学生。接下来,教师就需要从六个维度进行考量,选拔出综合表现出色的学生代表班级参加校级展示,这个环节发挥了评价选拔的功能。此时,被选拔出的学生更加渴望能够得到他人的建议从而进一步完善项目学习成果,教师要在这个环节给予学生更多专业性的建议。同时,在终结性观察量表评价体系中教师要对学生和项目学习成果进行细致的描述,做到客观、公平的选拔。

图 5-6 学生利用观察量表进行分析

2. 校级展示获肯定成就

在所有学生完成班级展示后,学校就会举行校级展示。在校级展示前,各个班表现出色的学生都会在之前进行更加全面的准备,以期在校级展示过程为观看者带来最好的呈现。而这样高质量的展示,对于其他未能直接参与的学生来说,也是一次很好的学习和借鉴的机会。

校级展示与班级展示不同,校级展示更加突出评价激励性原则,所以在面向全校师生进行展示时,教师不做直接的评价,而是将舞台彻底给予学生,使学生收获不同于班级展示的成就感。例如,在"对联"和"纸"主题的校级展示中,学生所带来的展示获得了全校师生的肯定和热烈的掌声。

图 5-7　对联、纸项目成果校级展示

为了能够加深学生的感受，也为了促进其他学生积极、认真参与项目学习，发挥项目学习评价反馈、激励功能，我们也为学生准备了相应的奖品和证书，使学生在具有仪式感的活动中树立自信，提高学生的积极性。例如，在"我是行动者"项目成果校级展示后，学校就为学生们印制并颁发了奖状，从而使学生获得成就感。

图 5-8　展示学生获得奖状

四、为什么重视项目学习评价

我们一直重视项目学习评价，多年来，也在根据相关国家文件精神、地方教育特色和学生实际核心素养落位，不断改进和完善项目学习评价。在这个过程中，我们很欣喜地发现，通过项目学习评价，无论是学生、家长、教师还是学校项目，都在朝更好的方向发展。

(一)丰富评价体系,全面提升学生能力

项目学习评价对学生的意义是什么?在设计与实施项目学习评价的过程中,这是我们一直在反思的问题。好的项目学习评价,应该不仅仅是项目学习评价,其发挥的作用也不仅仅是落位在项目学习活动中,它所带来的影响应该是深远的、深入的。

在项目学习成果展示时,我们访谈了许多表现优异的学生,从这些学生身上我们发现了一个共同的特质,那就是他们都能够做到把不同体系中的评价标准作为项目指导,从而有依据地、目标清晰地完成项目学习成果的制作和展示。

项目学习中的"反思性自我评价"和"过程性评价量规"为我指引了学习方向,让我的学习目标更加清晰。我尽可能按照高标准完成每一步,并把自己的学习成果展示给老师和同学们。在准备项目展示的过程中,我对照评价标准反复练习了好几天。随着练习次数的增加,我逐渐掌握了展示的技巧,自信心也越来越强了,我的项目学习展示取得了圆满成功。

——六年级汤子瑄

汤子瑄同学描述的是她经历"团员"主题项目学习的过程,通过她的描述我们不难感受到学生对评价标准和目标的把握对项目学习的重要性。学生真正认识到了评价意义,通过亲身实践感受到了评价功能后,对自我的认知也会更加客观,这是具有实际意义的。

(二)多元评价量规,帮助家长指导学习

好的项目学习鼓励学生以学习共同体的形式参与其中,我们鼓励学生除了与自己的同学组成学习共同体外,还可以邀请自己的家长参与其中,指导和帮助自己进行项目学习。一方面家长的丰富阅历和经验可以开拓学生的眼界;另一方面,在假期中,家长是与学生接触最多,交流最为直接的对象。那么,项目学习评价对于家长有怎样实际的帮助呢?

家长对于与学生一起参与项目学习是抱有积极态度的,但许多家长一

直有自己的困惑，那就是不知道应该在项目学习中扮演怎样的角色。作为指导者，应该如何指导自己的孩子进行项目学习？从哪些方面进行指导？指导的目标指向又应该到什么程度？

从一年级的寒假开始，我与汤子瑄组成的学习共同体已经完成了十一次项目学习。在历次学习中，我们在熟悉学习内容的基础上，认真研读"评价量规"，将"需要避免""合格"与"卓越"所对应的要求进行分析，力求做到"卓越"。

在完成每一项"研究路径"时，我们按照"自我评价"中的三个层级的不同要求，逐层深入开展学习和实践，努力向"第三层级"迈进。

项目学习中的"评价量规"和"自我评价"非常有必要，为我们的学习指引了方向，明确了目标，帮助我们提升了学习效果，让孩子将课堂教学与生活实践有机结合，达到了学以致用的目的。

——六年级汤子瑄家长

通过汤子瑄家长的这段话，我们看到家长通过合理运用细致入微的学习共同体评价量规，将其作为支架，帮助自己更加科学、合理地监督和把控自己孩子的学习动向，指导自己孩子的学习，从而使项目学习在走出校园后仍然能够高质量地进行。

（三）重视评价主体，促进教师专业发展

在我校项目学习评价中，教师与学生一样，都会作为评价主体直接参与到项目学习评价中，而在这个过程中，我们希望教师能够提升自身对于教育教学评价的基本功，也就是说，通过项目学习评价牵引到日常课堂学习评价，从而借助优秀的评价机制提升日常教学质量。

我曾经以班主任和科任教师两个角色指导学生项目学习评价，在这个过程中，我对于项目学习评价也经历了从无到有的认知过程，在实践中体会到了评价的重要性。后来，在尝试于科学课程中执教《设计创意灯笼》项目学习活动时，我借鉴了学校项目学习评价的方式，在课堂上起到了良好的效果，及时收到学生的学习效果反馈，还了解了现阶段学生的问题解

决、协作沟通能力，查漏补缺，最终每个小组都完成了创意灯笼的设计图，并在此过程中培养了学生良好的学习习惯。

——科学教师闫迪

图5-9　闫迪老师授课《设计创意灯笼》

在闫老师执教的《设计创意灯笼》项目中，她参考了学校项目学习评价方式，采用了"评价先行"的策略，将评价标准作为学生学习的支架，帮助学生在整个学科项目学习中把握方向，并给予学生指导反馈。从闫老师的成长经历来看，项目学习评价潜移默化地促进了她自身日常教学中应用评价的水平，提高了闫老师日常科学课堂教学的质量。

（四）发挥评价优势，做更好的项目学习

回顾我校多年来的项目学习历程，项目学习评价不是一成不变的，也不是一蹴而就的。我们依据国家文件精神、相关理论经验、学校育人目标、学生核心素养落位等设计与实施项目学习评价。在这个过程中，我们也在不断俯身倾听，了解学生、家长和教师在使用相关评价体系时的疑问和感受，不断优化迭代我们的项目学习评价，使其作为项目学习基础发挥真正的优势。

评价反馈是项目学习六要素之一，通过评价量规达成对学习共同体过程性的指导（评估合作效果），让学生明确产品发布质量的终结性评测维度。通过评价前置促使学生明确自己能做什么、怎么做、做到什么程度，其实就是让教师教学活动的目标通过评价量规得到明确和细化。

我校进行项目学习初期对学生的评价，仍旧沿用学科教学的旧例，通过作品或现场展示进行终结性学习评价。直到2015年北京市课程展示活动"学科穿越——'桥'项目展示"第一次开启评价量规前置，其评价方式与教师日常教学评价风格迥异，但是通过研究实施效果，老师们发现对学生来说，这种方式好理解、好接受，他们很喜欢。于是，课程部依托评价量规的评价方式，陆续开发设计学生的自我评价表和产品发布的观察量表。从2017年冬季"饺子"主题项目学习开始，每次项目学习的评价反馈形成三部曲：过程性评价量规、反思性自我评价、终结性观察量表。用这把"尺子"指导学生学会团队合作、明确研究方向、改进完善产品。

——课程部主任闫玉玲

闫主任是我校项目学习的见证者、亲历者，通过她的描述，我们可以看出，我校项目学习评价是真正从学生的发展需求中孕育出来的，并且是在不断成长的，从而它也是与学生、家长和教师最为亲密的和有价值的。

今天，我校项目学习评价已经相对成熟，我们仍然在不断地探索、实施与改进，希望能够通过迭代、优化，使项目学习评价真正发挥其独有的作用，促进学生的学习能力、教师教学水平和学校办学水平的提高，成为一套更优秀的科学化、人本化、特色化的评价方式。

第六章

项目学习的
丰硕成果

翠微小学对项目学习的研究与实践自 2013 年 7 月起，至今已有八年的历史了。在每年的寒假和暑假，学生带着不同的主题走出家庭和校园，走进城市和农村，在畅游祖国的大好河山同时，还完成了实践任务。依托"做中学"的基本理论，借助项目学习的学习方式，学生在实际生活中进行真实的主题研究，形成个性化研究成果和完成个人成果发布。在翠·微课程体系下，项目学习在课程机制和内容的不断完善下，逐渐走向成熟，同时项目学习模式下的综合实践活动让我们欣喜地看到学生对研究的热情，学生在研究中不断实现着自我成长。

一、项目学习不断发酵

为使基于项目的学习能够充分发挥其优势，课程研发机制的完善和学习方式的变革势在必行。近年来，通过不断地探索和努力，我们看到项目学习正在翠微小学不断发酵，对教育教学产生了深刻的影响。

（一）课程研发机制完善

如何让项目学习融入翠微小学课程体系，符合翠微小学的办学理念和教学模式，真正服务于翠微小学的学子，是所有参与项目学习研究的教师们苦苦思索的问题。为此，学校专门架构了研发团队，负责项目学习课程的设置和规划，同时在实施过程中不断完善。

1. 完善研发团队

"工欲善其事必先利其器"，随着项目学习课程的不断发酵，为了实现在教育共同体下，通过对"项目"的研究，引导师生共同探索，多样传播，努力分享研究成果，实现人与社会，人与人之间的深度对话，唤起学生对自然的敬畏，对社会的感恩，对科学的热爱这一目标，由学校的课程部牵头，在最初架构团队设想的基础上，我们对项目学习课程研发团队进行了完善，形成了教育理念先进，改革意识突出，又有丰富教学实践经验的团队，完成项目学习课程的统筹规划和实施安排。

该团队由校长担任组长，负责课改理念的引领、课改方向的把握、研究参与人员的调度、学校教育教学资源的合理分配等。教学副校长担任执行组长，主要负责研究规划的制定、研究过程的监控、研究成果的总结，同时开展丰富多彩的研究活动、组织扎实有效的人员培训，外联相关人员，充分保障过程的科学性、可行性、实效性。课程主任辅助副组长开展各项工作。教学指导中心、后勤保障中心、信息管理中心、学生成长中心、各年级组长、教研组长及各学科骨干教师负责课程设置、课程实施和课程资源研发工作。

2. 完善实施过程

（1）调整项目学习课程结构

翠微小学的项目学习研究，初期举步维艰，通过不断改进和完善，现已形成了具有翠微特色的课程结构。

表6-1　项目学习课程结构图

时间	课程目标	发现	改进
分时段	假期与学期主题演讲相结合——桥	任务开放度大，学生自定研究任务有困难，研究方法有局限，研究对象相对集中。	①照搬不行，要进行本土化设计；②要结合学校实际情况设计主题。
分主题	各校区确定项目主题	任务主题分解，三个学段学生研究各有侧重，研究内容彼此间缺少关联和梯度，缺少对学生的针对性评价。	①引入评价量规关注有效评价；②帮助学生建立学习共同体。
分主题	各年级确定项目主题	任务主题分解，六个年级收集研究作品各异，研究主题间缺少梯度。	①聚焦主题分四个领域研究任务有梯度；②规范研究任务书和研究报告。

续表

时间	课程目标	发现	改进
分路径	冬夏双路径主题研究	任务书索引明确,引导学生全程参与研究过程,学生个性研究空间有限,个性研究的主题需要继续丰富,信息加工能力、发现问题能力有待继续开发。	①地图式任务索引有效连接无排序;②课堂观察量表低中高分学段评价;③有效推介学生的研究素材和成果。

通过对上表所述三个阶段的不断探索和研究,我们确定了翠微小学现行的项目学习研究推行模式:以冬夏两大之旅来不断确定主题,以项目任务牵引,让学生遵循此路径,不断实施研究探索。

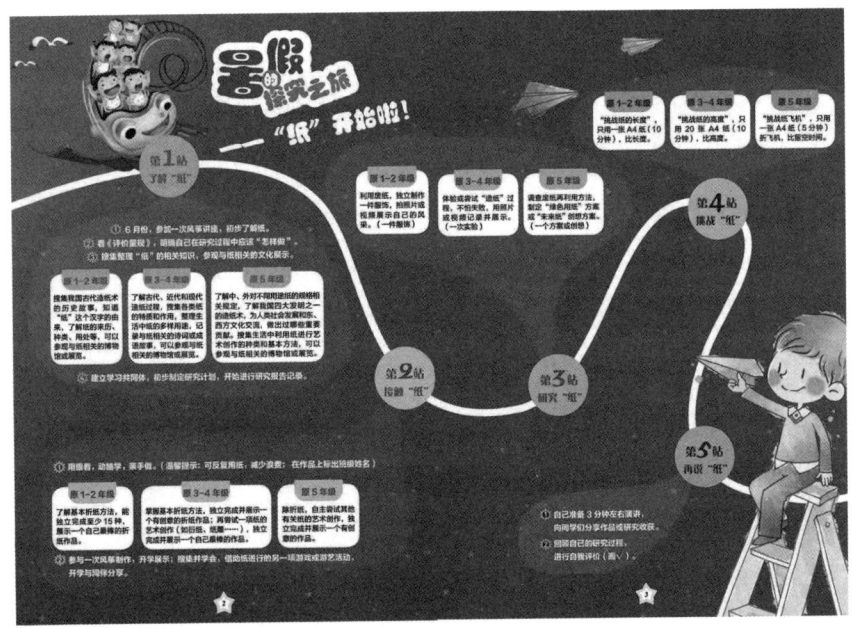

图6-1 项目书任务索引

(2)建成项目学习实施体系

①完整的课程实施流程。

项目实施分为研讨项目主题、找准学科融合、建立研究共同体、设计研究方案、开展课内外项目研究、交流研究成果和评价研究成效六个流程。

```
研讨项目主题 > 找准学科融合 > 建立研究共同体 > 设计研究方案 > 开展课内外项目研究 > 交流研究成果和评价研究成效
```

图6-2　项目学习实施流程

如何将学校发布的项目主题转化为学生生活中的真实问题？作为教师或者项目设计者，我们既可以从锁定的几个不同学科的核心知识目标开始，根据学科知识寻找可以整合的出发点，思考自己的项目想法，然后坐在一起说说各自的想法，探讨驱动性问题，也可以从要解决的一个真实问题或要完成的一个现实任务出发，进而确定可能需要整合的学科知识目标和内容。

例如，在翠微小学2015年暑期发布的二年级"时间"项目学习中，我们就可以像下图那样从知识到问题或者从内容到任务进行探讨：

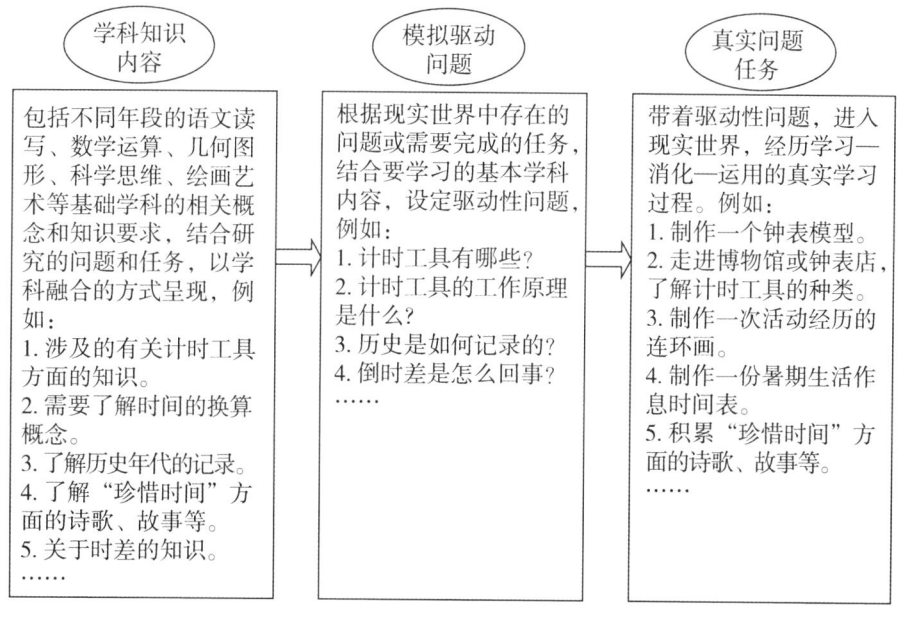

图6-3　"时间"项目问题任务分解图

②拟定具体课程实施步骤。

我们可以将项目学习的课程实施步骤划分为顶层设计、开展研究和成果发布三步。

表 6-2　课程实施步骤图

时间	内容依据	目标	实施方式	评价方式
顶层设计	①两大路径 ②人文·科技	确定研究主题	课程部讨论、印发任务书、组织教师培训	学校对教师学习成果进行评估
开展研究	发布研究项目，下发研究任务书和家长信	确定研究内容	班主任解读并指导	回执中家长的支持度
	各学习共同体进行初步研究	促进家校融合，拓宽学习空间，增加研究实践	学习共同体根据自己设计的研究计划开展项目学习	不同年级有不同的完成指标，如几页A4纸，涉及几个学科等量化指标
	各分校各年级收集学生阶段性研究成果	实时关注研究进展，督促进一步研究	筹划展览、组织活动	学生互评
	各学科讲授相关学习内容或开展相关学习活动	学科教师指导学习	学科教师组织教学活动	教师评价 学生互评
成果发布	开展相应学生竞赛和活动	梳理、展示项目学习成果	各分校组织	教师评价 学生自评 家长评价 学生互评

随着项目学习在翠微小学扎根，由此形成了冬季文化传承之旅和夏季实践探索之旅两大路径。项目学习遵循这两大路径，围绕人文·科技两大范畴，由项目学习研发团队确定研究主题、印发任务书并进行相关的前期培训工作。

项目学习的学生任务书指引学生进行研究。了解项目学习主题，知道研究大任务——地图式任务索引（站点式安排，每一站涉及不同领域的任务，兼顾德智体美劳），明确自己研究每站的小任务——组建学习共同体——规划团队研究自选任务、进程和时间安排——边实践边记录，完成研究报告——自评整理完成个人成果（多形式多角度）——班级个人成果发布。

任务索引首先把大的主题细化为五站，指导学生参与研究的整个过程（是什么，为什么，怎么做），体会从事研究的基本路径；每一站再细化为低、中、高三个年级段，学生根据自己的兴趣选择感兴趣的小任务，同时能够看出不同年级段的能力进阶；每个小任务，明确"做到什么样子"，但对具体的做法没有要求，激发学生从自身出发选择适合自己的完成任务的方法。

完善的项目学习活动除主题与具体内容的确立实施外，合理的评价机制也能够引领孩子们走上科学、系统的学习之路，真正发展学生兴趣。因此，我们确定了基于项目学习的评价机制，从评价主体、评价客体和评价标准三个维度对项目学习活动展开评价。

（3）完备的课程资源系列

2013年至2014年，我们进行了学习的借鉴与尝试，借鉴美国项目学习的学习与教学模式，尝试将其本土化和校本化，以"桥"项目为代表；2015年，我们进入项目学习的固化吸收与实践探索阶段，将项目学习深入推进，以"飞行物"和"自然"项目为代表；从2016年至今，我们处在项目学习的自主研发与创新阶段，"我是主讲人"——就是借新中国成立七十周年的契机向祖国献礼。我们在设计阶段明确指出"我是主讲人"的基本思路：新中国七十华诞，小脚丫走遍全国。此次项目学习让每个学生自主确定研究目标、主题、方式、成果，他们经历了独立规划、设计、制作、表述的研究全过程。信息技术的飞速发展让人们的生活有了几何级速度的变化。周围的环境发生了变化，我们更需要变化。让学生走进真实生活，拥有生活智慧，以及探索生活的基本能力，也是我们教育的任务之一。"北京地铁""我是行动者"就是根据社会热点问题做出的规划设计，让学生融入生活真实体验，发现真实问题，感受生活的复杂多样。

项目学习开始至今，翠微小学始终致力于将项目学习本土化和校本化，让项目学习真正服务于学生的学习和生活，实现对学生不同层次能力的提升。

①形成了完整的任务书。

通过这些年的项目学习，冬季文化传承之旅和夏季实践探索之旅的两大主线已经形成。每次学校都会精心设计项目学习任务书，并在项目学习研究开始前下发到学生手中，学生根据项目书中的任务引导，完成项目学习任务。几年来，这些任务书，成为我们宝贵的资源。

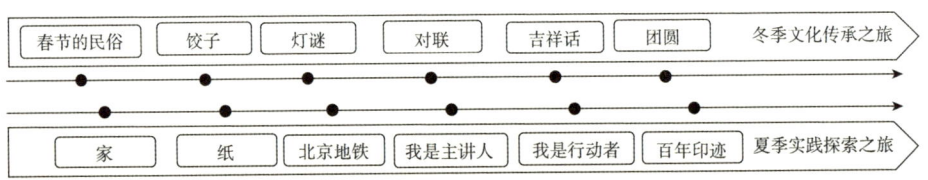

图6-4 项目学习任务书

表6-3 项目学习主题

年份	研究时间	研究主题	研究主旨
2013	夏季	桥	引入"桥"项目学习，尝试改变学生学习方式。
2014	冬季	茶文化	与现有课程对接。
	夏季	五十六个民族	根据学校具体情况开发主题，与现有学校课程对接。
2015	冬季	飞行物	根据学情开发主题，分年级段设立三个研究子主题。
	夏季	自然主题 ①动物 ②时间 ③植物 ④车 ⑤树 ⑥风筝	根据学情开发主题，在"自然"主题下分设年级子主题。

续表

年份	研究时间	研究主题	研究主旨
2016	冬季	春节的民俗	本着"继承与发展"的宗旨，感受传统文化，体悟现代生活。
	夏季	家	本着"继承与发展"的宗旨，在校庆年关注生活，感受家庭、班级和校园（社会）文化。
2017	冬季	饺子	本着"继承与发展"的宗旨，感受传统文化，聚焦生活体验。
	夏季	纸	本着"继承与发展"的宗旨，感受传统文化，探究现代技术，关注绿色生活。
2018	冬季	灯谜	"继承与发展"寻根求源庆灯节，感受传统文化。
	夏季	地铁	"继承与发展"集团校南北贯通城乡一体。
2019	冬季	对联	"继承与发展"文化、体验、活动相结合。
	夏季	我是主讲人	"继承与发展"小脚丫走神州——国庆。
2020	冬季	吉祥话	"继承与发展"由吉祥话联结礼貌用语。
	夏季	我是行动者	"继承与发展"垃圾分类新时尚。
2021	冬季	团圆	"继承与发展"新团圆就地过年。
	夏季	百年印记	"继承与发展"庆建党百年

②保存了学生的研究成果。

在项目学习的过程中，学生采用各种形式来呈现自己项目学习的成果。有生动活泼的音像成果、巧夺天工的作品成果、诙谐有趣的图书成果、丰富多彩的图片成果和严谨认真的研究报告成果……它们直观地反映了学生从项目学习研究中得到的收获，学校保存了这些丰富的研究成果。

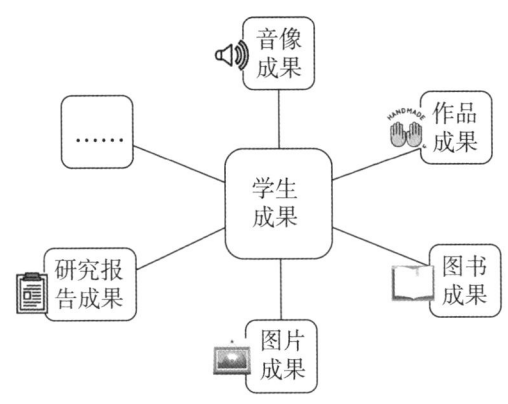

图 6-5　学生研究成果类型

③建立了翠微小学成果发布平台。

为了能够更好地保存和展示学生的项目学习成果,翠微小学建构了翠微小学博物馆供大家参观。学校校史馆还留存了学生的研究历程和研究成果,设置了学生成果的发布专区。

图 6-6　翠微小学校史馆　　　图 6-7　"桥"项目研究博物馆1

图 6-8　"桥"项目研究博物馆2

（二）学习方式变革深入

课程改革一直是翠微小学健康可持续发展的重要推动力，项目学习坚持学生的自主选择与主动参与，发展学生的创新精神与实践能力，兼顾学生的共性和个性发展空间，同时能够促进学生学习方式的深入变革。

1. 自信与自主

（1）学习权利的接管

叶澜教授曾在《"新基础教育"论》中指出："新的教学过程的形成，首先必须让学生的内在能量释放出来，让他们在课堂上'活'起来，从原有的静听模式中走出来。"[①] 长期的教学实践中，许多教师已经习惯了扮演知识输出者，而真正的良性学习状态是需要学生参与到知识的建构中的，学生不仅仅是知识的接收者。

学生总是会以自己的眼光、知识基础去看待这个世界：有发现的欣喜，有探究的疑惑。教师以此为基础，展开教学，才能掌握真学情，提出真问题，展开真探究，提高真能力。而学生对学习权利的接管可从四个方面进行归纳：学习时间的接管；"质疑权"和"置疑权"的接管；对话权的接管；评价权的接管。项目学习的研究正是迎合了这四个方面，打破了以往教学的局限性，实现了学生对学习权利的接管。

学习时间对学习者来说至关重要，经过不断地本土化和校本化，项目学习课程模式已经相对稳定。研究时间主要集中在寒暑假，学生获得了相对完整的大块研究时间，合理高效地运用这段时间能够提高学生的学习效率，增强他们的学习成就感。另外，研究的过程也是学生不断提出问题和解决问题的过程。学生抛弃了传统课堂中对教师角色的依靠，主动观察事物、思考问题，能力得到了提升。项目学习还将对话权还给了学生，在研究过程中，学生能够与他人对话、与客观世界对话，自我对话，在沟通与

---

① 叶澜．"新基础教育"论——关于当代中国学校变革的探究与认识［M］．北京：教育科学出版社，2006．

交流中，发现和思考。最后，项目学习还将一部分评价权还给了学生，学生在项目书的指引下，对自己的研究过程和成果进行客观评价，形成了"以学生的自我评价为中心，结合他人评价"的主体性教育评价模式。

（2）主体意识的提升

在一节45分钟的课堂中，教学时间是固定的，教师如果滔滔不绝地投入到"知识布道人"的角色中，那么学生表达自我的时间自然就会大幅减少。这也是传统课堂中学生成为"沉默的大多数"的原因。在传统课堂中学生或者成为听众，听教师或者高明的同伴侃侃而谈，被动接受，没有机会提出问题，缺少主动参与的机会，没有自我发展的意识；或者走形式、无目的地参与，浅层次参与，真切的体验不足，个体的感悟不够，经常身在课堂，心却游离于课堂之外，处于无意识状态。传统课堂中学生的主体性并不突出。

项目学习的模式，首先恰好能够走出学校这个教师集中授课的场所，打破了教室一成不变的教学环境和教学氛围，让学生能够轻松地参与其中，在潜移默化中主体意识得到觉醒和培养。

其次，在项目学习的过程中，学生需要调动自己的能力去思考、质疑、解题、创新。不同于学校授课教师时时在场的情况，想要出色地完成项目学习的任务，学生需要从拿到项目书的那一刻起，就事事亲力亲为：知识储备、调查分析、反思调整、深度积累、奇思妙想。学生始终处于活跃发展的状态，教师则成为了他们项目学习的发起人、合作伙伴。

项目学习最大限度地调动了学生的创造性和主动性，学生在实践研究的过程中提高了动手操作能力，在不同构成的共同体搭建中增进了教师与学生、学生与学生的合作交流，最终实现了对学生自主探索和创造能力的培养。

2. 个性与融合

（1）独特视角下的多元成果

"为每一个孩子提供适合的教学"，"关注每一位学生、帮助每一位学生、激发每一位学生"是我们学校课程建设不断追求的目标。我们要进一步研究如何让每一位学生成为主角,根据学生的个性特点确定教学目标和教学方法,转变教学方式,有效整合教学资源,深层发掘教学对象的潜能,满足学生多样化学习的需要,实现个性化教学。个性化教学的本质是基于学生个性,尊重差异,关注每个学生独特的学习方式,满足学生不同的学习需要,提供个性化的学习指导,以及多样化的教学方式和教学资源选择,使有不同天赋的学生能充分发挥自己的学习才能,从而实现更加公平、更加充分、更加优质的教学追求。

项目学习任务书就像学生的个性化"活动单",教师以此为媒介,引导学生在活动中参与、合作、探究、体验,进而实现教学目标。它可以激发学生的学习兴趣,让学生整个人的情感和认知都投入到学习活动中,培养学生自学和分析问题、解决问题的能力,并引导学生学会自我评价,真正学会对自己及自己的发展方向负责,充分体现学生健康自我的发展。它允许学生多角度地思考,不设标准答案,把整个研究带向开放的学习情境。

项目书中还设计了多样精彩的开放性问题,安排访问、记录、观察、操作等多元的学习方式。不同于一般习作的呆板纸笔作业形式,学生可勾选答案、搜集资料、调查访问、高谈阔论、进行接龙或闯关游戏等,提供学生自我评价、相互评价等多元评价的机会和形式。

项目学习确保人人参与,使学生的个性优势、智慧得到深层挖掘,情感得到充分释放,为每个学生提供最适合的教学,培育每一颗自尊、自信和温暖的心灵,让每一个人感受到"被重视",不是"哪一个"重要、优秀,而是"每一个"重要、优秀,促进学生发生积极的变化。

(2)通力协作中的团队平衡

项目学习一方面突出了学生的个性,另一方面则兼顾了对合作能力的培养。课堂的大班额教学很难让每一位学生和老师进行面对面的交流,教师很难顾及到每一位学生的学习,而小组合作的一个重要作用就是能够保证每一位学生在小组里有沟通、表达自我的机会,它是让每一位学生在课堂中找到自己位置和角色的重要平台。

迁移到项目学习的研究，学习共同体的建立就是类似于小组合作的存在。活动是小组共同完成的，首先需要有小组分工，在分工后还要有合作。并且在分析和解决问题的过程中，小组成员间必然要有交流。这是学生自主表达、相互沟通协调的过程，是活动锻炼了学生综合素质的价值所在。学习共同体不仅能让每位学生找到自己的角色，还能利用学习参与性、差异性原则，让不同个性的学习同伴友好地开展个性化学习，优势互补，集思广益，思维互补，思路开阔、各抒己见，培养学生良好的学习品质，使学生获得的概念更清楚、结论更准确，进一步促进学生的个性化发展。

为了达到这样的目的，学习共同体的搭建首先要明确一种平等交流的文化：重要的不是每个学生无关紧要地完成任务，而是每一个个体有没有按自己真实的想法去做；重要的不是发言的对和错，而是你对别人的发言是否认真倾听，并有分寸地提出自己的想法；重要的不是小组合作的任务是否完成，而是在这一过程中，每位学生对观点和做法的纠正与丰富，整合与提升。

通过项目学习，学生经历从问题的提出，到组内合作完成，以及得出初步成果，进行反思评价，到最后呈现多样化研究成果的全过程。学生进行自主学习、小组合作，多角度、多途径地进行联想、创造，从而展现富有独特个性的研究成果。项目学习培养了学生丰富的想象力，激发了学生浓厚的学习兴趣，使学生对创造发明保持热情。

3. 学会与会学

（1）学生角色的变化

教育家陶行知先生曾说过"先生的责任不在教，而在教学，教学生学。好先生，不是教书，而是教学生学。不仅教学生学会，更重要的是教学生会学。"

过去的课堂教学像是一个小型的舞台，教师是演员，学生则是观众，这样的课堂教学不仅束缚了学生个性的发展，也会使学生对学习产生厌倦情绪，现在的学生再也不会容忍在课堂中担任这样的角色，因为他们有思想，有个人的主见，也更乐意向别人表达个人的见解，如果我们再用这样的方法来压制学生，得出的结论显而易见。

项目学习就是让学生的角色从根本上发生变化，在项目学习不断推进的过程中，我们欣喜地看到学生们研究问题的方法和策略更加灵活多样；研究问题的深度更加体现学生的实际生活；学生研究投入的时间和精力也更加充沛。学生们在收获到知识的同时也收获到的是研究问题的方法和积极乐观的生活态度。

（2）学习方法的贯通

著名人类学家玛格丽特·米德说：我们现在所处的时代，必须以前人不知道的方法来教育孩子，以未知的方式来准备我们的学校。

通过项目学习课程的研究，学生的学习方式发生了改变，学生开始采用研究性学习的方法。

在项目学习中学生具有研究的主体地位。学生经历从问题的提出，组内合作完成，得出初步成果，到反思评价的全过程，最后呈现多样化的研究成果。项目学习最大限度地调动了学生的创造性和主动性，提高了学生的动手操作能力，增进了教师与学生、学生与学生的合作交流，培养了学生的自主探索和创造的能力。从活动策划、沟通协作、人际能力、操作实施、语言组织和自我调整等多个角度，全面锻炼学生的能力，真实呈现了每个学生在研究过程中的思考和发现。

学生具有整个活动的支配权和主导权，能够充分地进行研究，这样便可形成不断创造的学习个体，并呈现出多样化的研究成果。

（三）成果呈现形式多元

经过多年项目学习研究的不断深入推进，学生在实践中积极探索，积累经验，也创造和创作出了多元化的成果。这些成果对于学生和学校来说，不仅是多年来项目学习研究足迹的记录，更是一笔宝贵的财富。

1. 固化：项目学习可以这样打开

项目化学习最终要形成公开的、有质量的成果，在多样的群体中进行交流。公开展示自己的作品不仅让学生的学习变得更有动力，让学生再次回顾自己的项目历程，促进学生反思，而且可以让学生所学的知识变得可视和易于讨论，同时让整个项目变得更具真实性。学生可以把它放到网络上，把它展示在墙上，还可以把产品提供给现实生活中有需要的人。

（1）研究报告

①任务规划，记录研究过程。

学生的项目学习任务书伴随着他们走过完整的项目学习过程，他们在项目学习中产生的任何想法、思考和收获都会记录在任务书上，学生认真书写的任务书内容丰富。

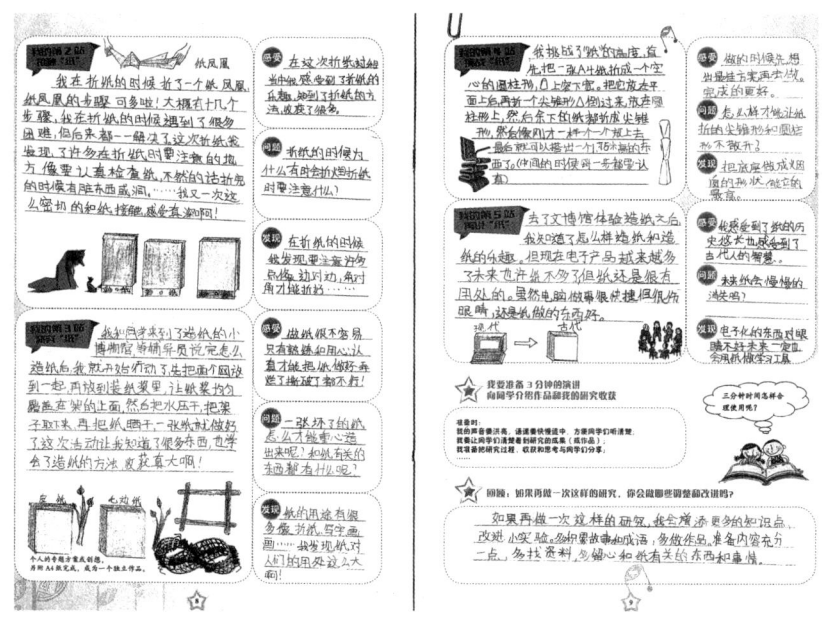

图6-9 学生项目学习任务书1

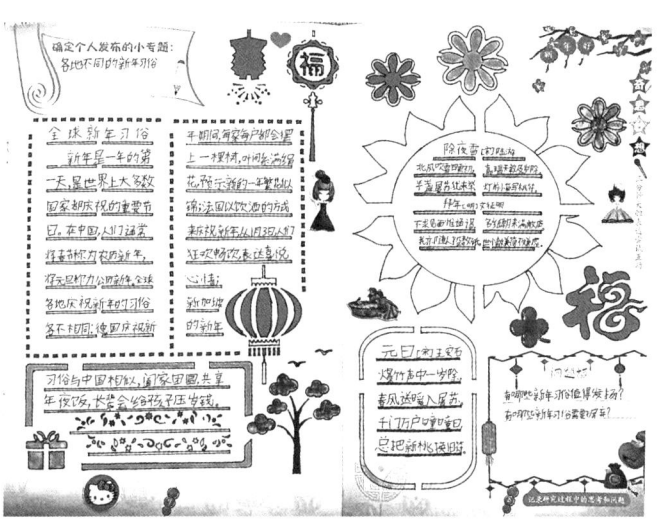

图 6-10　学生项目学习任务书 2

②记录研究成果。

• 小报

精美的布局设计，条理清晰的文字说明，巧妙的色彩搭配……你一定想不到这是学生提交的研究报告。他们以小报的形式对自己的研究成果进行了总结和分享，图文并茂，可读性十足。

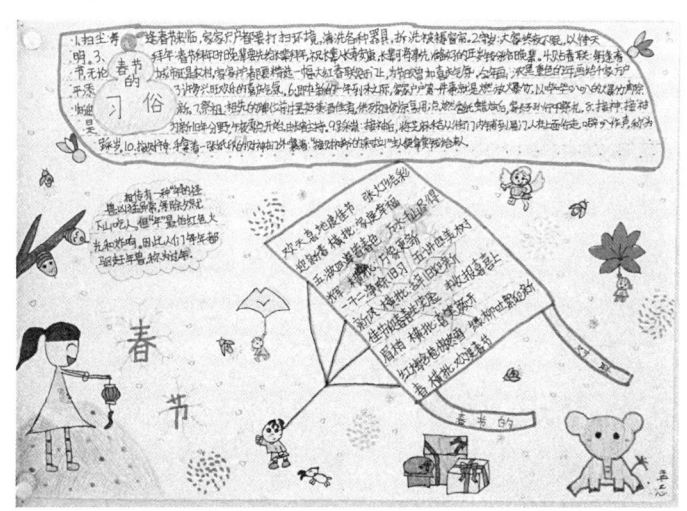

图 6-11　学生制作的项目学习小报

● 文章

还有的同学能够妙笔生花。他们像个小小的文学家，用笔描绘了自己心目中的项目学习对象。在学习"桥"项目时，同学们不仅发现桥、走近桥，还用自己的笔触来描绘桥，对研究对象进行内化，表达自我。

学生一

站在远处望去，只见一条灰白色的大石桥横跨永定河两岸。大桥共有10座桥墩，11个桥孔，在远方西山的映衬下，显得十分坚固。从永定河西岸走上卢沟桥，能看到又长又宽的桥面向东方延伸而去，一直通向了宛平城深灰色城墙上高耸的城楼。桥面中间是用白色的大方石头铺成的，几百年来，在车辆和行人的磨损下，已经变得坑坑洼洼，不过却显得更加古老。两边的桥栏的望柱上，雕刻着十分精美的石狮子，大小不等、形态各异，多得数不清。桥上的游人很多，有的在数狮子，有的在和石狮子照相……桥下的水是今年刚刚蓄起来的，在秋风的吹拂下，出现了一片波光粼粼、水光山色的风景。

学生二

这座桥是颐和园最长的石桥，它全长150米，宽6.56米，高7米，由17个洞组成，飞架于南湖湖岛和廓如亭之间，像长虹卧波一样。桥上有128根望柱，每根望柱上都有狮子，一共有544只，狮子们有的母子相抱，有的玩耍嬉闹，有的你追我赶，有的凝神观景，个个惟妙惟肖。桥头各有两只大水兽，很像麒麟，十分威武。从桥上看被烟雾笼罩的万寿山和南湖岛，就像进入了仙境一般，有一种飘飘欲仙的感觉。从万寿山看桥，你可以看见十七孔桥被烟雾笼罩的轮廓。

学生三

在过秋千桥时，大家觉得在一个、一个秋千组成的桥上行走太可怕了，谁都不敢过，我也十分犹豫：这要是掉下去可怎么办？这时，爸爸鼓励我说："王许嘉，勇敢一些，你试试吧，我在后面跟着保护你！"于是，我鼓足勇气，小心翼翼地抓住了第一个秋千，小心地迈了上去，秋千摆动了起来，我十分紧张，觉得要掉下水了，手紧紧抓着铁链。当秋千稳定后，我壮着胆子伸手抓住第二个秋千的铁链，在晃动中勇敢地把脚踏了上去，顺利地登上了第二个秋千。就这样过了几个以后，我逐渐地找到了感觉，不再害怕了，一步一步地走完了整个大桥。我心里十分高兴，我觉得自己很勇敢，只要有勇气，再难的事也能克服。

- 书稿

有的同学还根据研究内容，深耕细作，在团队研究的基础上，对自己的研究内容做了很好的规划与整理，最终的研究成果以一本书的形式呈献给所有的同学。

图6-12 学生撰写的书稿书影

③呈现研究数据。

还有一些同学选择用数据来说话，在研究中他们认真调研、精密计算，摆事实、讲道理，数字和图表相结合，用数据来支撑自己的论点，力求得到最科学的研究结果。

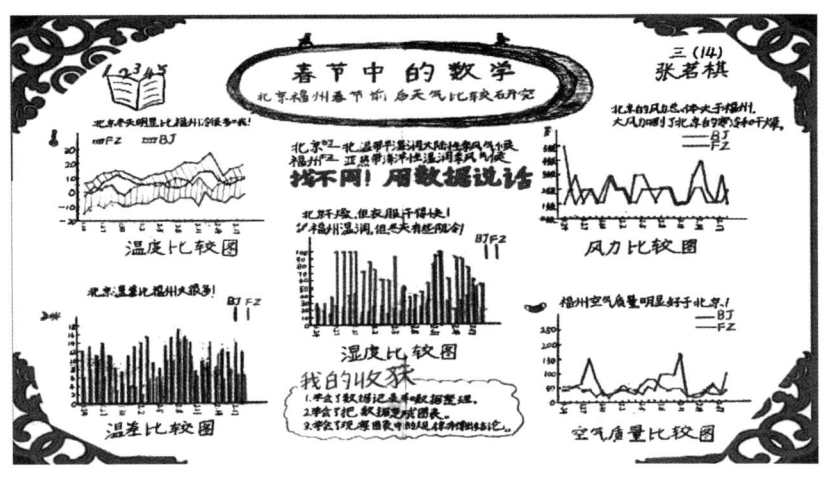

图6-13　学生张茗棋基于项目学习的数据分析

④展示研究内容。

为了提升学生的语言组织能力和表达能力，学生还可以以演讲的方式，综合介绍项目学习的研究对象。比如在进行"风筝"这一主题研究时，我们组织了演讲比赛，鼓励学生以演讲的方式表达和分享研究成果。

图6-14　项目学习演讲比赛

（2）成品产出

①模型。

在没看到学生们的这些作品之前，我们从未想过学生们如此心灵手巧。在"桥"项目和"飞行物"项目中，他们开动脑筋，模型设计可谓是巧夺天工，模型制作材料也多种多样——木头、冰棍棒、报纸、纸板等。学生们运用自己的智慧,造出一座座精妙的桥,一个个精巧的飞行物,他们在实践中收获能力,在实践中得到成长。

图6-15 学生制作的飞行物模型

②面塑。

面塑是汉族民间传统艺术,学生们在"桥"项目的研究中,通过面塑的形式制作出各种各样的桥。他们的面塑桥千姿百态、色彩艳丽、各具特色,有彩虹桥、动物乐园桥、森林桥等,各式各样的面塑桥富含想象,充满智慧。面塑不仅锻炼了学生的动手能力,还充分发挥了学生的创造力。

图6-16 学生的面塑作品

③纸艺。

纸可以折出许多美丽的东西。折纸很环保,一张画过画的纸,一张写过字的纸，在同学们的巧手加工下，变成了一只小鸟、一条小船、一架钢琴……不仅如此，同学们还将纸穿在了身上！是不是有趣又环保呢？"纸"项目的学习培养了学生的探究精神和创新意识，协作探究的意识也深深扎根每位同学的心中。他们在探索中认识世界，在创造中成就梦想。

图6-17　学生胡明道制作再生纸书签

图 6-18　学生的纸艺作品

④绘本、绘画、书法。

学生的世界是丰富多彩的，手握画笔的他们能够用最绚丽的色彩和线条勾勒出心中最美、最真实的风景。因此在项目学习的过程中，有部分学生选择用画笔来呈现自己的成果。精美的画作和工整漂亮的书法作品使项目学习的成果展示显得色彩纷呈，在研究的过程中学生也实现了艺术审美能力的提升。

图 6-19　学生的绘本作品

图 6-20　学生的书法及绘画作品

⑤手工。

项目学习的部分选题贴近学生生活，关注对中国传统文化的传承，在进行这些项目的研究时同学们有机会亲近传统，不仅能够亲手制作灯笼、风筝，还学会了剪窗花等传统手工艺术。这些都是我国传统文化的一部分。在这样的微研究中学生不仅锻炼了双手，还感受到了中华传统文化的丰富多彩。

图 6-21　学生的剪纸作品

图6-22 学生制作风筝的过程

项目学习整合了学科教学,将学生的生活世界与认知需求联系了起来,拓宽了学习的广度,打破了学习的围墙,达成了学科之间的融通。

2. 迁移:项目学习能够如此延伸

(1)由此及彼连追问

学生在自主学习中会有自己的种种问题,这些问题是学生成长的基石。有了这些问题,他们才会探究、寻找,感受学习和成长的快乐,并继续有新的问题,周而复始,走向社会,面对种种困难和挑战,他们才能学会自主面对和解决。虽然孩子稚嫩,有些发现价值不大,但这是萌芽,教师要给予合适的阳光、水质、土壤,不能做裁判官,基于对和错的原则判断,而应该循着学生的思考,引出学生背后的想法,让学生分析、判断、选择,甚至走一些弯路,重要的是让学生学会用自己的头脑思考,而不是人云亦云。

北京地铁这个项目学习主题发端于学生的实际生活。学生们能乘坐地铁的机会并不多,此次项目学习引领孩子们走出家门体验生活。孩子们独立安全体验、彼此互动和交流汇报,小到家庭附近的一座地铁站,例如16

号线的稻香湖站，大到特色鲜明的站点，例如最美青花瓷北土城站、四合院区南锣鼓巷站、龙潜福地雍和宫站、北方水乡什刹海站、倾听历史圆明园站等。举众人之力耳听、眼见、心思、力行，每一个同学的介绍都仿佛带着大家走过北京的一个角落。原来学习不局限于课堂，当学习走进生活，所呈现出来的收获更丰富生动。

你知道吗？原来夏季每个地铁线路的温度是不一样的。

你知道吗？地铁1号线设备确实需要不断更新了。

你知道吗？地铁站点的厕所安排太重要了。

你知道吗？地铁站A、B、C、D出口原来是这么安排的。

你知道吗？换乘站需要这样调整一下，就可能会方便不少呢。

你知道吗？乘坐地铁需要关注一下时间段的。

你知道吗？看地铁标识牌是有窍门的。

你知道吗？地铁线路图看起来不容易呢。

你知道吗？即使是在爸妈的陪伴下，与陌生人沟通时，我也有点儿害怕呢！

……

以上都是孩子们在体验中的真实情感。学生将这些问题记录在项目书的"问题板"中，它的存在就是为了拓宽学生的视野，开阔他们的思维，训练他们的思维，收集问题，引导他们进行思考。因为项目学习不仅要培养学习知识的能力，还要训练他们的质疑能力，让他们能够针对学习的内容，提出自己的疑惑。问题才是继续探索的起点，哪怕这个问题非常简单。

图 6-23 "北京地铁"项目学生走进地铁站体验生活

（2）举一反三勤思考

随着项目学习的推行，持续参与项目学习的学生质疑和反思的能力也在逐步提升。

"我是主讲人"项目学习的基本思想是让学生用小脚丫走遍中国。用孩子们的眼睛看祖国，用孩子们的双脚走神州，用孩子们的讲述见思考，用孩子们的交流促成长。让每个学生切身感受祖国河山的壮美，国家建设发展的迅猛，用自己的成长向新中国七十华诞献礼。同学们带着自己的研究成果，把亲身感受跟同学们交流，懂得了"读万卷书，行万里路"的意义，共享喜悦与收获。全班同学跟着汇报的同学，了解到许多自己不曾踏足的地方的风土人情：我知道了老北京的民俗，你感受了夜里的钻石般璀璨的水立方，她领略了故宫的风采，还有同学做了巡河小卫士……

踏上了青藏高原，你知道经幡都有哪些颜色吗？你知道经幡的五个颜色是有顺序的吗？布达拉宫真的是为文成公主建的吗？你到过中国的边境吗？你站在界碑前有什么感受？来到浩瀚的草原，你闻到大自然中悠悠的青草味道了吗？如果没有走出去，在北京，你会思考为什么会有"南水北调"工程吗？它给我们的生活带来了哪些变化？卢沟晓月的中秋月到底有多美……"纸上得来终觉浅，绝知此事要躬行"，走遍祖国山山水水的过程，就是积累知识、增长见识，培养爱国情怀的过程。一张张照片记录下了同学们的足迹。

学生的思考不断深入，他们的问题不仅仅流于表面，而是在真正实践过后，结合自己的经验用心、用脑去进行思考，能够总结并且发现更加有价值的问题。此时，学生已经能够提出真问题、好问题，并且围绕着自己的设问去展开研究，这是对项目学习内容的升华。

（3）触类旁通巧学习

建立"基于项目的学习"模式，把若干相邻学科的内容加以筛选，较好地实现学科融合，从而将学生的生活世界与认知需要联系起来。"基于项目的学习"扩展了知识面，拓宽了学习的广度，打破了学习的围墙。多元融入教育，形成了由学校、家庭、社会共同构成的学习共同体，这是教育发展的趋势。

俗话说"授之以鱼不如授之以渔"，项目学习课程带给学生的不仅仅是一本项目书的绘制、一次寒暑假的出行、一场和伙伴合作的实践活动……学校经过八年的项目学习推行和研发团队持续的调整完善，也是在有意识地让学生适应并掌握"项目式学习"的学习模式，并且期待着学生能够在更广阔的范围内对其加以运用，现在已见成效。

在进行项目学习的过程中，学生会经历几个阶段：在真实世界中观察与调查，提出问题；与以往所学的知识建立联系，建构理解或运用推理、批判性思考和模型进行设计；形成相关的模型或解释并进行验证；讨论这种模型、解释、设计的适切性，进行修订与完善。

学校在统筹安排项目学习课程主题的过程中，力求实现将学习主题与学生生活相关联的模式，以期促进学生在日常生活中发现问题的敏锐性。例如2019年学生臧浩宸荣获北京市中小学生科学建议奖一等奖的案例《关于加强北京市水土保持科技示范园区科普功能的建议》，想法的产生正是得益于这种能力的培养，汲取项目学习的经验，实现了"做中学"的学习方法迁移。

二、项目学习留在心中

随着项目学习的不断推进和完善，它已经成为翠·微课程体系中不可分割的一部分。项目学习不仅是属于学生的实践课程，学校、教师、家长都参与其中。项目学习的历程在每个参与者的心中都留下了深深的印记。

（一）学生心中的项目学习

项目学习的最终目标是实现学生能力的提升，学生是项目学习的直接参与者，这些年的项目学习也在学生心中留下了深刻的印象，影响着一代又一代的翠微学子。

1. 一举一动刻画记忆

项目学习研究中，学生走出校园，处处都是他们的"教室"，学生用脚去丈量，用脑去思考，用眼睛去观察，用双手去实践。每一次的项目学习都带给他们多维度多层次的体验，这些都是他们珍贵的回忆。

（1）小脚丫走天下

开展"我是主讲人"项目学习时正值新中国七十华诞，此项目契合时事要点，学生用小脚丫走神州，用眼去看，用耳去听，用双手去触摸，用双脚来丈量，领略祖国壮美河山，见证祖国伟大成就。他们用一双双擅长发现的眼睛，一颗颗洞悉美好的心灵在欣喜而骄傲地感受祖国的地大物博，人杰地灵，感受祖国的飞速发展，国富民丰。

来自二年级（27）班的张云淇同学落落大方，她来到海边，感受沙滩逐浪的乐趣后，探究了沙滩与岩石的形成过程，不由感叹自然之神奇，赞美祖国风光之优美！

图 6-24　学生项目学习展示 1

三年级（12）班的陈梓瑜结合 PPT 给大家介绍了暑假的贵州之行，并重点介绍了小七孔景区的自然风光。通过游览小七孔景区，她感受到了那里的青山绿水是多么的秀丽迷人，她非常喜欢那里良好的生态环境。并且号召大家共同保护环境，为建设更美丽的祖国而努力。

三年级（8）班的佟舞月、朱涵希、吴佳桐、孙睦宁组成了研究小组。在收获知识的同时，同学们也通过实践活动锻炼了自己的能力，和家长一起，和小伙伴一起，查找整理资料，制作 PPT，写发言稿，准备三分钟的演讲，每个环节都体现了同学们能力的提高。项目学习，寓隐形的学习能力发展于有形的项目学习活动中。几个小伙伴，在完成暑假这个项目作业的过程中，最大的收获就是发现团队力量大。小组成员们一起选择了"故宫"这个话题，相约参观了故宫，分工记录，再一起编词。最终以三句半的形式呈现了集体的智慧。

图 6-25　学生项目学习展示 2

（2）小脑瓜有想法

"灯树千光照，明月逐人来。"，围绕着"灯谜"这一项目学习主题，翠微小学东校区精心策划、师生协力举办了"翠微之夜"，邀请了全校学生、家长，共庆美好佳节。

"翠微之夜"不仅仅有对美的欣赏和惊叹，还有让孩子们喜欢的体验活动。同学和家长可以通过"评选最美花灯""猜灯谜"等活动获得相应积分，用积分体验做元宵、吹糖人、舞龙舞狮等项目，感受传统文化的魅力。

美丽的花灯照亮了孩子们的脸，精巧的灯谜开启了所有人的智慧。此次活动的2 000多则灯谜都是东校区孩子们精心搜集的，其中有很多是孩子们开动小脑筋自己编写的，为他们点赞！下面两则就是孩子们编写的灯谜：

正月十五闹元宵，翠微元宵灯笼展，
上下互动真热闹，答题猜谜搞联欢。

一师一生一特色，废旧物品来利用，
爱家爱校爱祖国，从小教育要勤俭。

"翠微之夜"从另一个角度让我们认识了翠·微教育——高尚的德行和优质的教育。翠微小学的项目学习，构建了系统化实践活动，融合多维目标，进行综合实践，注重经历体验，建立学校、家庭、社会三位一体的教育模式，形成了独具特色的教育品牌。

图6-26 "翠微之夜"活动现场

（3）小眼睛看世界

在"飞行物"项目学习中，本校区号召同学们在学习共同体的帮助下，着手研究飞机、飞船、火箭以及各种飞行器等。北校区以"风筝"为活动载体，让孩子们了解、学习有关风筝的相关知识，探索和研究与风筝相关的起源发展、种类特点、诗歌散文等，并通过图片、影像、绘画、模型、文字等多种方式记录下来。西校区的同学们则和家长一起走进书籍，走进博物馆，走进大自然，探索飞行动物世界的秘密，揭开了它们的神秘面纱。

假期中，同学们主动自觉参与的积极性非常高。他们确定自己感兴趣的飞行物，并走进图书馆、利用互联网搜集资料，学习有关动力飞行物的相关知识，探索和研究与飞行物相关的发展历史、故事、设计、建造等内容，并通过图片、影像、绘画、模型、文字等多种方式记录下来。在研究过程中，同学们充分感受着科技带给他们的魅力与震撼。

很多同学还对会飞的动物的声音进行研究，他们录制了海鸥、白鹭、喜鹊、乌鸦、秃鹫等动物的声音，并把这种神秘的"世界语"介绍给同学们，号召大家保护动物，保护自然，留住这些美妙的声音。在学习探索的过程中，同学们的足迹遍布祖国各地。通过研究，大家进一步了解了会飞的动物，了解了大自然的神奇奥秘，了解了人类创造的无限潜能。

同学们通过项目学习，启迪了心灵；通过社会实践，增长了智慧；通过交流研究，懂得了人与自然的相处之道。

（4）小手掌巧实践

项目学习研究从来都不是仅仅停留在纸面上的，我们更希望从多角度去促进学生能力的提升。因此，许多研究需要学生真正用自己的双手去进行实践和创作，获得体验和成果。

"饺子"的话题一直在翠园流传，此次项目学习，我们要让每个孩子学会包饺子，未来他们无论身处何地都能牢记中华传统文化的符号。从寒假开始，"饺子"主题的项目学习和其他实践活动就悄悄地出现在翠园每个家庭中。

图6-27 学生包饺子比赛现场

"小饺子,像元宝,金元宝、银元宝,闪闪亮亮数来宝;一个一个仔细找,吃到元宝运气好。"这是西校区一年级小同学背诵的关于饺子的歌谣,字里行间能够感受到孩子内心的喜悦。

寒假期间同学可都是认真地去完成了学校的项目作业,从他们上交的任务书中可见一斑。他们包饺子不光是速度快、不露馅,而且还形状多样,丰富多彩,真可谓百花齐放:有月牙饺、鱼形饺、小锁饺、波波饺、钱包饺、蛤蜊饺、葵花饺等!真是色香味俱全啊!

为了能够落实项目学习研究的成果,翠微小学西校区四年级组在食堂开展了年级学生擀皮、包饺子展示活动。此次活动,我们邀请了家长志愿者一起参与进来,见证同学们通过项目学习获得的劳动技能。

每个班的三名同学代表是在班级交流、展示的基础上产生出来的,他们在年级展示的现场合理分工,揉面、擀皮、包馅,一个个有模有样。有的组还尝试制作了不同种类的花式饺子,这些制作精美的饺子,赢得了在场老师和家长的连连称赞。

在孩子们的欢声笑语中,"饺子"项目学习的交流活动结束了,同学们收获了劳动的快乐,成功的快乐,合作的快乐……

2. 一字一句蕴藏思考

项目学习的根本是为了学生的培养,因此学生的感受才最能够真实而直接地反映项目学习的效果。同学们通过多姿多彩的项目学习主题收获了不同的感受，这其中有快乐，有满足，有温暖，有鼓舞。

（1）快乐

·五年级（1）班陈梦琪在参加"桥"项目学习后说道：

通过这次活动，我学到了很多。我是诗配画小组的，诗配画让我理解了故事的含义，体会了古诗的美。此次活动，让我受益匪浅，我希望学校能多多组织这种活动。

做这座桥让我知道了做什么事都要有耐心，想好步骤再做，如果和同学合作就要齐心团结，这样才能做出好的东西。

通过这次活动，我知道了各种各样的艺术的表现形式，我们也创作了很多画，所以我觉得这种活动挺有意思的。

图6-28　学生展示绘画作品

·参加灯谜项目学习"翠微之夜"的杨润泽同学说道：

期待中的元宵节到了，来到校园我都傻了，美丽的校园装点得真漂亮啊！那么多的红灯笼，好壮观！没想到操场上这么热闹。我的眼睛都已经不够用了。爸爸妈妈也非常地高兴，都说要比在家过元宵节有意思多了。我兴奋极了！谢谢老师们费这么多心思为我们准备了一个难忘的元宵节！

·王梓萱同学：

今天是元宵节，能够参加学校的元宵佳节活动，我倍感喜悦！我看到了老师和同学们精心制作的各式各样的灯笼，看到了同学们和家长们猜灯谜的专注，看到了同学们吃元宵时的快乐和精彩的舞龙舞狮表演……有浓浓的节日感，这是一个欢乐多多、充满笑声的夜晚，我终生难忘。

（2）满足

四年级（12）班王致宁对团圆项目学习中新时期新习俗的感受：

今年寒假学校布置的项目学习主题是团圆。什么是团圆呢？团圆不仅仅是家人、亲人、朋友聚在一起吃吃饭、聊聊天，更是寄托了人们对和乐团聚文化的期盼。

经过几千年的积累，团圆文化早已深深地植入了我们每个人的内心，是中国传统文化的重要组成部分。中国人都喜欢团圆、相聚、和谐。人们为了团圆、为了相聚，可以奔波千里回故乡，可以历尽艰辛只为回家团圆，并从而衍生出了"思亲""思乡"文化，有了"举头望明月，低头思故乡"的深深思念，有了"每逢佳节倍思亲"的浓浓牵挂。

通过项目学习研究，我发现很多传统的团圆文化都被新科技赋予了新的形式和内涵。听姥姥和妈妈说，她们小时候初一早上都要早早起床，最晚5点就被家人叫起来了，因为天刚亮就有人来拜年啦。现在我们就幸福多了，因为大家都习惯微信拜年、视频祝福了，不再大清早就到处敲门拜年。再如年夜饭，现在大家都更喜欢在酒店预订或买回家，不再像以前那样从腊月二十五开始就储备各类春节美食，现在都可以随时从网上买到，在外地的人还可以买到家乡的美食，一定程度上减轻了在外人员的思乡情。同时随着交通便捷性的提升，距离不再是困难，很多父母都随子女走出了家乡，家庭团聚成为常态，春节假期反而渐渐成了旅游的黄金时间。

现在看，可能会觉得这些新变化是对传统文化的冲淡，但谁又能确定若干年后今天的这些新习惯不会成为新的传统，传统也是会与时俱进的啊！

图 6-29 学生的"云拜年"

(3) 温暖

"吉祥话"主题的反馈阶段,学生是在家里通过线上分享完成的。老师们通过组织班会、个人发布等多样形式让学生多形式充分展示研究成果。吉祥话的范畴被学生和老师们拓展开来——除了亲人们的拜年,朋友之间的祝福,还有师生间的问候,更有城市间的关注。项目学习让每个人联系更紧密,在分享中得到了关爱和鼓励,同学们也获得了与众不同的体验。

·五年级(22)班的葛松愉:

这一次"吉祥话"的项目学习,让我学习到了中国几千年的拜年历史和过年的习俗,使我体会到古人在语言运用上的智慧与魅力。在查找资料的过程中我知道古今礼貌用语的差异,了解到更多的历史知识和典故,记住了过年的礼仪。在过年的时候,我主动表达了对亲人的祝福,语言运用也更有技巧了。

·六年级(18)班的于欣芮:

通过对吉祥话的研究,我了解了中国传统风俗的寓意和内涵,更深入地研究了春节的诸多习俗,我深刻体会到中华民族文化的博大精深,也使我对中华传统文化产生了更浓厚的兴趣。在今后的学习中,我会加强对中国传统文化的理解和学习,做到有学习、有传承、有研究,为中华民族的文化自信贡献一点儿自己的力量。

图 6-30 学生的吉祥话展示 PPT

·六年级（21）班的何子芊：

今年项目学习的主题是"吉祥话"。任务书上给我们留了许多创作的空间，我也没有浪费这些空间，在仔细研究的基础上，还细心地排版，画图，上色，工整地书写。我邀请家人也参与到这次有趣的项目学习中，他们帮我出谋划策，不断深入探究，完善了我的任务书。以后我会更多地对传统文化进行探究，让我的学习生活更加多姿多彩！

2021年寒假，我们在新春佳节来临之际迎来了"团圆"的项目学习，同学们通过这次传统文化传承的项目学习收获颇丰。

·朱涵润同学的自我评价：

掐指一算，我已经在翠微儿童剧社学习了5年的表演。

我非常喜欢舞台，我在舞台上找到了自信，从一年级开始，我就特别期待项目学习。我做过很多有趣、诙谐的项目学习演讲。

这几年来，我的项目学习的最大特点就是幽默诙谐，同学们说，每次PPT演讲，都在期待我最后上台的时刻。我的学号恰好在最后，这样我可以表演"压台戏"。

我还经常在班里进行脱口秀演出，每年元旦联欢会，同学们都会被写入我的段子。

在演讲中，幽默感非常重要，因为枯燥的演讲会让同学们昏昏欲睡，效果非常不好。

我和妈妈一起探讨，在演讲中要做到声情并茂、诙谐感人，这样才会有演讲的节奏。

因此，从 PPT 演讲的第一页，我们就开始添加包袱，让听众觉得好笑。如果包袱太长或者太隐晦，效果不好，我们就会舍弃。

我们争取每个页面主题都有一些新鲜的知识，并配合一个包袱。

在演讲过程中，我会在笑点之后做短暂停留，给同学一个笑后喘息的机会。

每一个喜剧演员都是在燃烧自己照亮别人。看到小伙伴们笑得前仰后合，我实在太高兴了——不管学习成绩如何，大家笑点都是一样的，很公平。

· 四年级（4）班王浚逸此次学习到了"处处留心皆学问"：

放寒假前，老师公布了假期的作业安排。我们这次的项目学习主题是"团圆"。说来也巧，前几天我还跟爸爸、妈妈和姐姐一起探讨过："我之前的寒假项目主题分别是：三年级时的'吉祥话'、二年级时的'对联'、一年级时的'灯谜'，好像都和春节有关系。这次会不会也一样？但主题会是什么呢？"拿到项目任务书后，我先是忍不住笑了，暗想：哈哈，我猜对了，果然是和春节有关系的题目！但是，今年冬天，疫情大有卷土重来的势头，在疫情下我们又该如何完成对"团圆"这个主题的研究呢？

带着困惑，我拿着项目学习任务书回到了家里。和姐姐商量后，我们决定：首先把任务分解，然后按要求分头查阅相关信息和资料。与此同时，我们也得到了爸爸、妈妈的建议和鼓励。

在这个寒假里，通过参与"项目学习"主题之团圆的知识积累、调查研究、实践体验和深度学习的全过程，我不仅对春节的礼仪、饮食及典故趣事有了一定的了解，还学习到了与"团圆"相关的知识，使我受益匪浅。这次项目学习，我最大的感想和收获就是：在我们看似平淡的生活中，其实"处处留心皆学问"。

（4）鼓舞

学校的育人目标——培养明德笃行的阳光少年。对学生品质和内涵的培养也是项目学习追求的目标之一。

· 三年级的黄恭琪同学在参加"我是主讲人"项目后发出如下感慨：

在新疆之旅的课题研究过程中，通过出发前的书籍资料学习，亲身实地调研，以及回来后的数据及图片资料整理，我不仅领略了新疆特有的地理特征风貌，还增长了见识，积累了知识。通过这次探究之旅，我对国家壮美的山河、丰饶的物产、璀璨的人文历史和相互交融的多民族文化感受颇深，也更加热爱我的祖国了。

· 参加"我是行动者"并成为环保小卫士的二年级（12）班王嘉睿同学对垃圾分类互动充满热情：

通过"暑假的探索之旅——垃圾分类从我做起"的项目学习，我了解到了什么是垃圾分类、垃圾处理的现状、如何进行垃圾分类以及生活中的垃圾分类是如何进行的，我懂得了处理垃圾要按照不同的分类进行投放，并且了解到了几个垃圾分类的小误区。这次项目学习让我有了很大的收获，也让我明白垃圾分类人人有责。

（二）教师心中的项目学习

项目学习打破了以往的教学模式，教师突破了学科界限，主动学习，锐意探索。项目学习不仅让学生的学习方式发生了转变，更是一个教学相长的过程，教师也正在借此机会，吸收新鲜的养分，不断成长。

1. 学科教师——多维跨越，思维碰撞

项目学习打破了学科之间的界限，实现了跨学科的探索，让不同学科的教师能够通过项目学习进行思维的碰撞。

下面是科学学科主管韩永刚老师对科学学科项目学习的看法：

从2013年我校利用项目学习的方式在寒暑假组织孩子们开展丰富多彩的学习活动以来，有收获的不单单是孩子们，我们科学学科教学也慢慢地发生了微妙的变化。

项目学习是指"学生通过完成与真实生活密切相关的项目进行学习，是一种充分选择和利用最优化的资源，在实践体验、内心吸收、探索创新中获得较为完整而具体的知识，形成专门的技能并获得发展的实践活动"。

将项目学习的学习方式融入到科学单元教学设计当中，转变常态单元教学模式，拓宽学生的学习空间，让学习方式的改变更加适合学生的发展需求，这就是科学教师们在教学设计当中的大胆尝试，效果非常显著。教师们以单元为主题，设计项目学习活动，学生们的学习空间大了，学习时间灵活了，学习深度与他们的兴趣紧密联系在了一起。学生可以根据自己的兴趣点或者资源优势更加自由地进行研究点的选择，还可以进行灵活多样的小组合作，整个学习的过程就像是鱼儿在水中自由自在地游一样。课堂变成为了他们尽情交流展示的一个舞台，他们研究之深令老师惊讶，他们物化的成果是仅靠课堂绝对无法完成的，因为这些作品的制作也有家长们参与的影子，家长也是项目学习者。

项目学习是一套从学生已有经验出发，在复杂、真实的生活情景中引导学生自主地进行问题分析与探究，通过制作作品来完成自己知识意义建构的学习模式。

综合实践活动是从学生的真实生活和发展需要出发，把从生活情境中发现的问题转化为活动主题，通过探究、服务、制作、体验等方式，培养学生综合素质的跨学科实践性课程。所以在进行综合实践课程资源开发的过程中，项目学习不可避免地会融入其中。例如学校曾经进行的"桥"项目学习的过程中，我们综合实践学科在五、六年级同时开展了纸桥承重的竞赛活动，学生们玩得不亦乐乎。组与组之间的比拼，班与班之间的对抗，让孩子们的潜能充分地被激发出来，他们在比拼中不断刷新记录的同时也在不断地突破自己。项目学习影响着我们的课堂，我们的课堂也成为了项目学习的一部分。

项目学习属于研究性学习的范畴，注重培养学生发现问题、分析问题、进而解决问题的能力，但较之于研究性学习，项目学习更强调来源于真实情景中的任务，更注重学生实际动手能力和团队合作精神，更具有实践性和操作性。

项目学习的学习方式是开放式的，孩子们在完成项目学习的过程中所得到的能力、素养、思维方面的提升是非常显著的，而这些收获在他们进行学科学习的过程中也起到了积极的助力作用。例如五年级学生在科学课上学习《火山喷发的成因及作用》一课时，他们所表现出来的发现问题、分析问题、解决问题的思维轨迹非常清晰，分析问题逻辑性强、思考问题角度合理、推理有理有据，让距离我们久远得无法进行实证的自然现象也能够在学生已有认知的基础上得到最合理的推理验证学习。

项目学习不但助力了孩子的发展，也助力了教师的发展，更为我们科任学科注入了活力。

西校区的体育教师也认为项目学习对体育学科的教学产生了深刻的影响：

基于项目的学习是一种以学生为中心的教学模式。学生有自主学习的时间和空间，需要很大程度地自主完成明确任务获取信息、制订计划、做出决定、实施计划、检查控制、评定反馈等项目教学的步骤，有机会在行动过程中产生丰富多彩的学习经验和个性化的创造表现。

教师成为学习活动的引导者、管理者、帮助者。

学习，并不一定非要跨领域、跨学科，也不一定为"跨"而跨，重要的是整合的视野与意识。过去我们把学科内容划分为章节、条目式的线性连接，学习指向知识掌握或者只是局部深入的碎片式应用，学习变成单一技能训练。现在是通过知识、方式方法、情境、目标等的整合，让学生建立起完整的教育世界，并且打通教育与生活，学以致用，这是项目学习的精髓。

在学科内部，我们是完全可以做整合设计实施项目学习的。例如耐久跑的学习，需要了解耐久跑的项目特征、体能、技术要求、意志品质的培养，可以设计为阶梯式的学习与培养。学科教学中的项目学习肯定也会涉及跨学科，不过从学科核心素养出发，解决学科问题，在学科内部运用项目学习，是比较符合中国实际的做法，能大幅提升原有学科教学的效益。甚至，只是部分运用了项目学习的要素，看似门槛较低，也并不一定就比跨学科的项目学习要差。因为它较容易上手，能实现教学转型，并有效带动了教师队伍的整体发展。

项目学习的定义并不统一，内涵有其理论界定，但更重要的是看和教育实践的结合。结合中国国情，把握学习科学的基本规律，一线教师完全可以用创造性的行动不断去定义项目学习、丰富项目学习。

驱动性问题是推动整个学科项目化学习的源动力，一般具有以下三个特点：

①真实性。只有源于学生内心的真实疑问，才能吸引他们主动地、卷入式地沉浸于整个项目化学习的全过程。

②挑战性。如果问题的思维含量过低，答案太过容易获取，不仅不具备研究的价值，也不利于培养学生长时间专注研究的态度；反之如果难度太大，则易使学生产生畏难心理，难以维系长时间的研究状态。因此项目化学习中的驱动性问题必须具备适度的挑战性。

③学科性。驱动性问题必须体现某一单元的学科本质，才能应用于常规学科教学。

总之，项目学习带给学科教育教学的思考应定位于着眼未来发展，确定研究方案，实施全人教育，发展高阶思维，提升学科素养。

2. 班主任教师——了解深化，乐活班级

对于班主任老师来说，项目学习能够让全体学生行动起来，参与其中，学生们积极的实践和展示，能够让班主任老师发掘不同层次学生的闪光点，深化对他们的了解，乐活班级。

东校区的班主任老师李宇婷认为：

项目学习的开展为孩子们综合能力的培养提供了平台。在完成项目学习的过程中，每个人都是行动者。得知项目学习的主题后，孩子们结合自身兴趣，认真制订研究计划，明确研究方向，确定研究共同体，召开家庭会议，各抒己见。之后他们开始查询资料，收集数据，深入研究，借助文字、图片等方法进行分析，将课堂上学习到的知识应用到一步步的探索之中，继而在锻炼中提升自我。

例如，为了响应北京市"垃圾分类"政策，翠微小学推出了"我是行动者"项目学习研究。孩子们纷纷与同学、朋友、家人组成学习共同体，边"做"边"学"，从了解垃圾分类常识，到调查、参与垃圾分类，逐渐能够独自进行垃圾分类，并且有了自己的思考，提出真问题，甚至为身边的人提出一些切实可行的绿色生活小建议。在这一步步进阶中，孩子们尝试着学以为用，体验着提升、运用的快乐。

再如，在迎接新春佳节之际，翠微小学开展了"团圆"的项目学习活动，这对优秀传统文化的传承影响深远。孩子们经由多种途径查阅资料，了解团圆的由来，找寻团圆的节日有哪些，知晓不同节日的习俗，积累更多的新知识，体验不同的实践带来的真知。孩子们和家人一起扫房子、贴春联，学习包饺子，制作团圆花馍，对节日有了更多的了解和认识，体验到了动手的乐趣，在实践中浸润团圆的气息。如此有意义的活动定然会在孩子们成长的过程中留下浓墨重彩的一笔。在发展他们综合能力，提升他们人文素养的同时，此次活动润物无声地在脑海里烙下优秀传统文化的印记。

开学以后，孩子们在班主任老师的引导下，都迫不及待地在班级里分享学习成果。孩子们积极投入，展示形式多种多样。他们借助精美的研究报告、漂亮的手抄报、有趣的歌谣、直观的PPT等多种形式展示学习成果，为同学们进行详细地讲解，分享自己独特的见解。现场互动繁多，精彩万分！

在参与项目学习的过程中，孩子们各显其才，开阔了眼界，增长了见识，拓宽了认识事物的角度。独特创意的背后，精益求精追求的背后，我们看到了孩子们的用心和思辨创新能力的增强。

东校区的班主任卢一凡老师认为项目学习实现了对学生综合能力的提升：

来学校的几年里，我陪伴了学生每一次的项目学习。从"猜灯谜"到"团圆"，从"地铁"到"我爱我的祖国"，我深切感受到项目学习是培养创新型、复合型、解决未来问题人才的重要学习方式。学生以团队的形式，完整地经历提出问题、规划方案、修订方案、解决问题、形成成果、展示交流、评价改进各阶段。在持续互动中，学生经历复杂推理、思辨决策、学习迁移等综合性、复杂性的问题解决过程，创生意义，获得知识与技能。他们的实践应用能力、迁移创新能力、跨领域合作沟通能力等不断发展，学科观念、思维方法逐渐形成。

陪着孩子历经项目学习的全过程，我深刻地意识到项目学习对于孩子综合素养提升的价值所在。孩子在真实任务的驱动下由被动到主动地参与到项目学习中。任务完成的过程涵盖了多个方面的知识和技能。他们树立了信息收集、知识整理和总结归纳意识，提高了辨别信息的真与伪、善与恶、美与丑的能力。尤其值得一提的是"学习共同体"的构建，教师与学生、学生与学生以及该项目活动的所有人员相互合作，共享思维成果，孩子在充分的交流互动中进行了有效的深度学习。尽管孩子的成长还没有达到我所期望的质的飞跃，但是我相信任何质变都来自于量变的积累。只要孩子珍藏着这份热情去品味生活，保留着这份执着去努力践行，我定能看到孩子"飞跃"的那一天。

对于所有参与项目学习的学生来说，尽管我无法看到他们的努力过程，但是我相信，每一个学生的成长都会经历相同的历程：他们从跟着教师的指令学习转变到执行自我管理的学习活动，从单纯学习书本中的知识转变到自我发现、综合应用，多元呈现知识，他们通过与现实相结合的实践方式，更有效地掌握了学科知识，从学习理解能力上升到实践运用能力，最后提升为创新迁移能力。

由此可见，项目学习带给学生的不仅仅是知识，更是一种能力。学生在项目学习过程中能够选择对自己有用的学习资源，把学习变成愉快的经历，使自己成为一个自我导向的学习者。我想：这就是设计项目学习的初衷吧！

感恩遇见，感谢有你！

图6-31　教师指导学生进行项目学习

3. 校区管理——师生共育，特色升级

翠微小学秉承集团校的办学理念，"一校一特质"——每个校区都有不同的办学特点。

西校区聚集了低学段的学生。低学段正是学生的世界观、人生观、价值观初步建立的阶段，传统和文化的渗透对于这一学段的学生来说尤为重要，"团圆"项目的学习对西校区的学生产生了不小的影响。

团圆文化是我国传统文化中非常重要的组成部分。中秋节的月饼，元宵节的汤圆在中国人的眼中都寓意着团圆、美好。而春节更是中国节日中感情最强烈、持续时间最长的一个团圆节日。翠微小学此次就以"团圆"为主题，精心设计了项目学习活动，旨在让每个孩子知道"团圆"背后的文化意义，感受中华礼仪的传承。

开学后，西校区积极组织学生进行项目学习成果汇报展示，在同学们丰富多彩、创意满满的展示活动中，我们欣喜地看到了项目学习对学生素养全面提升的积极意义：

首先，项目学习强调学生对知识的深入理解，促进学生深度思考；强调学生的自主性，有利于培养学生的自主学习能力以及良好的学习习惯。

蒙台梭利说过:"我看过了,我忘记了;我听过了,我记住了;我做过了,我理解了。"学习是一种有目的地获取知识或理解事物的思维过程。对于低学段学生而言,学生的思维还处于形象思维发展阶段,项目学习则通过设计主体鲜明的问题激发学生解决问题的欲望,一开始就需要学生从多角度进行思考。对于低学段学生来说,他们在项目学习的过程中,能够亲身经历学习的过程。从查阅资料到实施研究再到成果展示,这种经历会内化到学生的认知结构中,为他们今后的学习奠定基础。

在展示环节我们看到了学生亲手制作的图画、小报,演讲、录制的视频,这个实践过程的实施促使每个孩子开动脑筋,让我们看到了孩子们丰富的想象力和独特的创意。

项目学习将教学过程还原为生活过程,把教学情境还原为生活情境。这样的学习方式能够让学生获得直观体验,让学习变得真实可及,强调了学习与生活的关联,有利于培养学生的生活能力。以"团圆"为主题的项目学习与春节结合,在疫情期间提倡就地过年的情况下,它让学生感受到家庭成员之间的关爱,感受到亲情的存在。学生亲身体验了包饺子、贴春联、拜年这些传统民俗,他们从中既学习到了生活技巧,又将知识学习与之联系起来,在真实的过年情境中发现问题、解决问题。

项目学习作为一种辅助教学形式,对学生素养的全面提升发挥了重要作用,促进了教与学的健康发展,实现了知识掌握与素养培育的双重目标。这种教学方式寓教于乐,能够激发学生真实的体验和感受,深受同学们的喜爱。让我们共同期待新一期的项目学习!

南校区主要是四年级的学生,对于他们来说项目学习为学生撑起了一片广阔的学习天地:

翠微小学的项目学习已经延续多年,每学期一个研究主题、一个研究方向、一种给予学生的特殊学习研究方式,让学习不止步于校园内、教室里、课本中。项目学习的研究学习使小学课程的发展走向、学生的学习方式有了新的定义与拓展,实实在在、意义非凡。

项目学习作为综合实践活动研究对学科课程产生了巨大影响：

其一，作为一种以合作、研究、实践为取向的课程形态，项目学习研究尤其注重学生多样化的实践性学习方式。学生在项目学习研究中可以和同学、父母结成学习共同体，针对研究的项目主体共同商讨，制订研究计划，进行社会调查，演示、实践、表演、交流、讨论、成果展示等，整个过程都是在与同伴的合作中完成的，这种学习方式的整合必然带来学生生活方式的变革以及生活空间的拓展和延伸，从而改变单一的学科课程以知识授受为基本方式，让学生真的思考起来、实践起来、研究起来。

其二，项目学习研究设计的一个基本点就在于打破各门课程的分割，加强课程与学生经验的联系，使课程从书卷中回归到学生的生活。脱离了知识堆，孩子们反而更能从内心里不断地"悟"出不少东西。

其三，项目学习研究符合不同学生多元发展、个性化学习的要求。学生都可以自由选择自己感兴趣的研究点、自己擅长的方式展开学习，并以丰富多彩的形式加以呈现，让学习真的变得"好玩""有趣"！

例如这学期的"团圆项目学习主题研究"，研究主题不仅源于中华传统的优秀文化，更加贴近学生的生活，五个站点的设计针对不同年段的学生有不同层次的引领。作为中年段的学生，他们能够借助已有的知识、能力、学习手段，在搜集资料、系统了解、深入研究、实践体验等方式中加深对春节文化横向的全面了解与纵向的深度探究。学生利用软件制作春节传说故事的动画视频、拍摄情景剧、剪窗花、写对联、画年画、了解饺子历史并动手学习包饺子……在研究中动脑、在研究中动手、在研究中展现自己的才能与风采，这样的学习才是学生向往的学习！这样的学习天地才更为广阔无限！

东校区的"元宵节游园会"是基于项目学习开展的一个大型实践活动，东校区力求引导学生"读万卷书，行万里路，历万般事"。从而大幅度地推进了师生共同探索，家长与孩子形成探究共同体等学习模式，使学生自制能力、策划能力、思考能力、交流能力、研究能力等得到了提升。

近年来，东校区立足以低学段学生为主体的实际，在项目主题引领下，通过校级层面为学生提供综合展示、集体汇报、特色活动等方面开展项目研究展示活动，让每一次的项目学习都能成为孩子们喜欢参与的活动，成为拓展孩子们身心素质的有效平台。其中，校区组织的"元宵游园会"就是一个比较全面的创新型探究活动，受到孩子和家长的普遍好评，达到了寓教于乐、乐中有学、学中有思、思中有收获的教育效果，成为孩子和家长眼中"彩虹"一样斑斓多彩的项目学习活动。

在感悟传统文化中增强文化自信。教育必须立足本国国情，浸润本国文化，最终教育引导孩子形成文化自信。这是教育重要的使命职责，也是学校开展教育的重要目的。活动中，我们以元宵节为导线，通过组织看花灯、猜灯谜、品元宵、做汤圆、舞龙舞狮、捏糖人等具有浓郁中国特色又系统一体的节日活动，让孩子们了解中华节日文化的传统特色与悠久历史，感受中国文化的博大精深和多姿多彩，最终形成对本国文化的自豪感和认同感，在孩子们心中扎下热爱祖国、建设祖国的"文化种子"和"情感种子"。

在感悟传统文化中拓展学习兴趣。对于低学段的孩子而言，培养兴趣是学习最好的牵引。而依托形式灵活、内涵丰富、参与性强的文化活动，是培养孩子学习兴趣的有效途径。例如"灯谜"主题活动中，通过设计"寻灯谜、知灯谜、仿灯谜、挂灯谜、说灯谜、打灯谜"六站任务，细致周密地引领学生兴致盎然地玩中学、学中玩。我们从品元宵、做汤圆等接近孩子日常生活的活动中，让他们了解中国饮食文化的源远流长，在"美食"中建立文化基因；我们在具有强烈视觉冲击力的舞龙舞狮表演中，激发孩子们进一步学习了解传统文化的兴趣。

在感悟传统文化中强化团队意识。当前，随着社会节奏的加快和生活水平的提升，孩子们虽然生活条件优越、备受宠爱，但缺少家庭和邻里"玩伴"，普遍缺少合作意识。项目活动中，我们打破班级界限、年级界限、年龄界限，通过设计一起做汤圆、集体看花灯、合作猜灯谜等集体性活动，让不同班级、不同学段的孩子们形成一个个合作团队，齐心协力完成任务。让孩子们认识到团队合作的重要性和有效性，进而培养孩子的社交能力，让孩子的性格、人格得到进一步优化提升。

在感悟传统文化中展示个人风采。对于低学段的孩子而言，恰当地鼓励和表扬对其成长具有积极作用。为此，项目活动中我们让不同的孩子走到前台，通过解读灯谜谜底、讲述传统故事、领受活动奖品等方式，让孩子们尽情展示自己的魅力、能力、才华和才艺，鼓励孩子大胆想、大胆说、大胆秀、大胆做，让孩子更加自信自强，心理更加健康和阳光。同时，这也有效激发了孩子主动学习、创新学习的积极性。

在感悟传统文化中推进家校协作。学校、社会、家庭三位一体的教育才是最完美的教育模式，通过项目学习的探究活动，翠微小学创造性地将孩子与家长、老师组成了一个全新的研究共同体，促进家长参与到学生成长的具体过程中来。在此次以"灯谜"为主题的项目学习中，家长与孩子一起参与研究，从寻找灯谜到学校实地参加"元宵节游园会"活动，家长感受孩子在文化中成长，在探究中成才的过程。项目学习使家长对学校的教育深深折服，并积极主动地参与其中，推进了家校共育的合作。

通过近年来的项目学习，我们深知必须突出主题、深化内容、强化参与、根植文化才能取得较好的教育效果。未来，东校区将进一步总结经验，探索路子，奉献更多"彩虹"一样的多彩活动，让孩子们的成长更加健康茁壮。

本校区主要为高学段学生。因此在推进项目学习时本校区倡导通过落实学生自我管理教育实践活动，实现校区发展特色——"自我管理，自觉自为"。如"飞行物"项目研究中收集整理并举办展览就是一次实践的机会。开学初，各班在小干部组织下收集了研究成果——飞行物小报，经过民主评议，选出优秀作品，之后由学生自发组成"办展委员会"，选版、设计、排版、张贴、布展……分工明确，安排有序。"动力飞行物"小报展览一经举办就吸引了全校区师生的目光。同时，展览的举办，让同学们了解了校区内不同班级、不同学生的研究成果。校内的文化交流不仅丰富提升学生的认识,很好地推动了项目学习的进行,并且激发了学生参与、竞争、展现自我的意识,自觉自为的组织促进了自觉自为的改变。

项目学习为不同年龄层次、不同能力的学生设计了不同的目标,各个校区根据自身特点因材施教,真正做到"一切为了孩子,为了孩子的一切",让每个学生都有了自己的进步。同时,教师也在此过程中加深对学生的理解,对学科的理解,打破常规,转换思维,实现了教学相长。

图 6-32 本校区学生的项目学习汇报

(三) 家长心中的项目学习

家长是最关心孩子学习和生活的一个群体,但许多家长却无从下手,项目学习研究中学习共同体的建立恰巧为家长提供了一个走近孩子、参与孩子学习的机会。面对项目研究学习,家长也有话说。

1. 寓教于乐的"金钥匙"

朱函润的家长认为,项目学习是对寓教于乐理念的最佳诠释,让学生在学习中收获快乐,在实践中共同成长:

在寒假刚刚开始的时候,朱函润和吴沁菲组成了研究小组,他们两个人约定每周进行连线,交流项目研究的想法和思路。

他们最先提出了团圆的概念。在几次沟通中,他们认为团圆的概念会被其他同学提及，因此在概念之外，要合理展开外延。

于是他们多次向家长问及，想到团圆的时候，还会有哪些联想。

作为家长，我们为孩子们提出了一些假设，比如，国外的团圆是怎样的，也是在春节吗？国外的团圆也有很多的习俗吗？

在得到这些提示后，孩子们的研究小组活动再次启动。

准确、有效地全面阐释了团圆的丰富概念后，他们确定了学习小组的汇报方式。在这一学习过程中，我们发现，孩子在进入六年级之后，学习内容更加丰富，眼界更加开阔，时常有一些奇思妙想，出乎家长的意料。

更难能可贵的是，孩子们都非常有觉悟，他们不仅仅把团圆二字放在家家户户的小情感上，还坚定地认为，在这一时刻，解决台湾问题，才是真正的团圆。

在查阅资料的时候，孩子们收集了很多画面，有的画面非常有趣。

此外，在PPT制作的过程中，两个人在不同的页面中添加了背景音乐，让项目汇报内容更加丰富。

在安排演讲节奏的时候，孩子们把演讲的PPT逐页打印，在课间反复合作练习磨合。

通过项目学习，我们能感觉到孩子的成长，他们在一边学习一边思考，一边向社会伸出触角。这让我们非常感动，学校培养的不仅仅是品学兼优的学生，还在培养逐渐向社会延伸的社会人。孩子们在研究小组中所建立的一丝不苟的合作态度和力争为班级争光的团队精神，是他们最大的收获。

2. 亲子关系的"黏合剂"

宋雨阳家长与孩子一同参与了项目学习，感受民族文化的魅力，她认为在项目学习的过程中，家长能够走进孩子的内心世界，拉近与孩子的距离，陪伴孩子成长：

在陪伴孩子进行项目学习主题研究的过程中，孩子经常会提出千奇百怪的问题，一个他难以理解的概念，一个脑洞大开的想法，或者一个"幼稚"到"无聊"的活动。作为家长，我如何去给他解释？这时候，最有效的方式不是完全解释清楚概念，而是通过有趣的小实践活动，激发孩子的好奇心，与孩子一起去探索研究。通常，我的做法不是一味地解释原理和方法，甚至直接代替孩子去帮他做，而是鼓励孩子自己去尝试，哪怕会失败。

项目学习不只是让孩子理解这个世界的规律，还让孩子形成一种认识世界的科学的思维方式。我们教会孩子提出问题，设计研究探索的方法，尝试弄清楚在研究过程中收集到的问题和答案，并努力去探索这些问题和答案之间的关联。让孩子知道，也许我们并不是总能找到问题的答案，但是我们不会停止探索的脚步！

一起探索项目学习主题的过程，也是陪伴孩子成长的过程。孩子的成长只有一次，陪伴才是对孩子最好的教育。项目学习，让我和儿子像好朋友一样探讨"家"的含义、"团圆"的民族文化传统；一起去探究"纸"的起源、发展，利用植物去尝试纸的制作实践；"我是主讲人"里，我陪孩子一起欣赏都江堰的壮丽美景、感受都江堰悠远的历史情怀，体会中国古代劳动人民的伟大智慧。我们一起学习探究，让我与儿子的交流与互动更通畅，也建立起了彼此之间的尊重。

有趣的项目学习研究结合了现实生活，激发了孩子的兴趣，引导孩子自己提出问题并思考解决问题。我们需要做的就是在旁引导，帮助孩子像科学家一样去思考；引导孩子掌握思考怎么解决所遇到的问题的方法，这一点更为重要。

六年的小学生活，十一份项目研究任务书，这种研究的精神，这种创新意识，这种协作探究的能力深深地扎根在了孩子的心中。感谢翠微小学这种把知识和实践结合在一起的项目学习方式，让孩子受益匪浅。阳光校园，绽放灿烂笑颜！在探索中认识世界，在创造中成就梦想！

程媛熙家长认为每年假期的项目学习已经成为了家长和孩子的共同期盼，家庭共同体的建立促进了亲子关系的紧密：

每年寒暑假到来前，我们家长都和孩子一起期盼着学校的项目学习安排。学校根据孩子们的年龄段特点，科学地分年级制定了同一项目学习主题的不同研究内容。研究内容符合不同年龄孩子的认知水平。通过前期制订研究计划，假期时开展项目主题深入探究的学习过程，孩子们开阔了眼界，增长了知识，培养了独立思考的能力。返校后，孩子们结合自己的研究成果，运用三分钟演讲、现场展示交流项目学习成果，这同时也提高了孩子们的综合表达能力。孩子在校六年，学校一直坚持开展这个活动。项目学习让孩子们受益匪浅。

……

项目学习过程，不仅能激发孩子对身边事物的兴趣，还能促进亲子关系。家庭成员可以和孩子一起组建学习共同体。低学段时家长是孩子的学习顾问，指导孩子应该如何规划研究过程，手把手带着孩子一起做研究。到了中高学段，孩子独立完成任务的能力越来越强，反过来，孩子成了小顾问，安排家长提供必要的支持。家长辅助孩子完成任务，在互动过程中，大家一起讨论，动手动脑，为共同的项目出谋划策。随着孩子一年年的变化，我们家长也看到了孩子的成长：他们自主规划的学习内容越来越有创意，表达也越来越生动有见地。项目学习报告逐步与信息时代接轨。他们自己学着制作PPT，并且越来越精美，素材除了色调主题统一，还慢慢加上动画效果。孩子在演讲报告中，从磕磕巴巴讲不了三分钟，到后来滔滔不绝，说到停不下来。孩子们通过项目学习取得的进步我们家长看在眼里，喜在心里。

感谢学校每年精心为孩子们设计项目学习活动，每个孩子都在活动中受益。项目学习已经成为翠微小学的特色假期作业，我们希望这个活动能够一直开展下去，让孩子的实践学习更加丰富。

3. 传承家风的"纽带"

家长张娟还向学校发来了感谢信，感谢学校项目学习对学生的教育教化作用，让家风能够在学生中不断传承。

我的女儿和儿子都在贵校读书，几年来他们在学校领导和教师的教导下茁壮成长，我心怀感激。特别是学校开展的假期项目学习活动，我和女儿、儿子都收获颇多。"灯谜""饺子""灯笼""地铁"等学习项目让我们大开眼界。尤其是今年寒假的"对联"学习活动更是有意想不到的收获。于是我情不自禁地写了这封感谢信。

第一，没有"对联"学习活动就没有爷爷的"人生八联"。为了帮助孙女孙子研究对联，爷爷买了一本厚厚的《对联大全》。按照学习的要求，爷爷在书中寻找了五副对联。因爷爷在研究人生，很自然地就按照人生的思路去选择，结果有了意外的收获。爷爷选出了七副对联，居然涵盖了人生的七大问题。即：孙中山的志气联、毛泽东的智慧联、顾宪成的重政联、洪应明的哲理联、苏东坡的愧疚联、梁启超的知错联和山野村夫的幽默联。爷爷非常兴奋，又用其中的四副对联自创了一副综合联，正好是"人生八联"。爷爷说，如果不是"对联"学习活动，哪有我的"人生八联"，所以应该感谢学校开展了"对联"学习活动，为爷爷的研究拓展了领域。

第二，"人生八联"引得全家人都写祝福对联。爷爷将"人生八联"作为新年礼物送给家人，为家人讲解"八联"的人生含义，引起了家人的浓厚兴趣。去年我家被评为"全国最美家庭"，与摄制组的车导演成了好朋友，今年要给她写祝福的吉祥话。我们听了爷爷的"八联"讲解，来了兴致，改吉祥话为对联。特别有意思的是，女儿看爸妈给车导演写对联，她也偷偷地写了一副对联，交给爷爷看。爷爷喜出望外，连连夸奖。女儿的上联是"人生巧手助人棒"，下联是"品质优心待人好"，横批是"我的榜样"。爷爷看后说，清末名人梁启超十岁写知错联"堂前悬镜，大人明察秋毫"，如今，我孙女十岁也写对联，虽然比不上梁启超的对联，可这是第一次呀，难得，难得！我要把对联的底稿保留，这是她人生的重要资料。

第三，应用对联解决具体问题。孙女期末数学考试成绩不理想，爷爷对她说，不要灰心，她说，我已经灰心了，爷爷不知如何稳定她的情绪。放假了，在寻找对联的过程中，爷爷发现了洪应明编著的《菜根谭》里的哲理联：宠辱不惊，看庭前花开花落；去留无意，望天上云卷云舒。爷爷来了灵感，给她讲上联，对她说，"宠辱不惊"四个字，按照你的情况应该这样解释，考试得了100分，不要惊喜，防止骄傲；考试成绩不理想，不要惊慌，防止意冷。自然规律是花开花落，人生规律是宠辱交替，不管哪种情况，我们都要积极面对，想办法解决问题，继续前进。

经过这样的讲道理，孙女的情绪稳定了，这也是学习对联的意外收获。

对联学习活动对我家产生了重要的影响，传统文化与现代人生研究结合，既丰富了节日生活，也提高了人的品位，解决了具体的问题。

祝愿项目学习活动越办越好！

4. 走进校园的"通行证"

章睿祺妈妈是一年级学生的家长，家长和孩子都是第一次接触项目学习。他们认为项目学习非常有趣，它既培养了孩子的动手能力又训练了孩子的团队合作能力，令孩子受益匪浅。

对于项目学习的具体内容，我们选择了做灯笼这个主题。因为孩子们住得比较近，家长们便以小组活动的方式组织了此次活动。活动当天，我们每个家庭都准备了各自不同的材料、工具和创意带到了现场。

孩子们虽然有些日子没有见面，但都表现得格外热情，他们主动和同学们一起分享自己的所有，遇到困难的时候能够提供自己最无私的帮助，活动结束的时候，还能主动和家长们一起把桌子周围的废弃材料收拾得干净妥当，保持公共环境的整洁，愉快的氛围让我们家长都有些羡慕。

虽然在这个过程中孩子们弄花了小手，做出的灯笼形态也不是特别的完美，虽然孩子在制作过程中经历了失败和沮丧，但最终每个孩子都拥有了一个属于自己的、独一无二的灯笼作品。他们在合作和分享中收获了最后的成功，体会到了相互帮助带来的温暖的成就感，看着他们合影时的满足和喜悦，我们作为家长也感到十分自豪。

开学后，作为家长代表，我也很荣幸地参与了班级猜灯谜的活动。在班主任老师的精心布置下，教室里面挂满了同学们做好的各式各样的灯笼，有序并且十分喜庆。看得出来，每一个灯谜都是孩子们精心准备出来的，虽然字迹还很稚嫩，有的甚至用拼音代替汉字，但是却不失工整。

……

翠微小学布置的关于"春节"的项目学习活动是很成功的，它既拓展了孩子对于中国民俗的了解，又能很好地锻炼他们的动手能力以及团队合作能力，把知识和实践很好地结合在一起，最终寓教于乐，让孩子们受益匪浅。

范力为妈妈是毕业生的家长，她的孩子经历了六年项目学习。项目学习以一个特殊的方式记录着孩子成长的点滴，也让家长参与了孩子的校园生活。

跌跌撞撞入门

一年级第一学期结束之时，女儿带回了寒假作业。她愁眉苦脸地把一叠彩纸伸到我面前说："妈妈，这是什么作业，怎么做呀？我不会。"我定睛一看，是一本装订成册的硬质薄本，喜庆的中国红是主要色调，封面上赫然写着：翠微小学"项目学习"主题之——春节。打开一看，里面分研究路径、研究报告、研究过程、评价量规等几个部分，每部分或有详尽的解读和提示，或有深一层级的细分和步骤。

……

看得出来，这份薄薄的小册子倾注了设计者满满的心血和智慧，揉入了伴随学生成长进步的良苦用心。可让一年级的小朋友开始搞项目，他们行吗？这份作业最终会不会又沦为"折磨"家长的工具呢？我不禁发出了疑问。可不管怎样，寒假作业总要完成的，我只能先带着孩子一起尝试了。

我告诉女儿，这次的主题是"春节"，她应该趁过年的时候，好好观察一下春节时人们都有哪些和平常不一样的言行,看看家乡的春节都有哪些风俗习惯,搜集信息并认真记录。女儿郑重地点点头。

年后,我陪着女儿开始完成笔头任务。我启发女儿按照任务书上的提示要求逐一书写记录。在我的引导下,女儿一点儿一点儿填满了表格,慢慢摸索做项目的"门道"和技巧。而在完成研究过程这一模块时,我告诉女儿,这里没有表格和边框,只有大片的留白,目的就是让她不要拘泥于传统的文字表现形式,可以选择自己喜欢的任何方式进行发挥。于是,我欣喜地看到女儿画上了对联和红包,贴上了年夜饭的全家福照片,用尺子画出笔直的线条并配上整齐的文字,甚至还依葫芦画瓢设计了简单的表格。看着满篇的自我创作,女儿也有了满满的成就感。

在三分钟学习成果展示这一环节,女儿向学习共同体成员爸爸求助。爸爸帮孩子做了一个小视频,把孩子拜年、领压岁钱、贴对联等场景都放了进去。看着自己成为影像的主角,孩子惊喜不已,连连说:"这就是项目学习呀,太有意思了!以后我还要做。"

帮助孩子克服对项目学习的恐惧和忧愁,激发孩子的兴趣,第一次项目学习的目的,完美达成。

第二学期的暑假,孩子一扫愁容,兴高采烈地举着小册子问我:"妈妈,这期的项目学习主题是'家',你觉得咱们做什么好呢?"我笑着反问她:"你觉得做什么好呢?家里的什么事情是你力所能及的呢?"女儿环顾四周,想了半天,试探性地问我:"妈妈,你觉得以收拾自己的房间这件事来做项目学习行吗?""行呀,当然可以了。你开始学着自己选择合适的主题了,这很棒!"

……

一点点地,我看到孩子把自己房间的衣物、玩具和书籍分门别类地放入柜子或箱子里收纳好,并在装箱之前先进行了筛选,摘出破损严重的玩具或小旧不穿的衣物。而在收纳不同物品时,她在我的指导下也开始慢慢学习分类。看着井井有条的物品和整齐有序的房间,女儿抱着我说:"妈妈，整理房间还挺有学问的。可也真是不容易，挺累的。你每天都这样收拾家，太辛苦了！"我听了，眼泪差点掉下来。如果说项目学习让女儿懂事和成长，那带给我的，无异于意外和惊喜了。

随后，我又告诉女儿，可以把破损严重的玩具和衣物丢弃，但小了旧了还能再利用的则可以送人或捐赠。我还手把手教女儿如何上网查询捐赠途径，如何联系快递、打包邮寄。通过这个项目，孩子懂得了让物品循环使用以达到节约资源、废物利用的目的，也知道了勤俭节约于个人于家于国，都是既有意义又有益处的美德。

跌跌撞撞的入门尝试，让我和孩子都收获颇多。

自告奋勇试水

此后每学期一次的项目学习对女儿来说已习以为常。她渐渐习惯了这样的假期作业，甚至有些期待进行不同项目、各种主题的尝试。她也慢慢从被我指导发展为与我切磋，甚至走上偶尔反驳否定我的意见而要自己拿主意的独立自主的道路。

在三年级寒假的"灯谜"项目中，孩子已经能够熟练地通过网络查询相关资料了。她开始慢慢挣开我的"束缚"，自己对资料进行合理取舍和使用。当我绞尽脑汁好不容易想出了两个灯谜来助她完成作业时，她像个认真的小老师一样严肃地"批改作业"，然后郑重指出一个灯谜过关，另一个却因"露春"而不及格。看我一头雾水，她又耐心地给我解释"露春"的含义。那一刻，我因孩子知识面的拓展而对项目学习心怀感激。

四年级暑假的"我是主讲人"项目要求介绍一个地点。女儿思虑良久直接给爷爷打电话索要家乡一个烈士陵园的资料。我惊讶地问她为什么选择这个地点。女儿说爷爷带她去过一次，那里庄严肃穆的环境氛围，感人至深的烈士事迹，一排排的陵寝墓碑，都让她非常震撼和触动。她内心深处第一次涌上来无比真切、实实在在的爱国之心和对烈士的敬仰之情。所以她想要展现这一切，让同学们和她一道接受爱国主义教育和洗礼。听了这些，我半晌无言。因项目学习而促成女儿的主动学习和分享，也感动了我。

在准备三分钟展示环节时，女儿提出她不想再像以前一样要么干巴巴地上台讲述，要么拿几张图片或照片作为"道具"辅助解说，她想学做PPT。我自然是全力支持，倾尽所有教给孩子。项目学习促进孩子发挥学习的主观能动性实在是家长说教所比不上的。

轻车熟路成长

上了高年级，孩子的项目学习已经完全不需要我"插手"了，我正式退出了历史的舞台，把"权力"的交接棒彻底递到了孩子手中。五年级的"吉祥话""我是行动者"项目学习、六年级的"团圆"主题，都是女儿一力承担、独立完成。看着她坐在电脑前专心致志地查找资料、一丝不苟地撰写项目任务书，我感到无比欣慰；看她突然跃起跑出家门，围着小区的分类垃圾桶拿着手机前后左右一顿猛拍，我觉得她好笑又可爱；看她熟练流畅地运用软件编辑照片，乐此不疲地制作PPT，驾轻就熟地插入图片、设计动画，我只能感叹后生可畏，青出于蓝而胜于蓝。

六年光阴，11次校级主题研究学习项目，女儿获得5次特色创意奖和3次积极参与奖。荣誉是鼓励，是肯定，也记录下女儿六年来的每一次历练和每一分成长。而我在陪伴她学习和进步的征途中，也在慢慢成长和成熟，向更合格优秀的家长进军，收获良多，喜悦感满满，成就感十足。

感谢翠小，感谢项目学习！"好风凭借力，送我上青云"，但愿我们现在的互相成全能成为将来的互相成就！

项目学习不仅是学生假期生活的重要组成部分，也扎根在每个家长的心中，它是寓教于乐的"金钥匙"，是亲子关系的"黏合剂"，是传承家风的"纽带"，也是家长走进校园的"通行证"。项目学习走入了每个翠小家庭，拉近了家庭间的距离，也缩短了家校之间的距离。

图 6-33 家长与孩子参与项目学习实践

项目学习的开展不仅意味着一种新的学习形式的诞生，更主要的是一种体现时代精神的新的课程理念的生长。它促使学生在解决问题的过程中学习，让他们从中获取知识，并且培养了他们的能力，陶冶了他们的情操，让学生更适应未来社会的需求。作为一项经验性、实践性、突发性、生活性并重的学习活动，无论是在内容组织、实际操作还是管理评价上，项目学习都有着其他学科无法比拟的广袤性和多元性。各种学科的融合，使得项目学习有着更强悍的生命力。项目学习也促使学生在各类学科知识中习得自觉性。

从认识项目，到研发、固化项目学习，我们在实践中也在不断地反思。

反思一：项目学习作为逐渐兴起的一种新的学习形态，没有固定的模板，没有现成的经验，没有统一的教科书，但是它几乎成为了课程改革绕不开的关键步骤。这对于习惯了专科教学，按部就班地翻看教科书的老师们来说非常不适应。怎样操作，如何管理，如何评价，对老师而言都是极大的挑战，光是从课程定义与原则来找是找不出路子的。而且，老师们也质疑：它的优势在哪里？难点又是什么？该如何做？它需要不断澄清教师们的认识。

反思二：项目学习与综合实践活动课程在理念、过程、方法和评价等方面有诸多一致性，项目学习应用于综合实践活动课程的教学不仅具有可行性而且还具有独特价值和显著优势。从走过的历程发现，教师在应用项目学习过程中存在亟待改进的方面，需进一步厘清项目学习与综合实践活动的边界，建构和丰富项目学习的教学内涵，提升教师项目设计的能力，进行学科内、学科间的深度融合，加强多方联动推进综合实践活动课程。

反思三：翠微小学的项目学习是在寒假和暑假进行的，学生虽然有项目书的引导，但是缺乏精细的安排，参与程度不一，久而久之就会让学生学习和探究的热情有所削减。

反思四：项目学习既然是一种新的学习方式，就需要教师参与其中，让学生的研究走向深入，又需要教师通过解构与重组相关教材内容，进行主题式综合教学，推动各学科的有机融合，赋予学习不同的意义，有更多的选择性，促进学生自主合作、探究学习方式的常态转化，在这之中教师的作用是不可小觑的。但是在寒暑假期间，教师很难实现对学生的深度引领，不易于促使学生在各类学科知识中自觉性的习得和综合性的应用。

第七章

项目学习的
意义影响

一、学生成长风采各异

综合实践活动课程是我国当前课程改革提出的一种新的课程形态，是以学生自主选择、直接体验、研究探索为基本学习方式，以学生个性养成为基本任务的一门新兴课程。翠微小学的项目化学习就是综合实践活动课程的直接体现。确定项目主题，采用项目推动的形式，同一时间段全校学生共同深入探究、分享交流、反馈提升，这一新颖独特的研究方式让学生的眼界更加开阔，成长更为迅速。

（一）关键能力节节攀升

几年来，翠微小学基于项目学习的课程实践，以相信学生的能力为前提，把项目主题转化为学生生活中的真实问题，聚焦一个或几个学科的核心目标，以为学生提供脚手架的方式帮助学生开展探究，培养学生的关键能力，学生在探究中不断实现自我成长。

1. 由表及里思维深入

英国哲学家怀特海说："教育只有一个主题，那就是五彩缤纷的生活。"项目化学习形式的跨学科课程着眼于跨学科思维的培育和整体性的人格培养。

翠微小学2020年寒假项目学习的主题为"团圆"。团圆是亲人团聚之意，是扎根在中国人内心最深处的情感之一。一提到团圆的节日，学生们自然而然地想到了春节、元宵节和中秋节。翠微小学本校区六年级14班的杨铭齐却另辟蹊径，对春节中父母给孩子的压岁钱这一方面做了深入细致的研究。

在中华儿女心中，春节是团圆、喜庆、祥和的重大节日。当杨铭齐同学看到这个项目学习的主题时，脑海中浮现的不仅是家家户户阖家团圆的场景，他还联想到了同学们收到亲朋好友压岁钱时的开心笑颜。压岁钱从小时候的现金逐渐变成了现在的微信红包，每年父母的红包金额有什么变化吗？同学们收到的红包是否跟我收到的红包金额差不多呢？微信群里抢红包什么时候可以抢到大的红包呢？有什么规律吗？

针对这一系列关于压岁钱的疑问，杨铭齐进行了深入的思考，抓住事物的规律和本质，从而预见事物的发展和过程，建立了"什么是压岁钱—压岁钱来源统计—压岁钱支配统计—父母拿走压岁钱合理吗—压岁钱数额的实际调查—微信红包"这样的研究路径。

压岁钱的调研与思考
六年级（14）班　杨铭齐

一、问题的提出

春节，是阖家团圆的日子，每个小朋友都能拿到压岁钱。那么每个人的压岁钱的情况都差不多吗？一般情况下，父母都会替我们保管我们的压岁钱。那么，父母拿走我们的压岁钱用来干什么呢？随着科技的进步和时代的发展，再加上今年大家都是就地过年，不能面对面发压岁钱，就有了一种新的方式——微信红包。那为什么我每次抢到的压岁钱都特别少，有些人就能抢到特别多的压岁钱？这其中有什么规律吗？

二、研究方法

①上网查找压岁钱的来历、历史典故以及各种数据。

②用问卷星编写调查问卷并通过微信进行发放，随机调查同学们的压岁钱情况。

③调查问卷的分析，综合运用六年级上学期学过的扇形、条形、折线统计图。

④用 C++ 以及 python 编写程序模拟微信红包发放时的情形，并探索规律。

三、研究内容

1. 什么是压岁钱？

压岁钱，又名压祟钱，"祟"就是不吉利的东西。古人借这个习俗来表达来年不要有任何不吉利的事情发生的愿望。

2. 压岁钱来源统计

父母的职业与孩子压岁钱的总量有一定关系。家长是公务员或在外企工作的，孩子收到的压岁钱多集中在 5 000 元上下。公务员家庭孩子的压岁钱多在 3 000~5 000 元，千元以下的不到一成；家长在外企工作，孩子的压岁钱一般是 2 000 元起步，5 000~8 000 元的接近半数。相比之下，工薪家庭的孩子，压岁钱就没有这么多了。

3. 压岁钱支配统计

调查中，超半数孩子表示，对于压岁钱由父母管理没有意见，同时也有近半数孩子对父母管压岁钱一事表示不能理解，有的还会产生反感。无论是否赞同应由父母保管压岁钱，父母强收压岁钱时"给你交学费"或"攒着以后用"等言辞，受访孩子表示是一个大谎言。"可能他们就花掉了"或"转手给别的孩子发压岁钱"是很多孩子的想法。

4. 父母拿走压岁钱合理吗？

我国相关法律规定，未成年人享有财产权利。长辈给未成年人的压岁钱，其性质属于赠与物，应当认定为未成年人的个人财产。

父母是未成年人的监护人，可以替孩子保管压岁钱。

但家长不能私自挪用或不予返还。根据我国法律规定，父母作为未成年子女的监护人，除为子女的利益外，不得处理子女的财产。

5. 压岁钱数额的实际调查统计

经过统计得知，样本内压岁钱平均数额约是 5 362.9 元/人。但是 40 人中只有 14 人超过 7 500 元，所以每个人的压岁钱差异很大。压岁钱在 1 000~5 000 元的占大多数，当然也有少部分人所得的压岁钱较少，整体分布不均匀。

6. 微信红包

"手气最佳"是指单个红包内抢到金额最大且用时最短者，可以说，先抢抢不到大红包！

四、研究过程

表 7-1 研究时间阶段

时间	内容
2.13—2.14	确定研究主题及内容
2.16—2.20	完善项目学习任务书
2.20—2.22	设计并制作展示 PPT
2.23—3.1	写 PPT 展示稿
3.8	第一次展示 PPT
3.9—3.10	改 PPT 及展示稿
3.10	参加校级展示

五、反思

①本次调查因为时间原因，范围有一定的局限性，仅能反映海淀区的压岁钱状况。

②PPT 制作经验略有欠缺，未充分考虑聆听者的感受，个别页面字体过小，排版不够美观。在母亲的指导下，完成了 PPT 的调整。

图 7-1 压岁钱的定义

 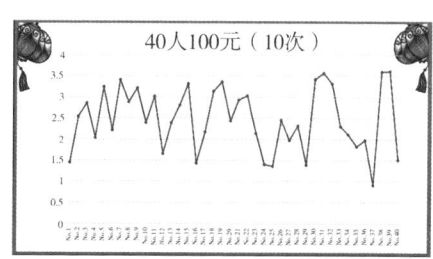

图 7-2 抢红包的策略

在做完"项目学习之团圆"主题的调查研究后,杨铭齐同学在他的总结中这样写道:"我由'团圆'项目学习主题联想到春节时的压岁钱。在父母的帮助下,我进行了压岁钱的相关研究。通过收集资料和分析数据,我发现了不同地区的父母分发压岁钱的特点、压岁钱与父母职业的关系。当总结归纳出微信抢红包的普通规律时,我十分开心,这可以让我应用于日常,真有成就感啊!"

高阶思维能力,是基于布鲁姆认知目标分类提出来的较高层次的认知活动,即分析、评价和创造。杨铭齐关于"团圆"主题的压岁钱研究,正是高阶思维引导下的产物。通过积极收集信息、获取知识、完善方案、编制研究报告、做口头演讲等,编程模拟实验完成数据的收集,进入了学用结合的过程,体验到知识能解决实际问题的甜头,培养了孩子的动手实践能力、创新与批判性思维能力以及语言表达能力。

2. 由点及面思维发散

赞可夫说过:"凡是没有发自内心求知欲和兴趣的东西,是很容易从记忆中挥发掉的。"发散思维能力的形成需要以乐于求异的心理倾向作为一种重要的内驱力。2017年暑假,翠微小学进行了"纸"项目学习的主题探索,学生们在完成项目主题的研究过程中,开动脑筋,大胆尝试,关于"纸"的方方面面的问题得到了呈现和解决。

造纸术是中国古代四大发明之一,它与指南针、火药、活字印刷术一起,给中国古代文化的繁荣提供了物质技术的基础。在现代社会,纸张更是与生活密不可分,它承载着丰富的文化、多彩的知识。一张不大的A4纸,经过同学们反复折折、撕撕、剪剪,纸条一次比一次窄,一次比一次长,最后变成了一根长长的纸条;古法造纸体验,学生们按照制浆、成型、上网、干燥、成品的步骤,与纸零距离接触,体验造纸的乐趣;用纸折出美丽的东西,用纸制作出世界上独一无二的时尚衣装……在本次"纸"项目学习活动的五个环节中,一路"玩"下来,学生们渐渐爱上了纸。

翠微小学五年级（7）班的陶书宇同学，以"'纸'要不留遗憾"为主题，整合思维，通过移植、共融、联动、互补的作用机制实现学科整合，聚焦常见的"纸飞机"和"绿色用纸"两个方面实现对真实问题的解决。

"纸"要不留遗憾
五年级（7）班　陶书宇

一、节约用纸的方案

①少用一次性纸质产品：纸巾、方便快餐盒、一次性筷子等；

②双面用纸；

③上学期没用完的作业本这学期可以用来做练习用。

二、废纸再利用

目前的方法：将废纸打成纸浆，用纸浆再生纸。

再生纸方法的缺陷：

①产生的工业垃圾多，比如：废水、废尘、废煤渣等；

②再生利用度不高；

③使用面不广，比如只能用来做抛光纸、新闻纸、轻便纸等，但不能用作面巾纸、试纸等。

在纸上写字的原理：

目前的纸是由纤维构成的，表面粗糙，写字的时候铅笔的铅或签字笔的墨汁摩擦吸附在纤维上，就形成了字。

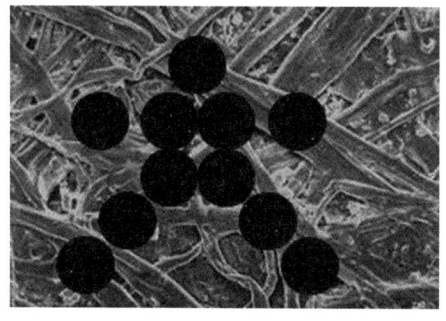

图7-3　字写在纸上的原理

纸再生的方法：

在回收的时候，可以用简单轻便的类似吸尘器的东西把粘在纤维上的铅或墨汁吸出来，纸就可以再一次利用了。这样可以不用送到工厂进行回收利用。

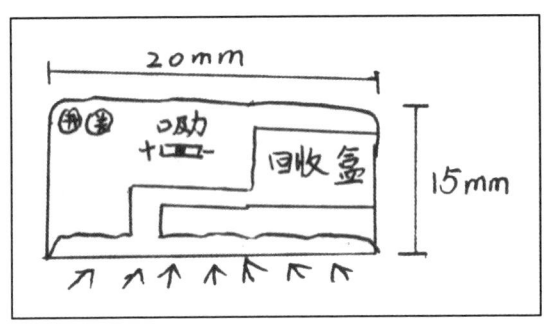

图7-4　回收利用的思路

三、挑战纸飞机

机型选择：我上网查了一下资料，发现目前打破世界纪录的纸飞机有三种，分别是"复仇者"飞机、"空中之王"飞机和"DC-03"飞机。由于"空中之王"和"DC-03"太难折，我没采用。除了"复仇者"外，我还选了其他4种机型。

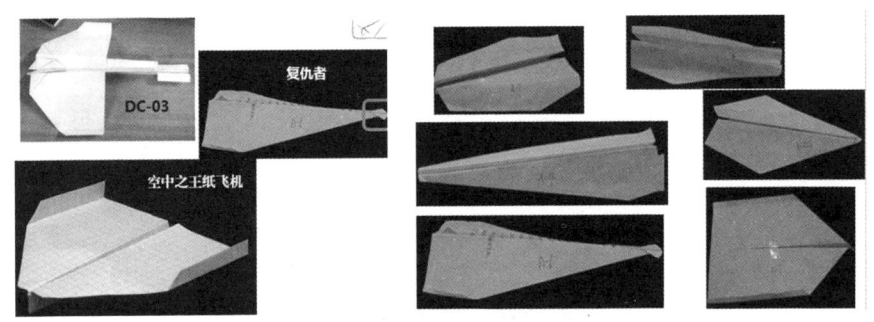

图7-5　纸飞机机型

材料选择：折飞机时要选比较硬的纸，比如A4纸或卡纸，不能选用软纸，比如作业纸。纸软的话，会导致飞机飞不起来或飞到一半掉下来。

飞机制作：折飞机的时候，要对齐，边对边，角对角，棱角分明。一些地方要像刀片一样，比如机翼折下去的地方。折完后要压平，不能有的

地方是圆角。(特殊情况除外)

图 7-6　折纸飞机

四、试飞测试

测试飞行时间的时候，要定好统一的标准。我们的标准是与地面呈45度角，顺风1米助跑。

表 7-2　试飞时间

飞机编号	第一次	第二次	第三次	第四次	第五次	第六次	最长留空时间	排名
1	2.2 s	2.21 s	2.54 s	3.32 s	3.81 s	5.38 s	5.38 s	4
2	1.66 s	3.05 s	2.44 s	3.6 s	5.54 s	3.51 s	5.54 s	2
3	2.2 s	2.14 s	2.08 s	4.41 s	5.66 s	3.11 s	5.66 s	1
4	1.35 s	1.78 s	2.47 s	3.68 s	4.42 s	3.87 s	4.42 s	3
5	1.42 s	3.36 s	1.62 s	3.21 s	3.53 s	4.17 s	4.17 s	5

五、结论

①纸飞机最长飞行时间5.66秒；

②妈妈扔的纸飞机飞行时间比较长，说明她的力气大或比我的技术高。

针对学生们喜闻乐见的折纸飞机现象，陶书宇同学从纸飞机的机型确定、折纸材料、留空时间长短分析、工艺品纸飞机这 4 个主要方面进行了研究。通过查阅资料，陶书宇同学选用了目前打破世界纪录的"复仇者"飞机和其他 4 种机型进行试飞。最后，陶书宇和妈妈一起试飞了所有的纸飞机，并用表格的形式详细统计出了每架飞机的试飞时间，找出了留空时间最长的纸飞机机型。

基于项目的学习，摆脱习惯性思考方式的束缚，使学生思维不受固定模式的制约，学会变通，在解决问题过程中能别出心裁地提出新异的想法和解法，这是项目学习让思维发散的成果所在。

（二）个性特长熠熠生辉

2010 年 7 月教育部颁布的《国家中长期教育改革和发展规划纲要（2010—2020 年）》中明确提出了"要更新人才培养观念，树立多样化人才观念，尊重个人选择，鼓励个性发展，不拘一格培养人才"的要求。同时，它进一步指出了创新人才培养模式的重要方法，提出要"注重因材施教，关注学生不同特点和个性差异，发展每一个学生的优势潜能。"

1. 尊重学生，观察个性

著名教育家陶行知先生曾说过："培养人和种花木一样，首先要认识花木的特点，区别不同情况给以施肥、浇水和培养教育。"充分尊重学生的个性差异，根据学生心理上的个别差异而进行因材施教是教育上的一个普遍规律，历来为教育学家们所重视。

春节等喜庆节日是中华民族传统的节日，其中蕴含着许多民族特色和丰富多彩的习俗。在"灯谜"项目学习汇报中，学生们的研究成果五花八门，不同形式的作品显示了不同的灯谜知识。霍达同学自小练习快板，在学校的项目学习汇报活动中，他以时长 2 分钟的流利快板演出收获了师生的阵阵喝彩。霍达同学不仅把春节的喜庆祥和传达给了每位同学，而且编写的快板唱词也是别出心裁：

正月十五佳节到，家家户户吃元宵。吃完元宵干点儿啥，且听我来细报告。制作花灯不可少，分好步骤很重要。竹签美好六边形，一个底来一个顶。一个柱子中间插，再把白胶往上刷。一张红纸配横幅，六面围起像小屋。屋里挂个中国结，屋里放个小蜡烛。大红灯笼高高挂，大家齐声把我夸。我说好像缺点啥，灯谜千万不能差。灯谜俗称叫文虎，南宋时期就诞生。至今已有八百五，猜谜解谜方法多。我给大家说一说，拆字法要多分解，增补法要加偏旁，半面法得先拼凑，通假法得变古义。灵活运用勤思考，所有灯谜难不倒。现在咱就来一个，在坐诸位动动脑。听好了，千年古屋（打一作家）。恭喜您，答对了！全家争分把谜破，其乐融融乐呵呵。欢声笑语把节过，把节过！

早在两千多年前，教育的开山鼻祖孔子先生就采用了因材施教的方法。先天禀赋、后天环境等因素的影响决定了学生不一样的发展可能性和发展需求。项目化学习也是如此，项目研究主题要从学生的实际出发，使研究的深度、广度、进度既适合大多数学生的知识水平和接受能力，又照顾到学生的个性特点和个性差异，使每个学生都能得到充分的发展。

2. 创造环境，发展特长

素质教育是以人为本的教育，它把人的因素放在第一位考虑，重点放在挖掘人的潜力、发展人的能力上，不过分强调教学中的步调一致、整齐划一。项目化学习被称为基础教育的风向标，高质量的项目化学习被认为是素养时代最为重要的一种学习方式。翠微小学八年来的项目学习的实践，给学校、家庭和社会提供了相互配合和展示的平台，不失时机地创造一个良好的外部环境以发展学生积极的个性与特长。

在"桥"项目的研究中，五年级（7）班易子舒同学的研究"玉带桥与绣漪桥的比较"让我们震惊于学生的研究热情和学生研究的能力。他在北京市课程展示中向与会的老师做了汇报。

玉带桥与绣漪桥的比较

五年级（7）班　易子舒

序言

今年的寒假作业很特别，我和爸爸妈妈都很珍惜这次自主研究的机会，我们成立了三人学习共同体。下面是我们的整个学习研究过程：

2014年1月28日晚

·我们提出了35个问题，并归纳为四类：一、世界桥梁、中国桥梁的发展史及其特点；二、桥梁工程技术；三、中国及世界桥梁之最；四、桥梁的故事。我们确定研究对象为颐和园的玉带桥和绣漪桥。

我们提出的问题有：

①北京有哪些桥？

②立交桥的结构是什么样的？

③拱桥的建造过程是怎样的？

④如何了解桥的发展史？

⑤最容易搭建的是哪种桥？

⑥未来的桥将是什么样的？

⑦最著名的桥梁设计专家有哪些？

⑧建造一座桥需什么样的材料？如何选材？

⑨桥梁的物理学原理？力学结构问题？为什么它能不垮？

⑩中国的桥与外国的桥有什么不同？

⑪世界上有哪些著名的桥梁设计公司？

⑫如何简易测量一座桥的长度、宽度、高度？

⑬如何从建筑学、物理学、化学、数学、美学、经济学的角度看桥梁？

⑭什么样的桥梁会被视为豆腐渣工程？

⑮有哪些关于桥的电影、电视、歌曲？

⑯桥的发展方向是怎样的？

⑰桥对人们的生活有什么影响？

⑱桥的种类如何划分？

⑲中国有哪些古桥？有哪些特点？

⑳北京的立交桥有什么特点？

㉑设计桥时都要注意什么？

㉒桥的承重如何计算？

㉓"桥"字的中英文含义？

㉔世界上最先进的桥是哪座？

㉕卢沟桥的历史故事？

㉖十七孔桥的历史故事？

㉗世界上著名的桥有哪些？

㉘中国哪个朝代建的桥最多？为什么？

㉙有哪些关于桥的诗歌、散文或小说？

㉚北京最大的桥是哪座？

㉛北京最古老的桥是哪座？

㉜北京最复杂的桥是哪座？

㉝北京的桥是如何分布的？

㉞世界上有哪些关于桥的战争？

㉟不同桥的建设背景有何不同？

2014年1月29日上午

· 我和爸爸一起去颐和园，对那里的绣漪桥和玉带桥进行了实地考察。

2014年2月2日下午

· 我和妈妈制作了表格，并再次考察了绣漪桥，测量并补充了一些数据。

2014年2月2日晚

· 爸爸给我准备了一堂有关桥的文学课——诗意的桥，重点给我和妈妈讲了一首有关桥的诗歌——徐志摩的《再别康桥》。

2014 年 2 月 3 日

- 我和妈妈去国家图书馆查阅资料,没有什么收获。

2014 年 2 月 4 日至 12 日

- 搜集和阅读桥梁方面的专业文献。

2014 年 2 月 13 日至 14 日

- 整理总结资料,制作 PPT。并编制了电话采访桥梁专家提纲。

2014 年 2 月 15 日

- 我和爸爸再次考察了玉带桥,测量并补充了一些数据。

截止到目前的成果有:拱桥之美(PPT)、玉带桥与绣漪桥的比较(PPT)、研究日志、中国和世界的著名桥梁、说文解字"桥"、诗意的桥、数学家眼中的桥、桥的力学原理,我搭建的桥模型还有待完成。

一、外观的比较

图 7-7 玉带桥与绣漪桥（2014.02.15 摄）

对比之一：抱鼓

图 7-8 玉带桥与绣漪桥的抱鼓

对比之二：扶手

图 7-9 玉带桥与绣漪桥的扶手

对比之三：护栏

图 7-10 玉带桥与绣漪桥的护栏

对比之四：台阶

图7-11　玉带桥与绣漪桥的台阶

对比之五：拱券

图7-12　玉带桥与绣漪桥的拱券

对比之六：拱顶

图7-13　玉带桥与绣漪桥的拱顶

对比之七：对联

图 7-14　玉带桥与绣漪桥的对联

对比之八：材料

图 7-15　玉带桥与绣漪桥的材料

结论：玉带桥和绣漪桥在外观上可以说是基本一致的。从周围景观看，我们觉得从绣漪桥远眺西山或颐和园的全景更美。绣漪桥坐落在偏于一隅的南如意门，细节上保护得更好一些。

二、数字的比较

我对玉带桥和绣漪桥的主要数据进行了测量，所有数据以厘米为计量单位，主要测量工具是一个长 5 米的钢卷尺、一卷钓鱼线和一个望远镜。在钓鱼线的一头系上一串钥匙，这样就可以测量悬空或长于 5 米的距离了。望远镜主要是用来观察悬空的钥匙位置。

图 7-16　测量工具和方法

表 7-3　玉带桥和绣漪桥的数据比较

项目	单位	玉带桥	绣漪桥	差异（cm）
桥身方砖	长（cm）	154	95（154　245　114　90）	0
	高（cm）	39	39	0
桥身扇形砖	长（cm）	53	59	－6
	宽（cm）	54（83　75）	80（76　54　53　81）	0
	高（cm）	118	118	0

续表

项目	单位	玉带桥	绣漪桥	差异（cm）
台阶	长（cm）	34（35）	32（40）	2　-5
	宽（cm）	550	542	8
	高（cm）	10（21）	4（23）	6　-2
	块数	76	86	-10
扶手柱	直径（cm）	26	26	0
	高（cm）	50	50	0
	个数	60	60	0
	周长（cm）	79（81）	76（81）	-3　0
护栏	长（cm）	112(100　140)	127（137　160）	-15　-37　-20
	宽（cm）	16	16	0
	高（cm）	80	78	2
	个数	58	58	0
桥砖	砖数量	190（209）	190（209）	0
桥洞	长（cm）	1140	1140	0
	宽（cm）	635	640	-5
开口	长（cm）	473	550	-7
拐角到桥洞	长（cm）	716	940	-224
桥洞到河边洞		101	110	-9
护栏到拱项		192	193	-1
护栏到水面		1078	1113	-35

结论：通过两座桥同类数据的对比，我发现两座桥"几乎"是完全相同的。

三、历史影响的比较

两座桥都建于清乾隆年间，对联都是乾隆皇帝御题。我们在颐和园北如意门外的宣传画上，看到的数据是1750年，距离1860年英法联军火烧圆明园、焚毁清漪园110年。而《欧美桥梁设计思想史》也巧合地将1750年作为西方近代桥梁建设的起点时间。

我分别搜玉带桥与绣漪桥,发现搜索记录的数据存在极大差别(绣漪桥浏览次数为1 883次,找到相关结果约307 000个;玉带桥浏览次数为56 237次,找到相关结果4 020 000个)。

我发现,专业文献中介绍颐和园玉带桥的居多。《茅以昇桥话》只介绍了颐和园玉带桥;《中国古桥技术史》也只拿颐和园玉带桥作例子。

全国各地有很多叫"玉带桥"的桥,比如,江西省信丰县玉带桥,江苏宜兴市善卷镇双祝河的玉带桥,山东济宁古运河玉带桥,杭州西湖玉带桥……叫"绣漪桥"的桥我们没有找到第二座。

为什么同在颐和园内,两座几乎完全相同的桥,却有着天壤之别的名声与影响呢?对此我们还需要继续探索!

项目学习为学生打开了一扇窗,他们不仅用眼睛看世界,更在用脑思考、研究世界,每个学生都有着独特的个性,每个学生都有着自己独特的内心世界、精神生活和内在感受,有着不同于别人的观察、思考和解决问题的方式。在这样的学习方式中,促进学生个性充分发展需要个性化的教育,也就是要真正做到在教育中能面向每一个学生,面向学生的每一个方面。

(三)创新成果流光溢彩

1. 平台助力,优秀成果升级

项目学习带给学生的不仅是学习方式的变化,还有思维方式的变化,他们用项目学习的方式去看世界,他们用项目学习的方法去研究世界,他们给予我们的是精彩、是能力、是创新。

近几年北京市中小学生创新大赛捷报频传。本校学生已经连续四年荣获北京市中小学生科学建议奖一等奖,分别是:2017年赵闻伯《关于提高重症残疾人家庭补贴的建议》;2018年傅千越《关于招募社区志愿者对空巢老人进行关怀和服务的建议》;2019年臧浩宸《关于加强北京市水土保持科技示范园区科普功能的建议》;2020年刘润达《关于充分利用博物馆推广普及冬奥文化的建议》。这几位学生在相关案例的调查研究过程中汲取了项目学习课程的经验,实现了"做中学"的学习方法迁移。

关于充分利用博物馆推广普及冬奥文化的建议

四年级（13）班 刘润达

一、建议的背景、目的和意义

今年的国庆节，爸爸妈妈带我和弟弟去首都体育学院玩，我们参观了奥林匹克教育博物馆，还在气膜滑冰场练习了滑冰。看着各种各样的奥运火炬，还有小朋友们创作的各种冬奥会主题的"冰墩墩和雪容融"画报和手工艺品，我了解了奥林匹克精神，并对冬奥文化产生了浓厚的兴趣。习近平总书记在北京、河北考察时强调，办好2022年北京冬奥会和冬残奥会，是党和国家的一件大事。北京将成为历史上第一个既举办过夏季奥运会，又举办过冬季奥运会的"双奥城市"。

目前，借助冬奥会向全世界传播中国传统文化，向祖国的四面八方传播奥林匹克精神，讲好中国故事，推动东西方文化交流，显得十分迫切。作为一名"双奥城市"的小学生，我一定要多关注、多参与2022年北京冬奥会的举办，为发展冰雪运动、宣传首都北京、宣传冬奥文化贡献力量。

我经常从电视上、地铁上看到冬奥会的宣传。但是，我也观察到冬奥会文化推广存在一些不足，比如，注重比赛赛事的推广，忽略整个冬奥会从申办到筹办及对城市发展影响的推广；注重冰雪运动的推广，忽略冰雪运动文化和奥林匹克精神的推广；注重媒体传播推广，忽略通过博物馆等系统性的推广，且某些展馆的展览形式过于简单，只是陈列，没有很好地利用信息数字技术，做到现场互动，寓教于乐。可以将展览数字化，搬到互联网上，让我们可以在世界的每个角落都能看到北京冬奥会，感受到中国传统文化和奥林匹克精神。

因此，通过调研，我认为最为有效的方法之一就是充分利用北京地区丰富的博物馆（含科普场所）资源留住冬奥文化，推广普及冬奥文化。博物馆是国家、民族、地区保存历史记忆、进行文明传承的重要载体，通过博物馆，我们可以很好地收集、整理冬奥会故事素材，把冬奥会筹办和举办过程及其宝贵遗产全部留存下来，并对社会公众开放，这样既可以保护冬奥会珍贵文物遗产，又可以影响和教育社会大众。

图7-17 在奥林匹克博物馆

二、北京地区博物馆的现状

北京有很多博物馆，藏品丰富，门类品种齐全。目前北京统计在内的博物馆有173个，面向公众开放的博物馆有155个，其中包含80个免费博物馆，52个低价博物馆。表7-4是北京地区具有代表性的博物馆，涵盖了各类型博物馆。

表7-4 北京地区代表性博物馆统计明细表

序号	博物馆名称	是否有冬奥会相关展览
1	中国国家博物馆	否
2	中国科学技术馆	否
3	首都博物馆	否
4	中国长城博物馆	否
5	北京文博交流馆	否
6	北京民俗博物馆	否
7	中国美术馆	否
8	北京艺术博物馆	否
9	北京奥运博物馆	是
10	周口店北京人遗址博物馆	否

博物馆是北京城市文化的重要形象和标志，北京市拥有这么丰富的博

物馆资源，如果能够充分利用起来，加入冬奥会相关内容展览，必定会对冬奥会文化的宣传产生巨大促进作用，同时提升北京市文化品质。

根据调查发现，目前，北京仅有一个规模不大的北京奥运博物馆，坐落在国家体育场（鸟巢）南侧负一层，展品有鸟巢场馆、运动模型、各种奥运服饰等，为传播奥林匹克文化、振奋中华民族精神发挥了重要作用。但该博物馆只有几块展板介绍冬季运动项目，几乎没有冬奥会文化展示，这对于北京市冬奥文化宣传显然是不利的。我想，如果能够建立冬奥会主题的博物馆，并配合北京地区的其他博物馆进行冬奥会文化宣传，将展览内容数字化，搬到互联网上，那将是怎样一番冬奥文化盛况啊！

图 7-18　博物馆参观

三、建议的具体内容

1. 建立以冬奥会为主题的博物馆及线上冬季奥林匹克数字博物馆

建立冬季奥林匹克数字博物馆，可以见证 2022 年北京冬奥会的申办、筹办和成功举办，助力冰雪运动在中国的普及与推广，据我的了解，全世界还没有奥林匹克数字博物馆呢。随着 5G 时代的到来以及互联网的迅速发展，数字技术已经成熟，打造一个冬奥会大数据平台，整合历届冬奥会奥运场馆、比赛过程等数据，同时收集中国特别是北京市特色文化、冬奥会发展历史、冬奥会与科技、北京市的申奥文件、会议照片、各种纪念品以及北京城市建设的伟大成就等内容，把零散的数据立体地、动态地呈现出来，冬奥文化的宣传效果应该会非常好。

图 7-19 感受传统文化魅力

2. 在现有博物馆中加入冬奥会相关内容

中国博物馆现阶段分为历史类、艺术类、科学与技术类、综合类四种类型。可以根据博物馆的不同，选取契合博物馆主题的冬奥文化内容进行灵活展览。

比如，中国科学技术馆就是一个重要的科普场所，冬奥会作为世界顶级的赛事活动，体现了人类在体育科技领域的最先进成果，涉及建筑、材料、力学、人体科学等领域最尖端的科技。中国科学技术馆建筑规模达10.2万平方米，还有一个专门的短期开放厅，可灵活设置展示内容，这个厅就完全可以展示科技冬奥成果。比如，高新材料制作的滑雪板、造雪技术或者场地恒温技术、冰雪场馆的设计建设技术、人工影响天气技术等，这些内容对于我们了解当今先进科学技术很有帮助。

3. 组织中小学生参观博物馆，为博物馆贡献以冬奥文化为主题的手工艺品，并让中小学生做义务讲解员

组织中小学生参观奥林匹克教育博物馆，让大家了解各届冬奥会的举办情况，了解奥林匹克的历史和文化，深刻体会奥林匹克精神，践行"更快、更高、更强"及"重要的不是取胜而是参与"的奥林匹克理念。

组织中小学生开展冬奥文化创作大赛，制作各种以冬奥文化为主题的手工艺品、板报等，评选出优秀作品作为博物馆的展品，或作为外国友人参观博物馆的纪念品，赠送给国外游客，让世界更加温暖。

面向中小学生，组织召集博物馆的"冬奥文化义务讲解员"，介绍各

种冬季运动项目，介绍各种冬奥文化元素，让越来越多的人了解和参与冰雪运动，更加深刻认识"相互了解、友谊、团结、公平竞争"的奥林匹克精神，尤其是要教育广大青少年，为建立一个和平美好的世界做出贡献。

四、建议的科学依据

1. 人们对于冬奥会的关注度非常高

随着生活水平的提高和冬奥会的临近，人们对冬季体育运动产生了更多的兴趣，其中冬奥会作为世界上规模最大、最精彩的冬季运动赛事，其文化内容吸引着越来越多的中国大众。此次在北京举办冬奥会更是激起无数国人的热情。人们对冬奥会的高度关注是建立冬季奥林匹克数字博物馆的群众基础。

图7-20 奥运宣传画

2. 我们已经进入数字信息化时代

在当前5G时代，在大数据、人工智能和云时代，科技创新带来了社会巨变，科技进步为建立数字博物馆提供了技术基础。传统的奥林匹克博物馆受时空限制，随着5G通信和虚拟现实等技术的大量应用，全球突破了时空局限，建立奥林匹克数字博物馆可以使人们不出家门就欣赏到冬奥会精彩故事。

五、建议的说明

①中国首座独立数字博物馆——中国钓鱼岛数字博物馆在钓鱼岛专题网站（www.diaoyudao.org.cn）正式开通上线，观众可以身临其境地感受钓鱼岛的地理环境。该博物馆由序厅和三个展厅组成，展陈内容包

括历史图片、文献资料、法律文件、实物模拟等；博物馆还设有馆长问答等互动环节。冬季奥林匹克数字博物馆可参考其模式与环节，借鉴其成功经验。

②冬季奥林匹克数字博物馆可由北京市政府和冬奥会组委会等多方力量协同配合组织建设，可依托国际奥委会授权中国成立的北京国际奥林匹克学院建设，可以实现数字博物馆与北京国际奥林匹克学院的相互融合、相辅相成及可持续发展。

项目化学习真正尊重学生的特性，在实践中发展和完善学生特长，从而培养出具有创新思维和创新能力的新人。翠微小学多年项目学习的推进，使大量的孩子取得了优秀的成果，这些优秀成果在各个领域如雨后春笋般显现，带来了积极的社会影响。

2. 宣传加持，榜样力量树立

德国教育家福禄贝尔说过："教育之道无他，唯爱与榜样而已。"让学生在学习成长的过程中，感受榜样、学习榜样、成为榜样，让榜样的力量成为学生自我发展的翅膀，一直是我们开展教育的重要抓手。我们通过各类学报、微信公众号、广播电视等宣传手段，将项目学习过程中创造出的优秀作品与成果呈现到广大学生面前，让他们既感受到智慧的启迪，又感受到心灵的激励。

数学教育专刊《中小学数学教学》经常刊登各小学的优秀数学项目学习成果。在2016年翠微小学的项目学习"春节的民俗"主题研究中，学生们的精彩表现得到了呈现。

四年级的石建琦、许海钰等几位学生，在描述五十六个民族的风土人情的同时，还利用数学工具对各族人口概况进行了统计分析，并用图表的形式将结果直观地展现出来，让大家对我国各民族分布有了理性与感性兼顾的认识。几位同学的研究成果刊登在《中小学数学教学》上。

我国共有56个民族，各民族的人口分布不一，人口最多的民族为汉族，人口最少的民族为珞巴族。详见列表：

表 7-5 民族的数学

民族	人口	民族	人口
回族	10 586 087 人	高山族	4 009 人
藏族	6 282 187 人	拉祜族	485 966 人
蒙古族	8 981 840 人	水族	411 847 人
汉族	1 220 844 520 人	东乡族	621 500 人
维吾尔族	10 069 346 人	纳西族	326 295 人
苗族	9 426 007 人	景颇族	147 828 人
壮族	16 926 381 人	柯尔克孜族	186 708 人
布依族	2 870 034 人	土族	289 565 人

三年级的张子芊、田晏然等几位同学，用丰富的数理统计手段将收集到的我国茶文化的资料科学、详实地展示给大家，让我们透过一个个数字，一张张表格，一幅幅图形，仿佛也品尝到了从《茶经》中流传三千年的茗香。

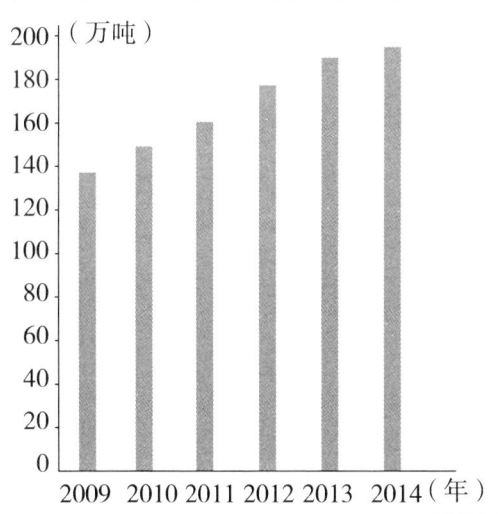

数据来源：国家统计局

图 7-21 2009—2014 年中国茶叶产量统计表

三年级的司琴塔娜同学，在过春节、收压岁钱的同时，不忘对家庭在平时与春节周两个时段消费情况做对比，不仅得出了总消费春节周更高的结论，还进一步从消费类型、成员消费占比两个维度分析了开销变化的原因，展现出了不一般的理财潜力。

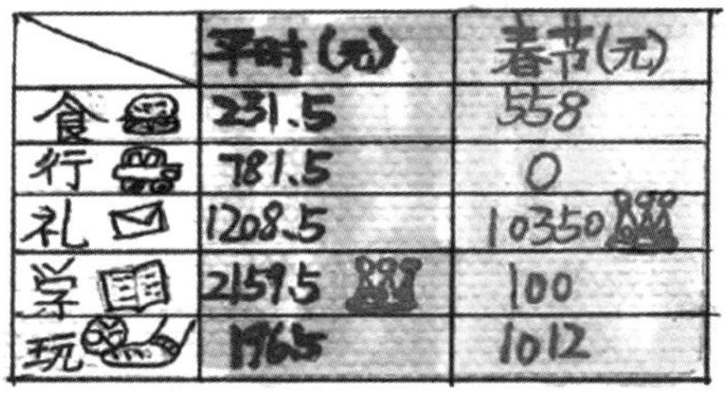

	平时(元)	春节(元)
食	231.5	558
行	781.5	0
礼	1208.5	10350
学	2159.5	100
玩	1965	1012

图 7 – 22　过个不一样的春节

三年级的张茗棋同学，则从温度、湿度、风力等多个角度对北京与福州两座城市在春节前后的天气进行了比较研究，将地理知识与数学工具相结合，让人们体会到了南北方不同城市的差异与魅力。

在我们的项目学习实践中学生往往并不缺乏闪光点，缺乏的是让更多孩子的闪光点被看到的平台。在这样的平台上，有更多的学生被宣传为榜样，有更多的学生感受到榜样的力量。大家彼此学习，又相互赶超，从而形成了源源不断的内生动力。

二、教师发展彰显特色

“一门触碰心灵的好课程会让人终身受益”，对学生如此，对教师亦然。自从将项目学习作为综合实践课程引入学校，老师们投入了极大的热情，对于课程目标的确定、课程体系的搭建、课程资源的开发、课程教学的实施、核心素养的落地等都积极投入其中，并且在自己的教学实践中不断尝试与开发，教师的综合水平与专业素养在不断攀升。

（一）教师成为学科课程的开发者

项目学习大大地助推了学校教师课程领导力。首先，教师主动参与课程规划、资源建设、实施与评价等方面的探索与实践，教师已经成为学科综合实践课程的积极开发者。

1. 以作业为载体,发挥教师对学生实践能力提高的指导作用

数学是面向生活,与生活接轨的一门学科。在《全日制义务教育数学课程标准(实验稿)》中,"综合与实践"首次作为独立的内容领域进入小学数学课堂,北师大版教材每册都有数学实践活动的专题教学安排(2~3课时)。2015年9月翠微小学数学教研组老师就开始了单元实践性作业(任务单)的尝试,确定以第一人称开始任务书,以任务单指导三年级学生研究路径,确定自评的每一个条目、组织学生评价的课堂实践等,在不断尝试中积累实践素材,及时改进调整。

美国教育家彼德·克莱恩说:"学习的三大要素是接触、综合分析、实践参与。"数学实践性作业正好符合上述要素,它是根据教学内容和学生的身心特点,把生活问题转化为数学问题,用数学眼光看待生活问题,用数学知识解决生活问题。基于此,翠微小学闫玉玲老师及团队进行了《小学数学单元实践性作业的开发与实施的行动研究》的课题研讨,聚焦任务目标的多维性、学生表征的多样性、任务评价的有效性三个方面展开研究,旨在推动学生认识能力完整性的发展,也进一步促进学生的全面发展。

《小学数学单元实践性作业的开发与实施的行动研究》课题研究

一、概念界定

单元实践性作业:根据数学教材每个单元内容和培养目标的具体需求,在单元教学基础上设计有针对性的任务书(作业),引导学生把生活问题转化为数学问题,用数学眼光看待生活问题,用数学知识解决生活问题。(操作性定义)

二、研究的目标

(一)提高一线教师实践性活动开发和实施的能力

根据单元教学摸索出设计"有针对性"实践性作业的策略和方法。

(二)推进课堂教学学生学科素养全面育人目标达成

细化出单元实践性作业设计、实施、交流和反馈的一套完整操作流程。

(三)规范实践性活动的任务单

设计出一套规范的、可行性强的单元实践性作业任务单。

三、研究具体内容

(一)设计出一套完整、规范的单元实践性作业

任务单要兼具说明性、主体性、指导性等,学生用第一人称参与全过程。任务单除了介绍"干什么,怎么干",还要能够对学生的实践性作业有所引导,让学生明确"怎样做"才是合格的。兼顾不同能力水平的学生,给出个性创造的空间和可能性。

(二)在单元实践性作业实施过程中进行案例研究

通过教师集体单元备课教研,依据单元教学实际需求,找出重点、关键或学生的困惑等,切实从教学需求出发,设计出任务指向不同、任务过程操作不同、作品呈现不同的实践性作业。摸索出单元教学与实践性作业开发之间的联系,为后续实践性活动的开展不断积累资料。教师在活动过程中及时收集整理学生的生成资源,提取重要信息进行案例研究,为实践性作业的不断改进和完善提供依据。

(三)教师进行学生作业指导、展示和评价的课例研究

实践性作业活动的准备、教师指导、学生实践、成果汇报、改进完善等每一个环节都很重要。学生经历整个活动的全过程,得到的不仅是知识和能力,而且是素养的全面提升。学生完成的不仅仅是一项作业,还是一项简单的、个性化的实践研究。教师引导学生进行自主评价是重要环节。

四、研究方法与过程

图7-23 课题研究进程

本课题主要采用行动研究。行动研究是指在自然、真实的教育环境中,教育实际工作者按照一定的操作程序,综合运用多种研究方法与技

术，以解决教育实际问题为首要目标的一种研究模式。行动研究以"单元实践性作业"为实践内容，从单元教学整体把握的角度切入，设计与单元教学培养目标契合的实践性作业，借助任务书引导学生参与学科实践全过程，通过评价引发学生深层思考，相互吸纳欣赏。

贯穿以下具体方法：

(1) 文献研究法

文献研究法主要指搜集、鉴别、整理文献，并通过对文献的研究形成对事实的科学认识的方法。在研究之前和研究过程中，不断学习与实践性作业相关的文献和案例等，一方面使研究的问题定位准确，案例研究更加适合实际课堂教学活动；另一方面获取现有研究的新成果，让案例研究能进一步深入实际教学。

(2) 案例研究法

案例研究法是结合实际，以典型案例为素材，并通过具体分析、解剖，促使人们进入特定的情景和过程，建立真实的感受和寻求解决问题的方案。研究的整个过程主要是以案例研究来推进，从大量案例和课例中梳理提炼好的策略和方法，再进一步推广和不断深化、完善教学实践。

(3) 调查法（访谈和问卷）

为了达到设想的目的，制订某一计划全面或比较全面地收集研究对象某方面情况的各种材料，并进行分析、综合，得到某一结论的研究方法，就是调查法。通过活动中对学生的访谈，活动后学生间的反馈，及时整理出学生完成实践性作业的共性问题和个性问题，为研究推进和深化提供一定依据。

(4) 叙事研究法

叙事研究法是研究者以故事为手段，对事件的发生、对未来的影响和期待进行描述和诠释，发现背后的教育思想、教育理念和教育信念，从而构建教育生活意义的研究方法。在教师们进行教研交流和案例研究的过程中，都会有教育事件的描述和记录，这些都是教育叙事研究法的范畴。

在《小学数学单元实践性作业的开发与实施的行动研究》的课题研究

过程中，教师结合数学单元教学，聚焦学科核心素养明确教学目标，组织学生有效活动全程亲身经历，反思回馈和收获新问题让实践性作业成为了翠微小学数学教学的常态。学生会实践，能实践，讲反思，解问题，丰富了活动经验，发展了问题意识和创新思维。

2. "北京一日游"，培养学生采取有效策略获取与处理信息的能力

2005 年，上海师范大学黎加厚教授提出了深度学习的概念。随着研究的逐渐深入，目前的深度学习就是在教师的引领下，学生围绕着具有挑战性的学习主题，全身心积极参与、体验成功、获得有意义的学习过程。根据布卢姆对认知领域学习目标的分类，深度学习的认知水平对应"应用、分析、综合、评价"这四个较高级的认知层次。翠微小学的彭绍航老师设计了基于项目的学习《北京一日游项目实施》，在其中第二课时《如何利用互联网+更好地进行游玩规划》中进行了有意的实施。

下面是彭绍航老师的课程案例：

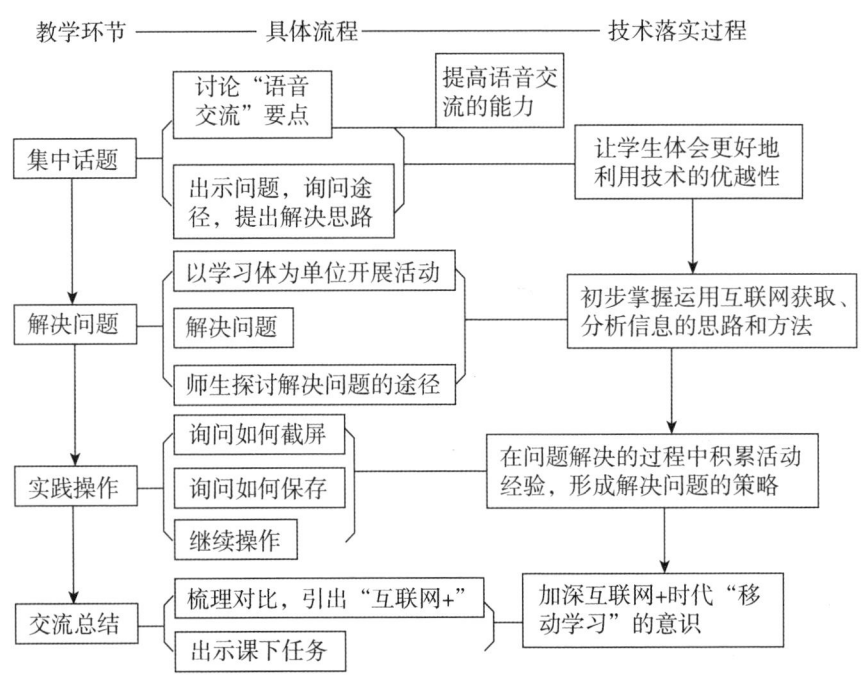

图 7-24　教学过程

在整个项目学习活动中，教师遵循"利用互联网以解决问题为导向"的设计思路，设计每课的学习实践活动。

学生在完成第一节课的学习后，已经明确了整体项目的规划要求，同时又以学习共同体为单位，根据已有认知对本节课在收集游玩规划资料时可能遇到的问题进行了预设，并在课前向教师进行了反馈。这些问题是学生将自己已有认知充分调动，梳理、反思和质疑自己以往解决问题的方法后，提出的真实问题。

（1）集中话题，树立意识

课堂伊始，教师将各组亟需解决的疑难问题汇总、提炼后展示，见图7-25。然后，教师让学生调动自己的已有经验针对这些问题各抒己见。由于各组学生使用的设备不同，有PC终端和移动终端，因此解决问题的途径也不同，有网站、小程序和APP等，在互相学习的过程中，学生初步了解到利用互联网获取有效信息的多种途径。

图7-25 电子板书汇总课前问题

（2）解决问题，明确思路

教师出示任务，让学生根据刚刚所学，在收集资料的基础上，使用相关网站、小程序或APP解决本组课前所提出的问题。同时，学生将解决问题情况及时向教师反馈，教师通过修改电子板书汇总，再及时向全班学生进行反馈。在这个过程中，学生对于上一环节中没有解决的问题——如何预测人流量，具有强烈的认知需求。针对这个问题，师生通过共同探讨解决问题的不同途径，使学生体会到互联网+时代，同一问题可以有多种解决途径的思路，从而初步掌握利用互联网等多种途径获取、分析信息的思路。

（3）实践操作，掌握方法

学生获取到有效信息后，还需保留到本地，无论是 PC 终端还是移动终端，以备制作时使用。学生此前已经能够熟练地将网站上的文字和图片资料保存到本地，但是由于项目内容的需求，又产生了新的问题——如何保存动态性的信息，例如互联网地图中的某一时段的路况。教师引导学生将生活中的经验进行迁移，同时继续强调 PC 终端和移动终端不同解决问题的途径。此时的学生与刚上课时相比，不仅找到了解决问题的途径，还带着解决问题的思路与方法继续内化活动经验，形成解决问题的策略，做到了有意识地根据不同情境和自身实际情况思考、选择更合适的信息技术途径解决问题。

（4）交流反馈，提升素养

教学至此，电子板书上汇总的课前问题和学生在本节课产生的新问题均已得到解决。教师引导学生分享如何利用互联网进行游玩规划，师生共同总结相关策略。在此基础上，教师让学生反思前一节课在未使用互联网情况下设计的游玩规划与本节课利用互联网设计的游玩规划的异同，引出并强化利用互联网+更好地进行游戏规划这一主题，提升学生的信息意识。最后，教师出示拓展作业，让学生可以利用微信群与教师分享组内进程、问题及需求，完成评价，为下一节课学习奠定基础。

本节课评价量规指向的是学生问题解决的过程和结果的三种能力水平，如表 7-6，即在真实的项目活动中随着进程不断发现问题并解决问题的意识与能力。

表 7-6 评价量规

水平一	小组未解决课前问题（本组）
水平二	小组解决了课前问题（本组）
水平三	小组解决了课前问题（本组和其他组）
水平四	小组解决了课前问题（本组）& 提出新的问题并解决

当今时代是一个信息迅速更迭的时代，面对日新月异的技术和瞬息万变的知识，培养学生的着眼点必须立足于未来，必须能适应未来生活的需要。以彭绍航为代表的翠微小学的老师们努力在自觉的教育实验活动中探索教学规律，促进学生核心素养的发展，使教学活动真正成为培养人的理智活动，成为能够回应时代和社会要求的社会实践活动。

3. 学科综合实践，培养学生的科学精神和创新能力

学科综合实践课程是指学生使用学科中的学科知识和技能及超学科技能分别对主题进行探究的学习。学生不是学习一堆互不关联的零碎知识和技能，而是围绕一个特定的问题、任务或主题，学习多个相关学科领域的知识和技能，并利用它们解决问题、完成任务或理解主题。

六年级"校园平面图"就是让学生在项目主题的引领下进行的实践活动：

一、安排布置

一年级新生即将入学，我们如何让他们尽快熟悉校园，快速找到目标教室？在这个单元中，你和你的小组要绘制一张校园平面图，并标注一些重要的地点。

表7-7　校园平面图实施进程

时间	概览	给教师的提示
4月10日	一、发现真实问题，发布真实任务（绘制一幅校园平面图）	小组活动和课堂讨论
4月11日—4月26日	二、查阅资料，制定目标	教师把关采访
4月27日—5月5日	三、数据收集 1. 小组制订数据收集方案 2. 小组分工	建议在活动开始前和学生重温活动预期和活动方案
5月6日—5月10日	四、绘制	学生可能很容易找到比例尺地图和设计蓝图等
5月11日—5月14日	五、成果展示与评比	小组展示形式可以是PPT、网页、海报等
5月15日	六、活动反思	

二、学习任务

学习任务1：小组合作调查来访者，他们需要了解校园里的哪些地点？他们想通过哪些方式得到信息？

学习任务2：用喜欢的方式获取、收集绘制校园平面图需要的数据。

学习任务3：应用之前收集的数据和比例尺的相关知识，绘制平面图。

（通过任务要求，引导学生有效地进行研究）

三、成果要求

学生制作一张校园平面图，并担任导游介绍该校园平面图。校园平面图应包含：

- 比例地图
- 标注出一些重要地点，以及到达这些地点的路线
- 从学校门口到该选定地点的步行时间
- 表述一下为什么选择该地点，意义或有趣之处何在

四、形成性评价

形成性评价A：学生反馈采访调查情况。学生的反馈是否与人们的感受一致？

形成性评价B：检测学生数据收集的情况。

形成性评价C：学生小组活动。学生把他们对比例尺的理解应用于现实生活情境中来完成这个任务。

五、最终成果汇报

(一) 学生成果汇报模板

小组成员_____

1. 你的测量地点是哪里？

2. 你的小组应该已经制作完成了校园平面图，可以是网页、宣传小册子、或其他形式（征求老师意见）。

3. 检查一下你们的校园平面图是否已经包括：

· 比例地图（每个成员采用的都是不同的比例尺）

· 标注出一些重要地点，以及到达这些地点的路线

· 从学校门口到该选定地点的步行时间

· 表述一下为什么选择该地点，意义或有趣之处何在

核心问题包含：这个地方曾经发生过什么重要事件？描述一下这个事件或参与的人物？人们对这个事件的看法是什么？为什么这个事件对社区有重要意义？这个事件对现在有什么影响？

· 通过调查采访得知为什么我选择的游览地点很有趣（学习任务1）

· 每个小组成员的简短介绍

4. 和小组成员一起练习最终成果展示。（老师会告诉你是否已经可以在课堂上做展示了）

5. 你的小组会参与同伴评价。（你们小组会向其他小组展示，并由他们对照评价量表给出评价）你们也可以在午饭时间或放学后向老师寻求额外的指导。

6. 最后别忘记完成自我评价反馈表。(可以是文字、录音或者视频等)

(二) 成果汇报过程和成品

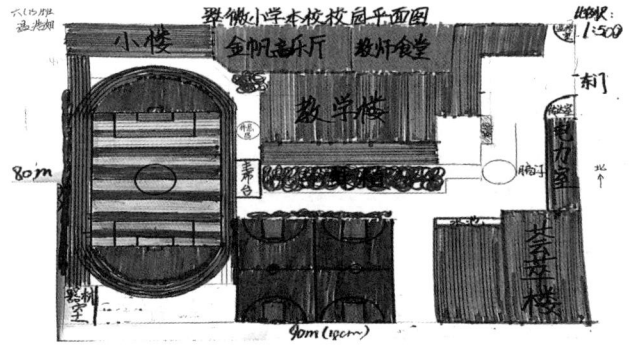

图 7-26　校园平面图学生成果

学生在这样以项目主题引领下的学科实践活动中实现了真实的学习，具有真实的项目——驱动性问题——深度探究学习——评价量规。学生是学习过程的中心，项目围绕着与课程标准保持一致的重要学习目的，项目是由课程框架问题来推动的，项目包括发展性的、多种类型的评价，项目包括在一段时间内接连发生的任务和活动，项目能和真实世界相连接，学生通过发表或展示作品和绩效来验证知识和技能，通过技术支持加强学生的学习。

(二) 教师成为自主学习的引领者

瑞士著名心理学家皮亚杰是现代建构主义的创始人，建构主义学习理论是开展项目化学习的支撑性理论。这一理论指出了学生的主体地位,肯定了学生在建构知识过程中的重要作用。因此,在实施项目化学习时,教师要着重强调学生是操作的主体。这一教育理论也指出了教师的作用,认为教师将学生需要学习的内容带到了学生面前。因此,在实际组织学生探索课堂的项目时,教师要重新审视自身,主动地参与到学生操作项目的过程中,帮助学生一起解决遇到的难题,以便推动项目顺利完成。

1. 教学生自立

生活是数学的源泉,数学实践活动更离不开生活,翠微小学陶文竹老师的数学综合实践课"数学好玩——球的反弹高度"极大地激发了学生学习的兴趣,培养了学生的主观能动性。"球的反弹高度"这一内容,作为北师大版六年级上册最能体现"综合与实践"活动的课程,它是在学生前几年活动经验积累上的一个提升和运用。

"反弹高度"教学反思

重视激发学生学习数学的兴趣,拓展学生的思维,发展学生综合运用知识、经验、方法来分析、解决实际问题的能力,是数学教学的重要追求!

笔者在设计、实施"反弹高度"一课时,也力求激发学生的学习兴趣,鼓励学生自主发现、提出有价值的问题,并综合运用已有的知识、经验、方法来解决问题。在问题解决的过程中,教师除了充当一个引导者,更主要的是给学生提供一个平台,和学生共同研究问题,充分给学生空间,使学生真正成为课堂的主人,真正参与到问题解决的全过程,促使学生在参与的过程中,能够体会数学思想,锻炼思维能力,积累思考经验、活动经验。学生在思维的参与中,通过发现、提出问题以及反思交流活动过程,发展问题意识,体会严谨的科学态度。

下面,笔者就"反弹高度"一课如何促使学生"从头到尾"完整地思考问题,如何应用所学的知识、经验解决问题做简单阐述。

一、提出问题的方向——丰富有价值

笔者授课初始阶段,旨在给学生充分的空间,让孩子在一个真实的活动中，经过自己的认真思考，来发现、提出问题，让孩子自己随性玩球后发现、提出问题。但是，笔者发现在这种设计活动中学生提的问题虽然很丰富，但是真正有研究价值的问题却很少，表面上问题都很多，但是没有深度，不精，很空。

基于学情的分析，笔者也开始反思，究竟什么样的问题才是真问题，才是有价值的问题？经过和学校领导、老师们的沟通分析，笔者决定改变初始的活动形式，变随性玩球为观察篮球自由落体的现象，思考提出问题，活动形式的转变，也为笔者带来希望。学生观察现象后，在自己重复操作、感知现象的过程中，认真思考，这次提出来的问题和以前相比，质量很高，问题虽然没有之前丰富，但是能够做到少而精，问题有深度，有研究价值，是真问题。

二、参与实验的过程——丰富且严谨

首先，在本课中，学生在解决问题的过程中，用到的数学知识是丰富的，学生可以用分数、百分数、比来表达反弹高度与下落高度之间的关系。实验结束整理数据时，学生在追求数据准确性的过程中，凭借对已有的数学知识的理解和运用，能够自发地借助计算，想到用平均数、众数来表示结论……这些都体现了数学学科工具性、基础性的价值。

其次，解决问题的全过程中，实验经验、策略的积累是丰富的，科学的态度是严谨的。每一个老师都应该深知，作为一节综合与实践课，动手实验操作是必不可少的环节。动手实验的过程既是学生得出结论的有力保障，也是学生反思方案、积累经验的重要平台，在动手实验的环节，学生还会收获新的知识，这种知识的获得将不再是之前的猜想和假设，是真实的、实实在在的。

图 7-27　学生参与课堂

三、后续研究的激情——开放且创新

本节课笔者针对实验安排了四个层次的交流。第一个层次是交流数据，不同小组在数据对比中找到共性，多次测量追求准确，教师追问"准了吗？"，引发学生对于之前制订方案细节的反思。第二个层次是跳出数据，交流实验中的困难，在互相交流、借鉴的过程中，积累操作经验。第三个层次是再次对比全班的数据，都是真实测出来的数据，为什么各有不同？跳出细节，再次引发学生反思。有了前三个层次的交流，这个时候，学生的交流就会扩充到影响反弹高度的因素上面，智慧得到生长，同时，学生也找到进一步研究的新问题，问题意识得到生长。第四个层次是反思和研究新问题，今天的活动结束了，但是之前孩子们还提出了很多有研究价值的问题，借鉴今天的经验、智慧、策略，简单交流你打算怎么研究？这个时候，学生将跳出数据，跳出细节，从大的研究问题的角度，即确定任务——制订方案——动手实验——反思交流的流程上去进行反思交流。

综合与实践课，老师到底应该干什么？不应该干什么？笔者认为，"反弹高度"这节课，老师应该做的是：第一，把握教学目标，定位准确；第二，创设一个涉及反弹高度的真实事供学生去发现问题，研究问题；第

三、提供给学生三次头脑参与，一次行动参与的平台，启发学生运用智慧，老师切记不可强势干预孩子。老师的终极培养目标是：培养能发现、提出问题，分析、解决问题，有研究能力的人才！

1. 找好30厘米位置
2. 按顺序各量5次，得出结论
3.

表7-8　研究数据

	地板	玻璃	地毯	布
1	14	18	20	0
2	16	20	2	0
3	15	20	3	0
4	13	22	2	0
5	14	21	3	0
总共	72	101	30	0
平均	14	20	6	0

"反弹高度"这节课使学生经历实验研究的全过程，即"从头到尾"思考问题，进而获得与其年龄特点相适应的、必要的基础知识、基本技能、基本思想和基本活动经验，具有实际的研究意义。发展发现和提出问题、分析和解决问题的能力，在综合与实践活动中，通过自主与合作的过程，让学生获得不同的体验。

2. 教学生自为

赫伯·里德认为，教育包含着两个矛盾：一是人应该接受教育以实现本来的他，另一个是人应该接受教育成为非本来的他。而实现"本来的他"意味着教师应尊重个体的特殊性，使个体的素质与潜能得到最大的发挥；成为"非本来的他"意味着教育应培养个体的社会性或人类的普遍性，两者必须和谐统一在完整的人或完满的人身上。

翠微小学语文拓展课程的开发正是探寻一条深入主题模式下的语文拓展课程实践模式，其具体内容包括：语文拓展课程目标设定、内容拟定及阶段的划分，策划实施语文拓展课程系列课例，构建学校的常态特色语文活动，提炼学生在各种场合和专题下学语文、用语文的途径和方法。我们要在课程建设中促进学生语文综合素养的提升和自我健康人格的发展。

语文综合实践课——打开语文学习的另一扇窗
——"品味对联艺术"听课有感

语文综合性学习应该姓"语"，不管我们的学习活动涉及哪个领域，哪门学科，采取哪些方式，其落脚点都在"致力于学生语文素养的形成和发展"，而语文素养的关键和基础便是语言能力的培养。因此，在丰富多彩的综合性学习中，我们只有不忘记积累语言，才能使语文不变"味"；只有不忘品味语言，才能使语文韵味十足。那么，到底什么样的课才算得上是一节好的语文综合实践课呢？周金萍校长的语文拓展示范课，令我沉醉，回味无穷，受益匪浅。

教学的主题是"品味对联的艺术"。课前，我在想：这样的教学主题，没有文本，教学内容又该如何把握？对联作为我国独特的语言文学艺术形式，历史悠久，源远流长，它所涉及的内容包罗万象。况且，对联作为教育教学内容在课堂中已经极其罕见了。当今的小学生，对对联这一传统文化更是知之甚少，这就需要教师有深厚扎实的文学素养，给学生高层次的点化。亲历了精心建构的课堂后，我不禁豁然开朗。

一、独特的教学方式让我们耳目一新

在学生入门学习对联的基础之上，本课将内容定位于"赏"，学生在"赏"对联的过程中，不仅陶醉于传统文化，而且充分体验了发现新知识的乐趣，悟到了文学艺术的奇妙，品味了创造成功的甘甜。整个教学设计循序渐进、环环相扣，教师运用读、思、赏、说、对等多种学习方式，让学生尽情品味，感悟对联的语言魅力和文化底蕴。孩子们在自主、探究的活动中，感悟到经典的无穷魅力。课堂上，在传统文化的浸润中，在富有诗意的语言引导下，一副副对联恰似一条条彩带，将学生的心连在一起，又像一杯杯陈年佳酿，飘荡着醉人的醇香。

这堂课主要由三大板块组成：

（一）初步赏析对联

教师首先组织学生分成学习小组，合作交流自己积累的所喜爱的对联，并明确提出小组合作要求：一位同学说对联的特点；一位同学说为什么喜欢自己选择的对联；相互倾听、完善，提出好建议。然后根据小组的汇报，课堂中产生的生成，教师由学生的回答，巧妙引导他们总结出对联的赏析角度：赏内容——整体看，写了什么；赏手法——品手法，好在哪里；赏意境——多联想，体会情意。接着，教师继续引导学生就这三方面的赏析角度欣赏老师收集的对联，而教师选出的对联包含了较为丰富的内容，是具有不同特点的经典对联，这些经典对联既适合学生的理解，又能激发学生的兴趣，还满足了学生不同的需求。教师引导学生试着自主赏析，看学生是否在前一次指导基础上有方法，有提高，看学生是否通过自我评价来进行自我监控和自主学习。此次学习让学生在无形中感受到了语言的魅力，在潜移默化中受到了启迪。

（二）深度品味名联

这一环节组织学生学习的教学流程则让人看到了一位老师的文化功底。教师出示八副对联，让学生自主选择一副对联，引导学生从内容、手法、意境这些角度，进行赏析，并用心批注。随后，学生再一次自成小组，同伴互学，欣赏补充。此刻，教师把学习的空间完全交给了学生，孩子们或大声吟诵，或彼此切磋交流体会，他们精彩的评析、铿锵有力的诵读，无不令在场听课的老师啧啧称赞，他们也跟着孩子们一同品味、一同吟诵，徜徉在对联的世界中。此时的教室如同一个巨大的磁场，所有人的心随着经典名联，一起轻舞飞扬……一个季节、一餐美味、一腔豪情、一部历史、一处景观、一种雅趣——孩子们逐步感受到了中国对联的博大精深。

（三）创作考查赏析

有人说，一堂好课应像一篇文章的精彩结尾，要达到"文虽完但意无穷"之效。一堂课虽然结束了，但它应留给学生更深的思考和长久的兴趣。在我看来，这堂课的结尾就是点睛之笔。教师引导学生根据一个故事、反复推敲词语对对子，如果遇到困难，还可以和台下听课的老师共同切磋。这一环节的设计，全面调动了学生的积极性，他们个个情绪高涨，把课堂气氛推向了高潮。最后出示一句"轻风（　　）细柳，淡月（　　）梅花"，学生商量，竟然对出上十个妙对：轻风摇细柳，淡月照梅花；轻风舞细柳，淡月隐梅花；轻风吹细柳，淡月染梅花；轻风拂细柳，淡月映梅花；轻风妆细柳，淡月饰梅花；轻风扶细柳，淡月失梅花……孩子们真正感受到对联的意境，此时的他们，完全沉浸在创作的乐趣之中。这样的课，对学生的影响是深远的，这样别出心裁的学习形式，会让学生对对联学习感到兴趣盎然。

二、诗化的课堂语言带给我们别样的享受

"品味对联的艺术"一课，教师所设计前后对联不下30条。这种大容量的课堂，学生非但不觉得累，反而越学越有劲，这源于上课教师厚实的语文积淀，是她用诗般丰富的语言营造了整个课堂的氛围。整个过程自然和谐，教师始终用微笑和学生亲密接触，注重以学生为主体，关注学生所想、所说，不断用激励性的话语从正面加以引导。每当学生回答问题后，她都给予一定的评价，"你的知识面真丰富""你鉴赏的角度真是与众不同"……一句句看似平常的语言却蕴含着教师对学生的赞赏，也真正做到了把课堂还给学生，让学生在轻松愉快的心情下掌握知识。尤其值得一提的是，从开始到结尾，教师为学生提供了精当的点拨、指导，点在思路的开拓处，导在心灵的交流上。优美的语言，如同一块磁铁，吸引学生沉浸其中，震撼学生的心灵。"腹有诗书气自华"，试想，一个自身语言都贫瘠干涸、安于就事论事、墨守成规、照本宣科的教师是无论如何也难把课堂变得有滋有味的。反之，如果一个教师在课堂上出口成章、词藻丰富、旁征博引、妙语连珠、收放自如，这样的课堂又怎能不吸引学生，怎能不是一个精彩的课堂呢？

语文综合性学习是学习方式的综合，是跨学科的综合，是听、说、读、写的综合，但无论怎样综合，落脚点一定要在语文上，活动课应该姓

"语",从语言的角度品味欣赏,方可上出语文味来。这节课学生自始至终浸润在传统文化的氛围中,孩子们在教师的引领下学会以新的眼光,自觉地、主动地感受着母语文化、母语人文情怀、母语的审美特点,民族文化的精粹深深地印在了学生的脑海中。丰富多彩的对联,为学生语文学习打开了一扇清新自然、色彩斑斓的窗。

3. 教学生自律

美国杰出的教育家马斯洛和罗杰斯是人本主义流派的代表人物,他们提出的有意义的自由学习理论注重研究如何为学习者创造一个良好的环境,让学习者从自己的角度感知和理解世界,注重启发学习者的经验和创造潜能,注重引导学习者结合认知和经验,肯定自我并实现自我。

翠微小学孙秋生老师基于"桥"项目化学习的综合实践课,课上运用视频短片的形式,有效地节省了学生时间,在找学生共性的同时,又尊重和允许不同思想的产生;头脑风暴,注重学生思维的训练以及实践研究方法的总结,注重学生的真思维、真问题,为学生以后自己解决学习问题奠定了基础,培养和激发了学生的创新意识;评价量规的介入,让学生更注重实践过程,在过程中不断地反思,注意和别人合作与分享。多学科的融合,表面看似庞杂,但经过梳理,学生找到了适合自己发展的空间,极大限度地尊重了学生的选择,拓展了学生的思维。

《桥》的拓展课

一、制作桥(综合学科)

设计意图:鼓励学生将书本知识与动手实践相结合,培养学生在实践过程中的合作意识,解决新问题的能力,激发学生的创造性。

1. 结合学校桥的活动,请学生介绍在假期所做的桥,老师结合自己实际情况参加该项活动展示内容。

(本班共有6名同学手工制作了桥,分别展示,可详可略)

2. 就学生参与的活动请其他学生提一些感兴趣的问题,进行互动。

(可以从材质、参与人员、承重、构思等来预设)

3. 老师归纳总结。

二、探索桥（美术、语文学科）

设计意图：

培养学生多方位探索知识的能力，在探索的过程中，让学生学会有目的地搜集、整理、梳理知识，并学会巧妙地表达。

1. 请学生介绍各个小组探索桥的成果。结合实地考察、资料查找以及和家长一起研究桥来展示。

预设结论：

（1）桥是人类主动改造自然的产物，桥体现了人类的聪明才智。

（2）充满了艺术美。

（3）给人类带来了方便，得到人们的赞美。

（4）人类在建桥的过程中充满艰辛，桥是劳动人民坚强毅力的体现。

2. 汇报内容：（古今中外，涉猎面广）（特点、风格、用途多角度）

（1）桥的故事。（精神层面：爱心、思念、克服困难等）

（2）一些有特点的桥。（体现智慧）

3. 设计互动题：在学生介绍奇思妙想的桥的设计时，可以适当留几个经典的桥，先把问题摆出来，由学生参与一下预测设计，再看结果，从而让学生体会人类无穷智慧，激发学生探索的兴趣。

展示桥的艺术美（图片、文章、诗歌）

三、反思桥

设计意图：

从多角度了解桥，而且需要学生比较、归纳，找出问题所在，且用于其他学生的实践活动。

1. 小组汇报：

查找桥出现问题的原因，结合具体的案例来谈。

2. 其他同学可以补充。

3. 结合学生查找的原因，给予实践桥小组一些良好的建议。分小组讨论，并且拿出方案来。

四、教师总结

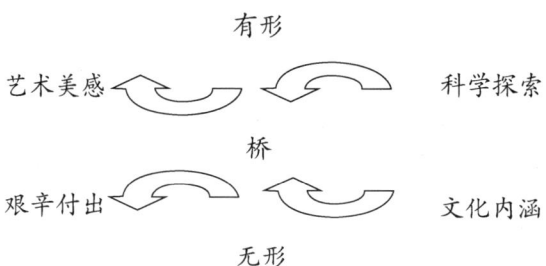

一直以来，翠微小学的综合实践活动课，落实的教学目标不仅仅是学科知识和学科能力，还关注个人体验、个性发展、学习兴趣的延续等等，价值取向是非常多元的。老师引导时注重多元化……研究的成果不仅仅局限于成果汇报，许多隐性的思考随着时间的发展也在逐步呈现。

三、学校品牌逐步凸显

基于项目的学习在成就学生、成就教师的同时，也使学校也在项目的学习与研究中不断发展。学校先后两次承担了北京市课程展示活动，多次向友好学校介绍学校开展项目学习的经验与成果，2016年学校"PBL引领下的综合实践活动课程的研究"获得北京市课程建设成果一等奖。

（一）课程展示，打造影响

1. 主题引领，学科穿越

2015年11月16日至23日，翠微小学承办了北京市遨游项目课程研讨活动，此次活动主题为"主题引领，学科穿越"。2015年11月16日，利用1天围绕"桥"项目主题，通过主题引领—学科穿越—头脑风暴—制订规划—冥想反思的过程帮助学生达成研究所需的知识储备，形成研究的向度，开启项目学习序幕。2015年11月16日至22日，学生利用一周时间进行研究性学习，根据研究规划和评价量规的研究指标，开展"桥"项目主题研究，教师跟进，形成教育共同体。2015年11月23日，学生主题项目研究学习展示，展示学生的研究成果。

第一部分：积累——齐架学科之桥，感受知识结构。

11月16日，翠微小学的师生们开启了以"桥"为主题的学科穿越。

"桥的史话"中同学们专注观看，沉浸其中，感受古往今来桥的历史变迁，激发了探究桥的欲望。

"桥与文化"课程中通过文字溯源、古典诗词、现代诗文，感受桥的形象，理解桥的意境，让学生在观察、想象中学会表达。

"你觉得这座桥坍塌的原因是什么？"这一问题引发学生在"桥与科技"领域中探究。他们通过iPad自主学习，认识了桥的结构，了解了制作材料，感受科学思维的方法。

一首《北京的桥》，让学生走近有声有色的"桥"，在音乐和美术中感受桥的多姿多彩，提升学生的审美情趣。

下午的回顾与梳理，同学们打破了学科界限，提出关注的问题，在不断修正中，寻找"真问题"，开启了亲身实践的研究之路。

第二部分：研究——深研兴趣之桥，汇合融通资源。

"桥"作为生活中的一个实体目标，成为了学生崭新的研究内容，在导师的带领下，他们用文字记录桥，用数据计算桥的承重，用画笔描绘桥，用录制视频、编写歌曲等各种方式表现桥……以独特的视角展示着他们对"桥"的不同的理解。

在桥与文化版块，学生们感受着桥与文学的渊源之美，通过编写课本剧，诗词诵读和对桥的文字探究等形式表达桥与人的情感，感受文化的深邃之美。为了了解有关"桥"的俗语、歇后语、谚语，同学们积极查找资料，或在网上检索，或向家长咨询，或在书中查阅，多元的学习方式，让我们感受到现今的学习已不是仅仅停留在课堂上的传统授课，而是需要打开教室的围墙，让学生自主学习，为他们终身发展奠定基础。他们走近经典，挖掘古典诗词中桥之内涵。一首《乌衣巷》，让他们从时代的变迁、人生的无常，感受到人的情感；一篇随笔写出了学生对古典诗词的感受。

他们自编情景剧，惟妙惟肖地再现了桥背后的神话故事，传递着人间的善良和感恩之情。他们撰写研究报告、制作诗配画、写游记，用多种方式呈现了初步的研究成果。

在桥与科技版块，同学们设计心中的桥，一座座看似稚嫩的桥的作品饱含着他们对桥的情感和思考。同学们小组合作探究，或争辩、或设计、或实验、或完善，浓浓的研究氛围让我们感到学生们研究"桥"的兴趣与热情。老师们也身在其中，悉心指导；家长也融入其中，校长也参与研究。家长、学生、老师成为学习共同体。遇到困难他们还向专家积极请教，一个个"桥"的设计雏形，在专家的指点下，不断完善。哇！一座"重量级"桥终于出炉啦。在创作"桥"的过程中，学生们共创建了10座他们心中的"桥"。

在桥与艺术版块，学生们感受桥的音乐之美，线条之美，色彩之美。他们自谱"桥之歌"。从卢沟桥的历史，他们感受历尽沧桑的桥，并牢记"勿忘国耻"，同仇敌忾，保家卫国。他们自演"桥之韵"，不同的器乐曲，体现了不同的"桥"，或梦幻、或柔美、或浪漫、或庄严、或激情。他们自编桥之舞。男同学独舞所表现的"桥"之坚；女同学合舞所表现的"桥"之柔，让我们感受到同学们无穷的创造力。

用色彩表现桥的同学虽然只有9人，但他们的创造力让我们感到"团结的力量"。他们走近桥，在大自然中亲近桥。在颐和园中他们找到创作的灵感，感叹于那一座座不同结构的桥的唯美。他们创作桥，线描、面塑、纸雕、剪纸、国画、儿童画，用不同的方式表现着桥之美。

4个半天的研究性学习，让学生从多角度诠释着他们对桥的理解，他们对桥的探究，在这之中学生收获着、成长着。他们的研究成果：现代诗文组撰写文章25篇，其中说明文7篇，游记（记叙文）5篇，散文1篇，现代诗6篇，想象文6篇。古典诗词组创作了10幅诗配画，改编诗2篇，创编情景剧1幕。艺术表现组自编歌曲1首，自谱器乐曲1首，自创舞蹈2支，还有各种画作共10幅。桥的创建组共完成10座自己创建的实体桥。

第三部分：展示——汇聚多彩之桥，探求研究之路

2015年11月16日至23日，翠微小学五年级3个班的师生们再次汇聚翠微小学北校区体育馆，今天他们将向我们展示他们一周的研究成果，共探今后研究之路。

（1）展示前的思考

在展示之前，我们一直在思考：学科综合实践的背后到底承载的是什么？仅仅是成果的展示吗？通过一周的研究，我们认识到：学科综合实践强调学生通过实践，增强探究和创新意识，学习科学研究的方法，发展综合运用知识的能力，增强学校与社会的密切联系，培养学生的社会责任感。为此我们安排了下面展示流程：

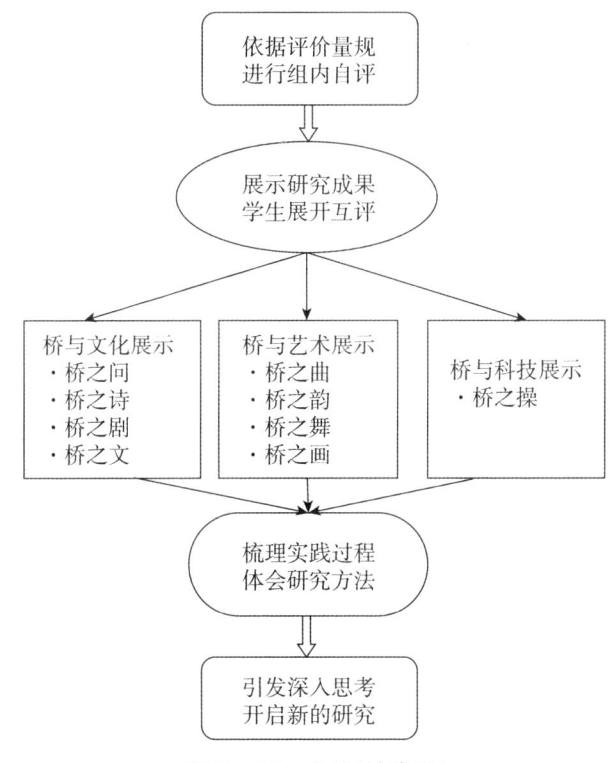

图7-28 展示流程图

（2）展示中的欣喜

展示从回顾一周的研究过程开始，同学们反思自己在组内的表现，从

多个维度进行自我评价,并且让评价贯穿活动的每一个环节。

成果展示环节汇聚了学生的研究成果,再现了学生的研究经历。

桥与文化的"桥之问""桥之诗""桥之文""桥之剧",学生们展示了他们在一周中自主探究,分工合作的收获,同时也再现了学生们一周中走近桥、认识桥、探索桥、表现桥的历程。

桥与艺术的"桥之曲""桥之韵""桥之舞""桥之画"环节,学生们将奇思妙想都倾注在创作中,还有那用废旧用品共创的"未来之桥",寄托着学生们的美好愿景。

"来一场桥的承重比赛",这是桥与科技组展示的内容,那一座座符合要求的"桥",都接受评委的测试,同学们将一本本沉重的书本压在桥上,小心翼翼,生怕桥会倒塌。但桥的承重能力出奇惊人,承重最多的桥在几百本书的重压下纹丝不动。

冥想与反思研究历程,老师引领学生梳理研究的路径,利用思维导图,感受研究的方法,为开启新的研究做知识方法的引导。

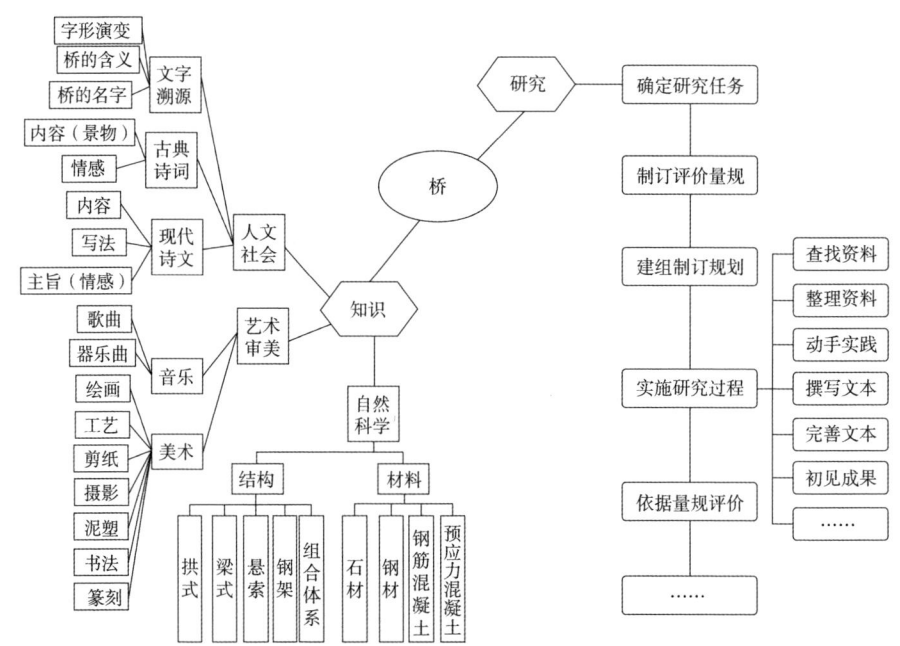

图7-29 梳理研究路径

一周"桥"系列"主题引领，学科穿越"研讨活动，让学生不断发现问题、深度思考、解决问题，激发他们实践和创新意识，突破了"一师、一班、一科"的固有教学方式，促成了多元主体意识的交汇与智慧火花的迸发，它将成为我们不断研究的主题。

项目学习强调学生通过实践体验活动，增强探究和创新意识，学习科学研究的方法，发展综合运用知识的能力。增强学校与社会的密切联系，培养学生的社会责任感。一周的学习，让学生回到"学"与"习"的本质。

我在活动中不仅增长了见识，还通过表演的形式陶冶了情操，最没想到的是还充分体验到了团队之间的友谊，建立了深厚的友情。

我非常喜欢这种学习形式，它打破了班级的限制，自由组合选题，可以请指导老师和家长顾问一起研究自己感兴趣的问题。

要说遗憾的，就是自己不能分身，看到"桥与科技""桥与艺术"组的同学们的精彩展示，我多想也参与其中呀！

——五年级（1）班 杨义琛

还记得起初的两天，我们小组的六个同学每人都有自己的想法和思路，大家几乎都是各忙各的，结果不是因为选材超重，就是承重太小，有的几乎就搭建不起来，而我自己搭建的桥，在完工前的测试中，由于逞能，整个桥的主体被损坏。看着另一个小组完成了，我们时间不多了，还需要从头开始，我心里那个急啊！

此时老师看到了我们的苦恼："你们一是要统一思想，刘宇鹤作为组长，要先确定一个最终方案，并带领所有组员共同完成；二是要服从指挥，所有组员要在组长的带领下，服从安排，集思广益，各尽所能；三是要分工协作，发挥每个人的优势，分配好每人的任务，并相互帮助，齐心协力。"

听了老师的教诲，我们恍然大悟，不再像之前那样一盘散沙。大家先确定了一个梁式桥梁的总体设计方案，然后各自准备材料。经过一次次反复试验，我们拆了建、建了改，每个环节都经历了失败，最后我们用拱型泡沫作为桥面主体，粗纸筒作为桥两端的支撑柱，用于加固的一次性筷子顶在了支撑柱和桥面下方。在众人鼎力合作之下，我们的"桥"大功告成！

——五年级（1）班 刘宇鹤

经过长达一周的研究活动，我收获了很多。比如积累了许多关于桥的古诗，能够更清楚明白地表达出古诗的含义，还能够自如地上网查阅资料。但是最重要的是这一周组员们的合作、互相帮助。我在诗配画小组，所有组员都分配了任务。每当我的小组被老师表扬时，我都感到自豪无比。这一周中，我明白了团结合作的重要性。

在研究活动中，我也有许多不足，需要改进。我是这组的组长，所以要负责组员们的纪律，要多帮助组员。但有时我会没有耐心，这一点我要努力改正，争取做到更好。

——五年级（1）班 毛翊桐

参加项目学习让我体验了全新的学习方式。一周里，我明白了研究时，干一件事就要先制订一个计划，只有这样才能高效完成，并取得不错的成绩。

一周里，我还明白了一个小组要互帮互助，只要团结，研究起来就会很轻松。通过共同研究，我们觉得没有什么事是完不成的，哪怕时间再短。关键是大家要始终朝着一个方向努力，因为我们是一个集体。当组员意见不一致时，一定不要吵架，应该和气地解决问题。

——五年级（2）班 姜正昊

我们在实践研究中学习知识，在学习知识中体会成长，在体会成长中收获快乐……我们团结、友爱，尽管我们有时粗心；我们机智、勤奋，尽管我们常有瑕疵；我们积极、大方，尽管我们会有碰撞……我们的小组不完善，我也不完美，但我会汲取用行动换来的经验，成就更优秀的自己，引领更优秀的"集体"——我和他、她……我们有思考，我们会进步，就在明天，下一刻，每分每秒……

——五年级（2）班　李雨桐

当音符从我的指尖迸发，我便走进了"桥"的音乐世界。我认识了法国的浪漫之桥，自然灵动的活泼之桥，气势威武的现代之桥……我觉得我很幸运，收获了这样多，学会了这样多，认识了这样多……

桥与音乐，是我的一次心灵旅程。它使我更加自信，使我学会了合作，使我获得了更多的磨炼。

桥与音乐，是虚拟的一座桥，将古典与现代连接了起来，也将我们引向了音乐的殿堂。

桥与音乐，更是一场心灵的洗礼，洗去了我们的自我，使我们融入了集体。

——五年级（2）班　赵清扬

我是艺术审美组的同学，桥可以用不同方式表达。这几天，我们多了一双眼睛——发现美的眼睛，多了一双手——创造美的手。桥与科技让我知道了，我们要发现问题，探索、研究去解决问题，要多动手去实验。为什么有些桥承重量高，这源于桥的结构、材料等因素。桥文化让我知道了，桥的谚语、故事等，让我知道如何自主学习，比如，查资料、撰写文本等。同学们还用朗诵、课本剧的方式把成果展示出来。

桥的研究让我们懂得自主学习的重要性，不再一味地在书本上学习，让我们开拓视野，学会合作、交流。生活中，还有许多东西等着我们研究发现，我们要有一双发现的眼睛，勇于思考、敢于挑战。

——五年级（3）班　高华婕

在桥与文化中，我收获了知识：怎样去写有关桥的文章，怎样去学习一首古诗，等等。在桥与艺术中，我欣赏了许多关于桥的音乐，描绘桥的图画，我收获了一双发现美的眼睛。在桥与科技中，我了解到了一些科学知识与资料。

我真正体会并收获到的是小组合作的精神。当大家聚在一起，讨论思路，互相提出建议的时候，我总会想起一句话——团结就是力量！是啊，火车头力量虽大，但离开了火车厢，就失去了实际作用了。小组合作，是一种新的学习方法，是一条让同学们友好交流的通道，是一个崭新的开始！

——五年级（3）班　邵一琳

图 7-30　"主题引领，学科跨越"现场活动图

2. 学科融合，文化沁润

2018 年 4 月 24 日，翠微小学召开了"北京市课程建设优秀成果推广——暨中华优秀传统文化与学校课程一体化建设实践"研讨会。北京市和一些外省市的教育同仁以及学校家长委员会理事共 600 多人参加了此次研讨会。本次研讨会分为课堂教学展示和论坛交流分享两部分内容。下午的分论坛更加聚焦学校的整体课程推进策略和学校的特色课程实施。

表7-9 会场安排

会场安排	会场内容主题	授课时间	授课教师
第一会场	精益求精大工匠，国粹技艺永传承	8：30—9：10	朱易蓉
		9：20—10：00	朱景毅 姚惠敏
第二会场	学科生活纳绘本，引领学生爱阅读	8：30—9：10	王 虹
		9：20—10：00	张 莹
第三会场	学科实践落实处，思维拓展重积累	8：30—9：10	王 怡
		9：20—10：00	赵蓬莱
第四会场	品艺识人依佳作，积淀陶冶修本心	8：30—9：10	张媛媛
		9：20—10：00	王 朋
第五会场	自信自尊识自我，融洽接纳处和谐	8：30—9：10	储 宾
		9：20—10：00	赵建翠
第六会场	英语综实促发展，关注学生养能力	8：30—9：10	宣 腾
	绘本辅助学英语，思维表达赖阅读	9：20—10：00	张 艺
第七会场	主题创意STEAM，诸项能力皆提升	8：30—10：00	闫 迪
第八会场	借助模型识分数，培养数感夯基础	8：30—9：10	陈 希
	经典数学焕异彩，传统文化寓其中	9：20—10：00	王素霞
第九会场	中华戏曲绽光彩，杂剧文化品精华	8：30—9：10	闫 婷
	各族民歌无限美，传承发扬中华魂	9：20—10：00	徐 瑾

在此次现场分享的课程中,各学科间相互融合借鉴,促进了学科知识和学生思维能力的融会贯通。泥塑、国画等国粹艺术与中国传统文化课程相结合,大国工匠精益求精,体现了中华文化的博大精深。杂剧、民歌等走入学科课堂,带来了切实的传统体验和感受。绘本、STEAM等新型学习形式与传统课程教学相结合,融会贯通,寓教于乐。

课堂教学展示共设9个分会场,呈现了17节现场课,主旨是聚焦核心素养的培养和中华优秀传统文化下的学科融合,让学生得到能力的提升和文化的滋养。

闫玉玲老师做了主题为"依托项目学习开展综合实践,促进学科融合深化主题研究"的发言,为与会嘉宾介绍了项目学习是如何"进入—融入—丰富"翠·微课程体系的。闫老师向大家展示了翠微小学项目学习阶段性的成果,并且阐述了项目学习的后续改进点。

图7-31 北京市课程展示现场课

此次北京市课程展示,学校以课程建设为支点,撬动学校内涵发展的做法和成果。她强调各学校也要站在立德树人的高度,充分认识和理解加强中华优秀传统文化教育的重要意义,要在建构学校一体化课程的基础上,利用好区域教育资源,抓细、抓小、抓融合,让传统文化教育更加生动、鲜活。

几年中,学校的项目学习研究成功路径和研究成果已经在北京市内各学校演讲、对外省市教师团队宣讲、对新加坡教育同仁进行介绍近百场,得到了教育界同仁的一致赞许和高度评价。任重而道远,翠微小学的项目学习研究一直在路上!

(二) 多维调研,打造口碑

1. **项目学习调研**

项目化学习在翠微小学进行得如火如荼,成果丰硕,为了全面清晰地了解亲身组织并参与项目学习的教师和学生对项目学习的理解和感受,进一步提高师生对项目学习价值的认识,推动项目学习在今后更好地进行,对学校项目学习进行的成效、教师和学生对项目学习的认识、评价和反思方面进行有针对性的抽样调查,以发放电子版问卷形式进行问卷调查和抽取部分师生进行访谈的调查方法,以学校为单位开展了"项目学习"课程实施情况调研工作。本次调研面向已连续四年组织参与项目学习活动的教师,发出教师问卷共 90 份,回收有效问卷 88 份,回收率为 97.78%;学生方面面向参与项目学习活动超过四年的四至六年级的学生,共发出学生问卷 1 600 份,回收有效问卷 1 578 份,回收率为 98.63%。

我们对教师和学生的问卷进行综合分析,发现:

对于"哪种方式更适合学生的学习"这一问题只有 1.14% 的教师选择了"讲授课本、灌输思想"。从数据中可以看出,绝大多数教师的教学观念发生了改变,从传统机械的教学观念中脱离出来,适应时代的要求和学生的发展,在教学中以学生为中心。针对项目学习中教师和学生的角色,绝大多数教师认为学生是主导者和促进者,教师是聆听者。针对项目学习的优势,有 73.86% 的教师选择了"利于学生全面发展",分别有 65.91% 和 69.32% 的教师选择了"学习气氛更活跃"和"学习兴趣更浓厚",45.45% 的教师选择"知识技能的培育更轻松",34.09% 的教师选择了"评价更全面"。这说明大部分教师感受到了项目学习中师生角色的转变,并能够比较正确地认识项目学习的价值,对项目学习的了解程度逐步加深。

经过四年的项目学习,仅有 1 名教师认为学生没有兴趣也不会进行项目学习,只有 2.79% 的学生认为项目学习占用太多时间和精力,学习效果不明显，不能够接受项目学习的学习方式，有80.61%的学生对项目学习的态度是积极尝试、热情投入。这表明与传统的教学方式相比，学生更能接受项目学习教学法。超过95%的教师和学生认为在参与项目学习后，学生的自学能力、学习兴趣和自信心均有所提高。29.66%的学生表示通过项目学习看到了自己的潜力，对未来充满希望，62.42%的学生表示看到了自己的欠缺，学习目标更明确。有70.41%的学生表示项目学习能够帮助自己很快地发现问题的关键，找到问题的切入点，69.77%的学生认为能够帮助自己在查阅资料后很快地独立提出问题、解决问题，并在解决问题后反思并提出新的问题。超过60%的教师表示项目学习后学生在有效资料整理、口头表达、成果的制作这三方面有显著提高，超过55%的教师表示学生在搜集资料和合作学习方面有显著提高，约有45%的教师表示学生在逻辑思维方面有显著提高。有近80%的教师和学生均认为项目学习引导学生对某一主题进行了更加深入的探究，从而更好地掌握原有课程体系中的知识内容。

  通过对教师的访谈，我们了解到教师对项目学习的评价很高。数学吴老师在访谈中说道："项目学习开启了一场从当下学习到未来学习的模式，这种模式让学生思维的宽度和深度大大提高。"语文张老师在访谈中说道："通过项目学习，学生储备了大量的知识资源，学生从被学习上升到我想学的高度。"美术朱老师在访谈中说道："项目学习不但使学生受益，也使作为教师的自己受益匪浅。作为美术教师我往往纠结于学生绘画的技巧。美术是一种美的教育，更重要的是教会学生拥有发现美的眼睛、欣赏美的心灵和创造美的双手与智慧。"

  通过对学生的访谈，我们了解到学生对项目学习的评价也很高。五年级（3）班马同学在访谈中这样说："通过项目学习，我学会了与同学一起探索，学会了帮助别人，学会了与其他同学合作和交流。"五年级（3）班高同学在访谈中这样评价："项目学习让我们懂得自主学习的重要性，不再一味地在书本上学习，让我们开拓视野，学会合作、交流。"

2. 学科课程调研

学校以学生发展为本，构建"适宜"的教学课程体系。学校以"个性发展"为核心价值追求，确定适当的教育目标，选择适度的教育内容，采用适合的教育方式，运用适宜的教育评价，力求课程与教学贴近学生，力求每一个学生都能得到充分而生动活泼的发展。

学生是教学活动的主体之一，其对课程实施的看法至关重要。在课程的吸引力方面，当被问及对"我觉得现在的课程很有趣"的态度时，33%的学生表示比较符合，48%的学生表示完全符合，总体来说，当前学校的课程对学生具有吸引力，学生乐于参与翠微课堂。教师是课程的组织者，教师教学水平的高低直接决定了课堂实施的优劣，从学生的反馈我们也对此进行了分析，71.3%的学生认为老师上课生动有趣，不难看出，教师的授课水平值得肯定。

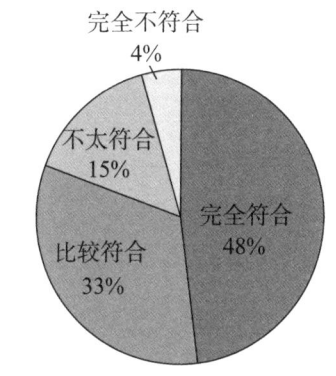

图7-32 学生对"我觉得现在的课程很有趣"的态度

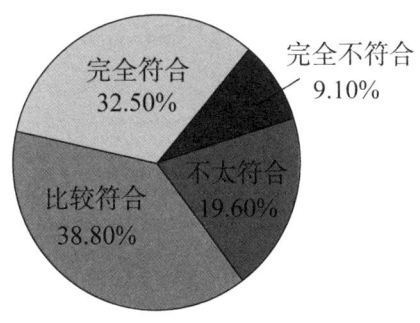

图7-33 学生对"教师上课生动有趣"的态度

学校紧密围绕育人目标，为学生创设了丰富多彩的课程与校园生活，形成了快乐、平等、健康的学习氛围。经过几年的课程实验，学校的学生在知识、能力、情感态度和价值观方面有了明显的进步，学习能力和核心素养不断提升，学生敢于表达、善于思维、巧于操作、乐于合作、专于探究。

四、展望未来触发思考

八年的基于项目学习的课程开发与实践，让我们在摸索中走进"项目"，在不断尝试中亲近"项目"。项目学习的课程实践以相信学生的能力为前提，把项目主题转化为学生生活中的真实问题，以为学生提供"脚手架"的方式帮助学生开展探究，促进了学生和教师的成长，促进了学校课程体系的不断完善。

在当前信息社会快速发展的大背景下，教育通讯更加发达，教育资源更迭迅速，教育思维日新月异，这都对学校教育优质化提出了更高层次的要求，也对PBL项目化学习的进一步实践、挖掘提出了新的思考：

- 五位一体的研究模式如何真正实现
- 学科教材如何与项目主题建立关联
- 如何把"让我做项目"变为"我要做项目"

结束语

基于项目的学习实现了跨学科综合性学习活动，开启了学生的心智，使他们能够更好地将学习和生活融为一体，促进他们逐步形成发现和提出问题、分析和解决问题的能力，激发他们的实践和创新意识，知情意行协同发展，让他们更乐于学习，更爱生活！我们会继续探索下去，把若干学科的内容加以筛选，将学生的生活世界与认知需求联系起来，拓宽学习的广度，打破学习的围墙，学习，永无止境……

| 后　记 |

再续前缘

北师大教授裴娣娜说："一个成功的研究不应以句号结束，而是应该以问题作为结语。"的确如此，基于项目的学习，我们依然在路上。

适逢"十四五"开局之年，新冠肺炎疫情仍在蔓延，对于翠微小学各个校区而言，我们不得不思考：新时代教育的使命是什么？构建全球人类命运共同体，需要我们传递给孩子哪些信息？未来五年，学校的发展规划是什么？我们从课程出发，追求的"一校一特质""一园一特色""一师一特点""一生一特长"办学风格，是否还适合当今教育的需要？如何向前发展？当我们在基于项目的学习中，实现了五育并举的时代要求，为孩子们开启了一扇窗时，我们还能做什么？这些时代的命题，引领我们去感悟在百年未有之大变局面前，基础教育该如何担当国之重任。

八年项目学习的课程实践，让我们深深沉醉其中，享受那份真实情境带来的挑战，享受孩子们真实探究的成果。每一所校区的每篇报道，其实也只是一个缩影。

下面是翠微小学温泉校区四年级（4）班李克念爸爸，关于"团圆"项目学习的一段感言：

孩子已经做过好几次项目学习研究了，从开始的地铁研究，到春联研究、河西走廊研究、垃圾分类研究等。作为家长的我，一直在思考项目学习研究在锻炼孩子什么能力、怎样才能做出不同，其实就是锻炼孩子们分析问题和解决问题的能力。所以在研究中，我也逐步放手，以前可能参与得多，很多事情要告诉他怎么做。这一次拿到课题后，我就告诉孩子，你需要给我提出思路，再去搜集资料，想好准备做什么，再来找我。在这次研究学习中，我注意引导孩子的兴趣，比如花灯和灯谜，他就主动搜集了很多资料，兴趣是孩子最好的老师。

在这次学习中，我也回忆了童年时候的花灯故事，还写了一篇小短文。和孩子共同研究学习，既帮助孩子完成了作业，也引导孩子学习传统文化知识，还增进了感情，一举多得。

可以说，每个寒暑假的项目学习，已经成为翠微小学孩子和家长必不可少的节日大餐。

基于此，我们更要让这个"传统"项目，发挥更大的育人功能。未来，我们试图从三个方面完善课程设计、运行工作。

第一，为每个孩子建立项目学习成长档案，成为六年的珍贵纪念。小学六年，要经历12次项目学习的全过程。如果能把学生研究的项目书、研究报告、研究成果等资料做成孩子的成长记录，该是一件多么有意义的事情。在互联网智能时代，开发这样一款软件、一个程序，应该不是一件难事。孩子们把每一次研究的过程、成果、评价、感受，拍照或者录制视频上传到相应位置，六年后，可以导出，亦可以查询，把量变的过程转化成质变！这就让每一个孩子的成长过程变得真实可寻。

第二，由学生担当项目主题的设计者，成立项目研发学生团队。项目学习的两条主线已经确定，但是确定什么样的主题，需要我们根据社会热点和时代变革来斟酌。比如，今年受疫情影响，项目学习主题虽为"团圆"，其实我们的核心要义是让孩子们与亲人"云端聚首"时，理解"团圆"的另一种含义——舍小家顾大家。

要让孩子真正领悟，培养他们的家国情怀、勇于担当的大爱精神，最好的办法就是把学生放在正中央，发挥他们的聪明才智，让学生来参与主题设计。这个设计团队可以不分校区、不分学段、自己招募，亦可以发放调研问卷确定主题，再招募人员进行细致设计。在这个过程中，尽可以放手让学生去做，看看学生有哪些创意。但是，最终需要教师的审定，因为，我们要对每次的项目学习负责。

其实，成立项目设计团队不仅仅是发挥学生的主动参与、大胆创造的能力，更是不同校区间独立的绽放。当然，对于项目学习在各个校区的推广，同时也会对各个学科项目学习的推进起着非常积极的作用。

第三，建设学校课程群，真正为学生的学习提供一个综合性的学习空间。以项目学习的跨学科思想来构建学科课程群。对于我校三个层级、四个领域的课程而言，要致力于建构跨学科的领域课程群，建构单学科的学科课程群。从课程设置上，真正满足孩子的多元需求、个性发展。让学生的学科素养呈纵深发展，让学生的综合素养呈横向贯通。

2001年开始的基础教育改革，到现在整整20年。20年中，课程与教学问题受到人们的空前关注。2017年开始的北京市高中教育改革，更是教育综合改革的起点。高中办学的多样化、特色化发展，为我们小学教育导航；选课走班、生涯规划，为我们的育人方向引路。我们庆幸在这么多年基于项目的学习中，孩子们进行了或多或少的职业体验；孩子们或多或少地发现了自己的兴趣爱好；孩子们或多或少地掌握了学习的方式方法。基于项目的学习，真正为孩子一生的学习奠基！

教育家陶行知先生说："先生不应该专教书，他的责任是教人做人；学生不应该专读书，他的责任是学习人生之道。"在基于项目的学习中，我们很好地做到了这一点。

眼前又闪现起"桥"等十多个主题项目实施中的点点滴滴，想到每一位师生的付出，想到每一场精彩的展示，想到那一张张纯真的笑脸，想到那一双双求知的眼睛……泪落下来了。八年艰辛探索，换得学生认可！但是为了学生能够更好地发展，在课程建设这条路上，我们依然要披荆斩棘、昂首前行！

心有所信，方能行远。从现实到理想的彼岸，需要建造一座特殊的桥，那就是奋斗的大桥。就像我国桥梁专家茅以昇先生的人生格言："人生一征途耳，其长百年，我已走过十之七八。回首前尘，历历在目。崎岖多于平坦，忽深谷，忽洪涛，幸赖桥梁以渡。桥何名欤？曰奋斗。"

2021年，习近平主席在新年贺词中说："每个人都了不起！"我也要向翠微小学的全体师生致敬，致敬每一个奋斗者！

2021 年 4 月 6 日